Günter und Luise
Auferbauer

100 Ausflüge um Graz

Wandern
und Radfahren

Herausgegeben im Jubiläumsjahr
„125 Jahre Alpenverein Graz“

:STYRIA

Titelbilder: Roseggers Waldheimat zwischen Schanzsattel und Alpl; Wegweiser im Semriacher Augraben beim Kesselfall; Schloßkirche Stainz.
Skizzen und Fotos: Günter Auferbauer

Die Deutsche Bibliothek – CIP-Einheitsaufnahme

Auferbauer, Günter:
100 Ausflüge um Graz : Wandern und Radfahren /
Günter und Luise Auferbauer. – 3. Aufl. –
Graz ; Wien ; Köln : Verl. Styria, 2001
ISBN 3-222-12249-0
NE: Auferbauer, Luise:; Auferbauer, Günter: Hundert Ausflüge um Graz;
Auferbauer, Luise: Hundert Ausflüge um Graz

3. Auflage 2001

Gesamtherstellung: Medienhaus Styria, Graz
ISBN 3-222-12249-0

Inhalt

Teil II Radfahren

Vorwort

Die Bewohner der Landeshauptstadt Graz sind stille Genießer und halten einen Vorteil in Ehren, der seit Generationen Goldes wert ist: Der Naherholungsraum um Graz hebt die Lebensqualität für alle an, die zwar in der Stadt wohnen, aber dennoch rasch das Grüne erreichen wollen.
Die Freizeittrends schwanken wie Rohrkolben im Wind, trotzdem gibt es zwei stabile Freizeitrichtungen: Einerseits wird das Wandern und Spazieren gepflegt, zum anderen kommt mehr denn je das Radfahren zum Zug.
Die Ausflugsziele um Graz sind traditionell bekannt, wecken aber ebenso das Interesse vieler junger und neuer Gäste.
Unsere 100 Ausflüge um Graz sind als Anreiz gedacht, den Naherholungsraum der Landeshauptstadt gezielt und dennoch individuell zu besuchen, ausgewogen nach Interessen, abgestimmt auf Jahreszeiten und angepaßt der Witterung.
Diese 100 Ausflüge für Wanderer und Radfahrer geben aber auch Sinn, in einer so großen Stadt wie Graz zu leben und dennoch den Jahreslauf möglichst naturnah miterleben zu können.
Das Frühjahr weckt echte Aufbruchstimmung, wenn Schlüsselblumen, Seidelbast und Küchenschellen im Grazer Bergland blühen und in den grenznahen Murauen Millionen Frühlingsboten ihre blütenweißen Köpfchen der Märzsonne entgegenstrecken.
Sommerheiße Tage, aufgeheizt vom Wind in den Becken pannonischen Klimas, lassen Sehnsucht aufkommen nach kühlendem, schattigem Grund in Wäldern und Klammen.
Im Herbst geht es überall lustig zu, wo junger Wein, frischer Most und krachfrische Kastanien geboten werden. Gefeiert wird überall, wo sich Tische und Bänke aufstellen lassen. Das ist nicht selten inmitten eines Marktplatzes, wo nach dem Besuch des Gottesdienstes noch oft und lange mit den Gläsern zusammengeläutet wird.
Überzieht endlich der gar nicht selten rauhe Winter Großstadt und Land mit Frost und Schnee, ja, noch öfter mit hartnäckig aufsitzendem Nebel, dann führen nicht wenige Spuren stadtauswärts, bergwärts, himmelwärts.
100 Ausflüge um Graz fügen sich wie Steine eines Mosaiks zu einem Bild, dessen Grenzen in den Horizont von Weinland, Thermenland und Bergland fließen.

Wandern und Radfahren können nunmehr im Verbund stattfinden. Deshalb reichen unsere 100 Ausflüge so weit wie das Netz des Verbund-Großraumes Graz.
Allen, die mitgeholfen haben oder weiter mithelfen, daß Wandern und Radfahren im Verbundnetz Graz so viel Freude bereitet, danken wir herzlich. Denn für die Gemeinschaft kann nur gemeinsam Gutes geschaffen werden.

Viel Freude beim Wandern und Radfahren im Land um Graz wünschen Ihnen

Günter und Luise Auferbauer

Graz, im Sommer 1997

Teil I
WANDERN

TOUREN 1–60

1 Alpengarten und Rannach

Huberwirt, 420 m – Gh. Geierkogel, 700 m – Alpengarten – Hollacknerkapelle, 634 m – Höchwirt, 600 m – Jasen, 552 m – Ferstlhöhe, 585 m – Friesach, 411 m, Ghf. Weingrill

Distanz 8 km, Gehzeit 3 Std., leicht; markiert.

Wanderkarten FB 131, ÖK 164.

Der Alpengarten auf der Rannach besteht seit dem Jahr 1953; damals wurden 2,5 Hektar Wald und die Bergsteppenwiese angekauft. Heute beträgt die Fläche des Alpengartens rund 32.000 m^2 in einer Seehöhe zwischen 650 und 710 Metern und lohnt als Ausflugsziel während des ganzen Jahres.
Auch die sonnseitigen Wege zwischen Geierkogelwirt und Höchwirt (Familie Rath) sind überaus beliebt und lassen sich jeweils mit einem Besuch im Alpengarten verbinden. Da im Bereich der Rannach die Wanderwege gut markiert und beschildert sind, finden sich andere weitläufige Varianten, so z. B. entlang der Rannach bis zum Gasthaus Weingrill in Friesach, von wo der Bundesbus nach Graz zurückfährt.
Ausflüge zum Alpengarten Rannach lassen sich ebenso Richtung Dult ausdehnen wie zum Steinmetzwirt auf der Leber oder gar nach Kalkleiten.
Wer aber länger unterwegs sein will, jedoch unbedingt zum Ausgangspunkt zurückkehren muß, wandert z. B. die klassische Runde um die Rannach.

Anfahrt: Von der Tram-Endhaltestelle Andritz mit GVB-Bus-Linie 44 oder 46 bis Huberwirt. VTZ 101.
Pkw-Zufahrt zum Alpengarten über Andritz – St. Veit – Gh. Drei Linden – Geierkogelwirt; Parkplatz.

Rückfahrt: Von Friesach, Ghf. Weingrill, VTZ 202; mit Bundesbus Richtung Graz.

Weitere Ausflugsvorschläge:
- Spaziergang vom Geierkogelwirt zum Alpengarten Rannach, 20 Minuten; auf gleichem Weg zurück zum Geierkogel.
- Rundwanderung Geierkogelwirt – Hollacknerkapelle – Höchwirt – Alpengarten, Jausenstation – Gh. Geierkogel; 7 km, 2½ Std., leicht.
- Rund um die Rannach: Geierkogel – Steinmetzwirt auf der Leber – Hollacknerkapelle – Geierkogel; Weg Nr. 766, 11 km, 3½ Std., leicht.
- Steinmetzwirt – Geierkogel – Alpengarten; 1¼ Std., leicht.

Erlebnispunkt:
- der ganzjährig geöffnete Alpengarten Rannach; schönste Zeit April bis Juni.

Einkehrstätten:

Alpengarten Rannach; Jausenstation; *Geierkogelwirt,* Rannach, am Zugang zum Alpengarten; *Höchwirt,* in Gratkorn-Freßnitzviertel; *Huberwirt,* in Stattegg; *Steinmetzwirt,* auf der Leber; *Weingrill,* in Friesach.

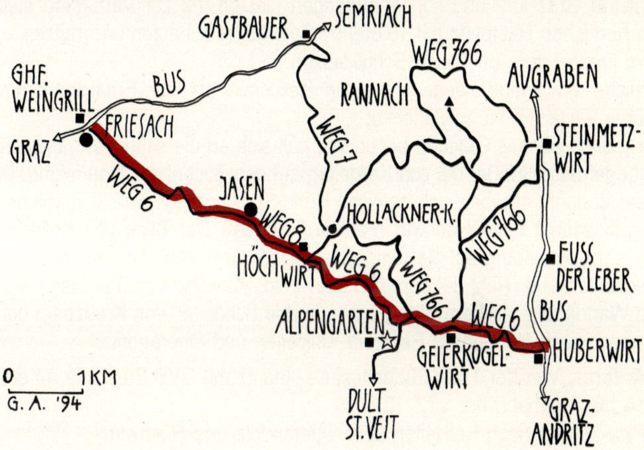

2 Kalkleiten, Erhardhöhe, Zösenberg

Auerhahnwirt, 420 m – Buch, 718 m – Langer Weg – Erhardhöhe, 1049 m – Kalkleiten, Kirche Maria Schutz, 698 m – Andritz-Ursprung, 400 m

Distanz 12 km, Gehzeit 3½ Std., mittel; markiert.

Wanderkarten FB 131, ÖK 164.

Zwischen Kalkleiten und Buch liegt eine große sonnseitige Wiese, die der Magistrat Graz luft- und sonnenhungrigen Gästen frei zur Verfügung stellt. Den herrlichen Rastplatz mit 10.000 m^2 Spielfläche schätzen und nutzen vor allem junge Eltern und auch Schulklassen.
Herrliche Waldwanderwege verbinden Kalkleiten mit der Erhardhöhe und darüber weiter Richtung Schöckel.
Wer jedoch ebenes Gelände bevorzugt, hält sich an die schmale, ganzjährig gut begehbare Straße, die von Kalkleiten auf den Zösenberg hinausführt. Mit dieser Variante ergeben sich herrliche Rund-Spaziergänge, wie z. B. mit dem Ausgangspunkt beim Höchwirt (Familie Feiertag). Der Blick von Kalkleiten bzw. vom Zösenberg auf die Landeshauptstadt Graz zählt zu den schönsten Übersichten und reicht tief in das Grazer Feld. Ähnliche Vorzüge bietet auch eine Wanderung auf dem Weg „Rund um den Schöckel" von Kreuzberg oder Rinnegg durch Hohenberg Richtung Kalkleiten und Oberandritz.

Anfahrt: Von der Tram-Endhaltestelle Andritz mit GVB-Bus-Linie 44 oder 46 bis Auerhahnwirt. VTZ 101.
Pkw-Zufahrt nach Kalkleiten über Oberandritz und Höchwirt.

Rückfahrt: Von Andritz-Ursprung mit GVB-Bus-Linie 44 oder 46 Richtung Graz-Andritz, Tram-Endhaltestelle. VTZ 101.

Weitere Ausflugsvorschläge:

- Auerhahnwirt – Buch – Langer Weg – Jagdhaus Göstinger Hütte – Johann-Waller-Hütte – Schöckel; 9 km, 3 Std., 1000 Hm, mittel.
- Steinmetzwirt – Steingraben – Jagdhaus Göstinger Hütte – Theißlwirt – Steinmetzwirt; 8 km, 3 Std., mittel.
- Kreuzberg, Ghf. Lampersberger – Erhardhöhe – Kalkleiten, Kirche Maria Schutz – Andritz-Ursprung; 10 km, 3½ Std., mittel.
- Andritz-Ursprung – Höchwirt – Zösenberg – Kalkleiten – Andritz-Ursprung; 7 km, 2½ Std., leicht.

Erlebnispunkte:

- die Karstquelle des Andritzbaches und die Forellenzucht Igler, beide in Andritz-Ursprung;
- die Spielwiese zwischen Buch und Kalkleiten;
- die Kirche Maria Schutz in Kalkleiten, gebaut nach Plänen von Architekt Weber-Mzell.

Einkehrstätten:

Höchwirt/Feiertag, an der Schöckelstraße nach Kalkleiten und Zösenberg; *Steinmetzwirt,* auf der Leber; *Lampersberger,* in Kreuzberg; *Prügger,* Buschenschank in Buch; *Theißlwirt,* am Weg „Rund um den Schöckel".

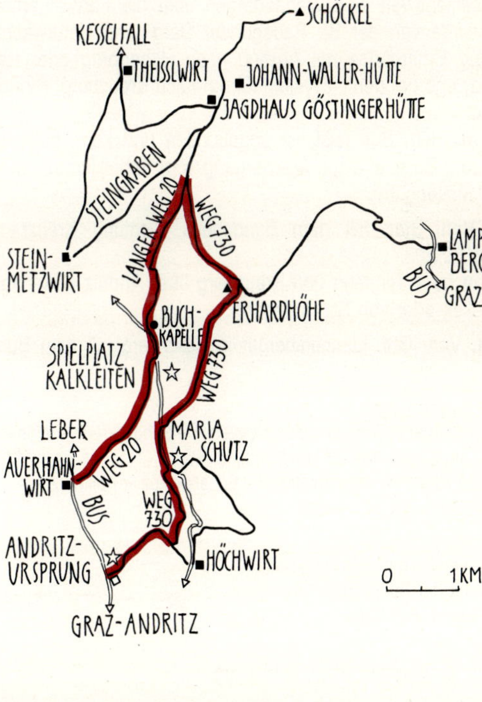

3 Novystein und Kreuzberg

Rinnegg, 672 m – Wetterturmstraße – Schaiklkreuz – Novystein, 910 m – Ruine Ehrenfels – Klamm – Römerweg – Schaiklkreuz – Kreuzberg, Ghf. Lampersberger, 700 m

Distanz 8 km, Gehzeit 2½ Std., leicht; markiert.

Wanderkarten FB 131, ÖK 164.

Der 20 Meter hohe Obelisk auf der Fürwallnerhöhe wurde im Jahre 1889 errichtet und ist benannt nach dem „beliebten und verehrten Leiter der Kuranstalt, Dr. med. Gustav Novy". Der gut gewählte Standort für den Novystein hat sich zu einem beliebten Ausflugsziel in der Umgebung von St. Radegund entwickelt. Der kürzeste Zugang erfolgt vom Gasthof Lampersberger.
Ebenso empfehlenswert sind Wanderungen über die Fürwallnerhöhe (das Gipfelkreuz wurde von der St. Radegunder Berg- und Naturwacht aufgestellt) Richtung Erhardhöhe mit Abstieg nach Hohenberg oder Kalkleiten. Kürzere Rundwege um den Novystein führen nach Kreuzberg, Rinnegg oder St. Radegund.
Wer jedoch mit dem Bus reist, ist ungebunden und kann beliebige Ziele wählen, wie zum Beispiel einen Spaziergang vom Schaiklkreuz durch Oberschöckel zur Möltenhöhe.

Anfahrt: Von Graz mit dem Bundesbus Richtung Kreuzberg nach Rinnegg. VTZ 203.
Pkw-Zufahrt nach Rinnegg und Kreuzberg über Andritz – Annagraben – Oberschöckel; oder von St. Radegund.

Rückfahrt: Vom Ghf. Lampersberger in Kreuzberg mit dem Bundesbus. VTZ 203.

Weitere Ausflugsvorschläge:

- Ghf. Lampersberger – Schaiklkreuz – Novystein – Schaiklkreuz – Wetterturmstraße – Rinnegg, Ghf. Paar; 7 km, 2 Std., leicht.
- Rinnegg, Ghf. Paar – Wetterturmstraße – Schaiklkreuz – Tiplkreuz – Möltenhöhe; 8 km, 2½ Std., leicht.

Erlebnispunkte:

- die Fürwallnerhöhe mit dem Novystein;
- die Klamm mit der Ruine Ehrenfels;
- der Wetterturm in Rinnegg.

Einkehrstätten:

Lampersberger, in Kreuzberg; *Paar,* in Rinnegg.

RUINE
EHRENFELS
KLAMM
RÖMERWEG
WEG 28
ERHARD-
HÖHE
ST. RADEGUND
GHF.
LAMPERSBERGER
NOVY-
STEIN
WEG 27
SCHAIKL
KREUZ
KREUZBERG
WETTER-
TURM
RINNEGG
TIPL-
KREUZ
WEG27
GHF. PAAR
BUS
OBERSCHÖCKEL
WEG 24
BUS
0
1KM
G. A.
'94
MÖLTENHÖHE
GRAZ-ANDRITZ

4 Schöckel und St. Radegund

Kreuzberg, Ghf. Lampersberger, 700 m – Römerweg (Weg „Rund um den Schöckel") – Schöckelbauer, 1000 m – Kreuzung Mautstraße – Schöneben – Schöckelhütte – Gipfelkreuz auf dem Schöckel, 1442 m – Schöckelsender, 1445 m – Schöckelseilbahn-Bergstation – Schöckelkopf (Ostgipfel), 1423 m – Jagdhaus (Mautstelle) – Ghf. Schöcklbartl, 1000 m – Höf – St. Radegund, Talstation – St. Radegund, 717 m, Postamt

Distanz 14 km, 750 Hm, Gehzeit 4½ Std., mittel; markiert.

Wanderkarten FB 131, ÖK 164.

Welch eine so große Stadt wie Graz hat einen so schönen Hausberg wie den Schöckel? Wenn der „mons Sekkel", wie der Schöckel in alten Urkunden genannt wird, ruft, dann folgen diesem Ruf mitunter Tausende Besucher. Solch extra starke Besuchertage gibt es sowohl im Frühjahr als auch im Herbst. Weil aber (fast) alle Wege auf den Schöckel führen, ist es von Vorteil, hin und wieder ausgetretene Pfade zu verlassen oder überhaupt neuen Wegekombinationen zu folgen.
Ein Schöckel-Ausflug muß also nicht immer in St. Radegund beginnen. Wie Sie leicht feststellen können, ist die Zahl der Schöckelwanderwege groß und die Qual bei der Wahl des Ausgangspunktes kein leeres Wort.

Anfahrt: Von Graz mit dem Bundesbus nach Kreuzberg. VTZ 203. Pkw-Zufahrt nach Kreuzberg über Andritz – Annengraben – Oberschöckel – Rinnegg; Parkplatz beim Ghf. Lampersberger.

Rückfahrt: Von der Schöckelseilbahn-Talstation oder vom Postamt St. Radegund mit dem Bundesbus. VTZ 304.

Weitere Ausflugsvorschläge:

- St. Radegund, Postamt – Schöckelbauer – Schöneben – Stubenberghaus – Schöckel, Gipfelkreuz; 5 km, 1¾ Std., 700 Hm, mittel.
- Rundweg: St. Radegund, Talstation – Schöckelbauer – Ghf. Schöcklbartl – Höf – Talstation; 5 km, 1¾ Std., leicht.
- Rundweg: St. Radegund – Klamm – Römerweg – Ghf. Lampersberger – St. Radegund; 6 km, 2 Std., leicht.
- St. Radegund, Postamt – Quellenweg – Ghf. Schöckelbartl; 6 km; 1¾ Std., leicht.
- Ghf. Schöcklbartl – Schöckelkopf; 1 Std., steil und felsig.
- Schöckelkreuz – Jahnwiese – Bergstation; ¾ Std., leicht.

Erlebnispunkte:

- der Kalvarienberg in St. Radegund;
- das Schöckelplateau mit dem Gipfelkreuz;
- am Schöckelkopf (Ostgipfel) der Startplatz für die Hänge- und Paragleiter.

Einkehrstätten:

Bergstation der Schöckelseilbahn; *Lampersberger,* in Kreuzberg; *Schöcklbartl,* nahe Schöckelkreuz; *Stubenberghaus; Alpengasthof* auf dem Schöckel.

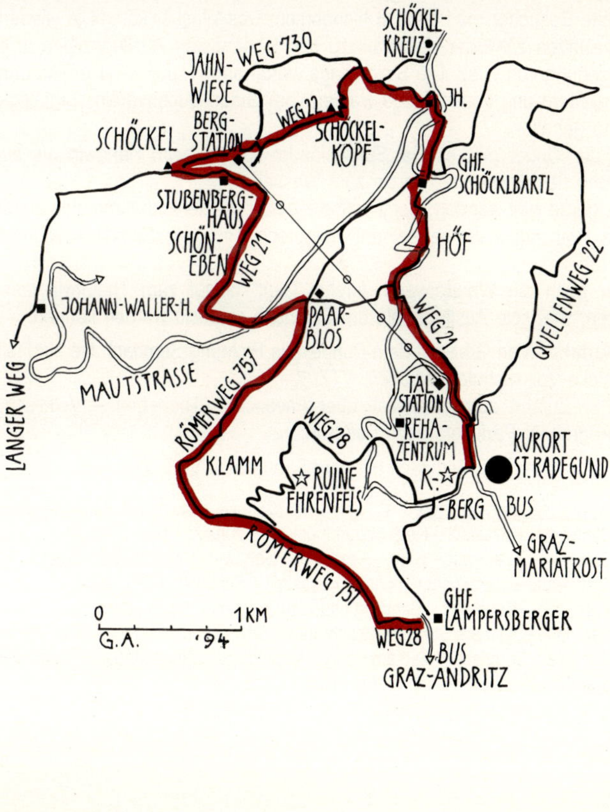

5 Kesselfall und Semriach

Volksschule Augraben, 499 m – Ghf. Alter Sandwirt, 545 m – Kesselfall – Kerschbaummühle – Rötschgraben, Buder-Schilift/Talstation, 714 m – Ghf. Trattnerhof – Ponyhof – Semriach, 709 m

Distanz 7 km, Gehzeit 2½ Std., mittel; markiert.

Wanderkarten FB 131, ÖK 164.

Der Schreckensruf „Der Kesselfall is obigfalln!" kommt zum Glück selten vor. Aber hin und wieder bettet sich der Rötschbach ein wenig um und läßt sein Wasser in der neuen löchrigen Bachsohle eine Zeitlang verschwinden, was geübte Besucher mit Langmut hinnehmen: Das Wasser kommt ja wieder!
Unbestritten zählt der Kesselfall zu den lohnendsten Ausflugszielen in der Umgebung von Graz. Die Steiganlage wurde am 31. Juli 1904 eröffnet. Ihre Hangleitern und hohen Stege werden vom Grazer Alpenverein sorgfältig instand gehalten.
Für die Kinder gibt es viel Spielgelände: sowohl beim Sandwirt als auch entlang des Baches bis herein zum Wasserfall.
Wer gerne weit wandert, steigt vom Kesselfall zur Kerschbaummühle auf und dem Rötschbach entgegen, um zeitgerecht Richtung Semriach hinauszuqueren.
Aber auch die Wanderwege durchs „Glett" hinauf zum Theißlwirt lassen ahnen, wie viele Ausflugsziele um Semriach entdeckt werden können.

Anfahrt: Von Graz mit dem Bundesbus Richtung Semriach bis zur Haltestelle Volksschule Augraben. VTZ 304.
Pkw-Zufahrt zum Kesselfall über Friesach – Thoneben – Volksschule Augraben; Parkplatz beim Sandwirt.

Rückfahrt: Von Semriach mit dem Bundesbus. VTZ 304.

Weitere Ausflugsvorschläge:

- Sandwirt – Kesselfall – Kerschbaummühle und zurück; 1 Std., mittel.
- Sandwirt – Theißlwirt – Glett – Kesselfall – Sandwirt; 10 km, 3 Std., mittel.
- Trattnerhof – Kerschbaummühle – Kesselfall – Sandwirt; 1 Std., mittel.
- Semriach – Kesselfall – Sandwirt und zurück; 8 km, 2½ Std., mittel.
- Semriach – Karl am Stein – Ulrichsbrunn; 1 Std., leicht.
- Rundweg: Semriach – Karl am Stein – Angerkreuz – Windhofkogel – Ulrichsbrunn – Semriach; 10 km, 3 Std., mittel.

Erlebnispunkte:
- die Kesselfallklamm;
- das Kirchlein Ulrichsbrunn;
- das Pony-Gestüt Hoyos in Semriach;
- die wehrhaft gebaute Kirche von Semriach.

Einkehrstätten:
Alter Sandwirt, am Eingang zum Kesselfall; *Jägerwirt,* am Weg „Rund um den Schöckel"; *Semriacherhof, Trattnerhof* u. v. a. Gasthöfe in Semriach; *Theißlwirt,* am Weg „Rund um den Schöckel".

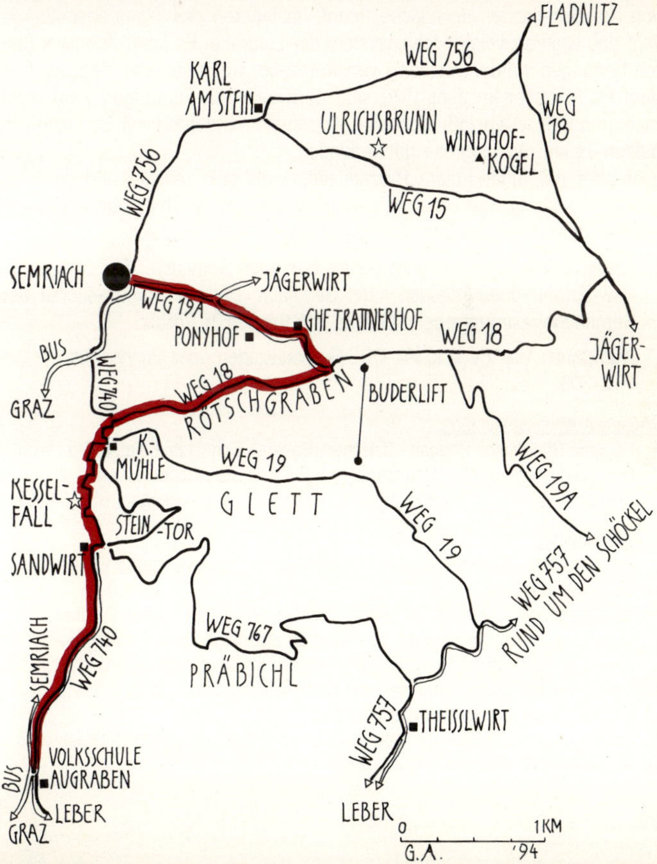

6 Rund um die Lurgrotte

Semriach, 709 m – Taschen – Römergrab – Krienzerkogel, 906 m – Gh. Schinnerl, 641 m – Semriacher Lurgrotte – Pöllau – Badlgraben – Hammermoar – Peggauer Lurgrotte – Bf. Peggau-Deutschfeistritz, 410 m

Distanz 12 km, Gehzeit 4 Std., mittel; markiert.

Wanderkarten FB 131, ÖK 164.

Die Thanneben ist jener waldbedeckte Bergstock, der das Murtal bei Peggau von der Semriacher Hochfläche trennt. Im Inneren des Thannebenstockes liegt das weitverzweigte Höhlensystem der Lurgrotte. Es kann von zwei Seiten begangen werden: ostseitig von Semriach, westseitig von Peggau. Seit dem Hochwasser im Juni 1972 sind durchgehende Führungen zwar nicht mehr möglich, doch läßt sich eine Außen-Umwanderung mit Besuchen in beiden Teilen der Lurgrotte gut verbinden.
Wer aber nur unter freiem Himmel unterwegs sein möchte und dennoch beide Höhleneingänge sehen will, wandert rund um die Thanneben. Als Ausgangspunkte dienen dafür am besten Peggau oder Semriach.

Anfahrt: Von Graz mit dem Bundesbus nach Semriach. VTZ 304. Pkw-Zufahrt über Friesach nach Semriach; Parkplatz für Besucher der Semriacher Lurgrotte beim Gasthaus Schinnerl in Pöllau.

Rückfahrt: Von Peggau mit ÖBB-Regionalzügen oder Bundesbus. VTZ 303.

Weitere Ausflugsvorschläge:

- Peggau, Bf. – Ruine Peggau – Taschen (Sattel) – Semriach; 6 km, 2 Std., leicht.
- Rundweg: Peggau, Bf. – Hammermoar – Pöllau – Semriacher Lurgrotte – Krienzerkogel – Römergrab – Taschen – Ruine Peggau – Peggau, Bf.; 15 km.

Erlebnispunkte:

Die Lurgrotte, Österreichs größte Tropfsteinhöhle, hat zwei große Führungsbereiche:

- die Semriacher Lurgrotte; ganzjährig geöffnet: Mitte April – Mitte Oktober täglich 10–16 Uhr; Führungen im Winter an Samstagen und Sonntagen, jeweils um 11 und 14 Uhr. Außerdem ganzjährig Sonderführungen nach Vereinbarung (große Führungen, mit Karbidlampen, Dauer 2 bis 3 Stunden). Tel. 03127/8319, Familie Peter Schinnerl.
- Die Peggauer Lurgrotte; geöffnet 1. April – 31. Oktober, täglich 9–16 Uhr, Einlaß bis 15 Uhr. Tel. 03127/2580, 2266.

Einkehrstätten:

Hochhuber, im Ort Peggau; *Schinnerl,* in Semriach-Pöllau; zahlreiche *Gasthöfe* in Semriach; *Zur Post,* im Ort Peggau.
Die Einkehrstätten auf der Taschen sind nicht mehr geöffnet.

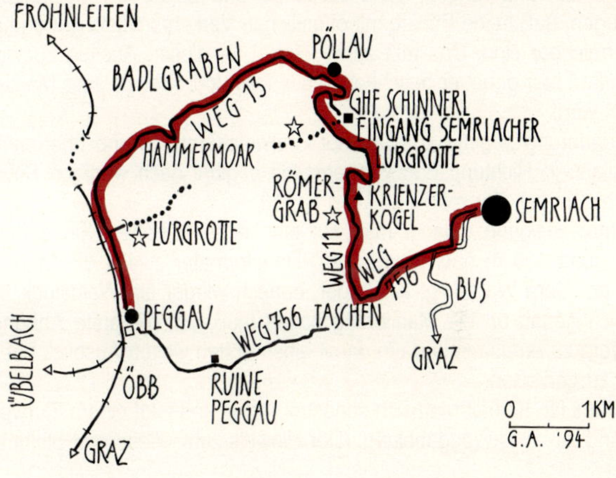

7 Plankenwarther Höhenweg

Gratwein, 392 m – Schießbühel – Kugelberg, 493 m – Lindenkreuz, 570 m – Schloß Plankenwarth, 627 m – Spitzweg – Markogelkreuz – Generalkogel, 713 m – Straßengelberg, 684 m – Reiner Spitze, 734 m – Steinkogel, 742 m – Flösserkogel, 658 m – Burgruine Gösting, 669 m – Schloßplatz Gösting, 395 m, GVB

Distanz 16 km, Gehzeit 5 Std., mittel; markiert.

Wanderkarten FB 131, ÖK 164.

Beliebt sind Wanderungen, wenn Ausgangs- und Zielort so voneinander entfernt liegen, daß beide Punkte mit öffentlichen Verkehrsmitteln gut und preiswert erreichbar sind. Das trifft zum Beispiel für diesen Ausflug zu, dessen Wegverlauf hier genauer beschrieben sei, falls dort oder da eine Markierung vermißt wird:

Die Wanderung beginnt am Bahnhof Gratwein-Gratkorn und überquert den Hauptplatz. In Richtung Bad Weihermühle beginnt nach wenigen Schritten, am Schießbühel, der markierte Weg Nr. 12.

In leichter Steigung gelangt man auf eine erste Anhöhe. Nun aufgepaßt! Bereits rund 100 m nach dem „Steg"-Transformator zweigt die Markierung rechts ab. Dem Wald folgt ein Anger, danach wieder ein Waldstück, wobei man sich genau an die Markierung halten muß, um die erste Anhöhe am Kugelberg zu erreichen und um damit einen ersten weiten Ausblick über das Murtal zu genießen.

Beim Haus Nr. 87 hält man sich zunächst rechts und folgt einem Flurweg am Waldrand zu einer Weggabelung. (Der Hinweis zum Wiesenwirt bleibt unbeachtet.)

Nun rechts bergauf zu einer Anhöhe und bei einer Containergruppe ebenso rechts, so daß nach wenigen Minuten Asphaltstraße die Ortsende-Tafel von Kugelberg erreicht wird. Unweit davon hängt an einem A-Masten eine Wegtafel. Sie weist bergauf in den Wald zum Lindenkreuz, das ist eine Kapelle, die im Jahr 1812 errichtet wurde.

Der gut markierte Weg quert nach dem Lindenkreuz den Wald bis in einen Sattel, von dem aus das nahe Schloß Plankenwarth gut zu überblicken ist. Ab der Taverne läßt sich das ansehnliche Schloß auf gutem Weg umrunden, schließlich das Schloßtor öffnen oder zumindest bestaunen.

Wie geht es weiter? Vom gedeckten Auto-Abstellplatz bergab auf einem Wiesenweg bis zu einer Bank bei einem Waldschopf; nun linkshaltend bergab zum Café Mandl in Plankenwarth.

Am Spitzweg vermag die Wegtafel manchen Wanderer verwirren – richtig ist der Weg bergauf! Der im weiteren dicht markierte Weg Nr. 563 ist nicht mehr zu verfehlen. Zigmal folgt der Hinweis „Burgruine Gösting". Die steileren Waldwegpassagen lassen sich auf Forstwegen umgehen. Wer lieber auf Urpfaden wandelt, wählt zuletzt auch noch die Steigvariante über den Flösserkogel. Endlich steht man vor den wehrhaften Mauern der Burgruine Gösting und gelangt durch ihren Hof zur Terrasse und gastlichen Taverne: Welch herrlicher Ausblick auf die Landeshauptstadt Graz! Bevor der steile Abstieg auf dem Ruinenweg zur Bushaltestelle Gösting beginnt, sollte der kurze Abstecher zum Jungfernsprung wahrgenommen werden. Die Wanderung endet auf dem Schloßplatz in Gösting und damit direkt bei der Bus-Endhaltestelle.

Anfahrt: Mit ÖBB-Regionalzügen oder von Graz-Lendplatz mit Matzer-Bus nach Gratwein. VTZ 202.

Rückfahrt: Vom Schloßplatz Gösting mit GVB-Bus-Linie 40 (Richtung Roseggerhaus – Jakominiplatz) oder Bus-Linie 85 (Richtung Alte Poststraße – Hauptbahnhof). VTZ 101.

Erlebnispunkte:

- die Lindenkreuz-Kapelle;
- das Schloß Plankenwarth;
- die Burgruine Gösting.

Einkehrstätten:

Schloßtaverne, in Plankenwarth; *Burgtaverne,* bei der Ruine Gösting.

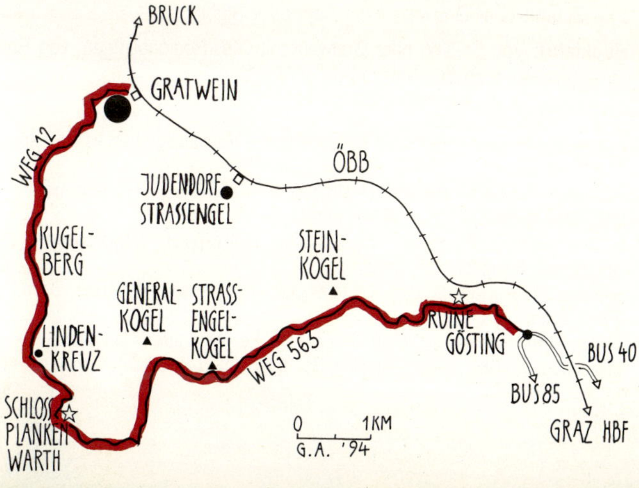

8 Pleschkogel, Walzkogel, Pfaffenkogel

Stift Rein, 453 m – Kehrerwald – Glöcklwirt, 670 m – Pleschwirt, 1019 m – Pleschkogel, 1061 m – Walzkogel, 1020 m – Hoschbauerkreuz, 960 m – Mühlbacherhütte, 994 m – Kaschlsteig – Gehöft Hörgaspauli, 568 m – Pfaffenkogel, 734 m – Kleinstübing, Ghf. Binder/Hauptmannwirt, 390 m – Bf. Stübing

Distanz 21 km, Gehzeit 6 Std., 1000 Hm, mittel; markiert.

Wanderkarten FB 131, ÖK 163.

Die „Drei Tausender" Pleschkogel, Walzkogel und Mühlbachkogel sind klassische Ausflugsziele und ebenso als lustige Anspielung zum Begriff „Dreitausender" bekannt. Am häufigsten wird der Pleschkogel aufgesucht, wohl deshalb, weil eine Straße bis zum Pleschwirt führt und sich der Pleschkogel zwischen Rein und St. Pankrazen mit dem Auto oder Mountainbike (!) gut überqueren läßt.
Aber auch der Pfaffenkogel hat einen guten Ruf. Von seinen ostseitigen, der Mur zugewandten Felswänden lassen sich sogar Kletterer anlocken. Doch ebenso eindrucksvoll ist eine Wanderung von Stübing über den Pfaffenkogel Richtung Gehöft Hörgaspauli, wo der Kaschlsteig einmündet.
Allen Ausflugszielen dieses Bereiches um Gratwein, Stübing und Stift Rein ist ein Vorteil gemeinsam: Mit Hilfe von Bus und Bahn ergeben sich viele Wegkombinationen für ebenso viele neue Ausflüge.

Anfahrt: Von Graz mit Watzke-Bus nach Rein. VTZ 202.
Pkw-Zufahrt über Gratwein nach Rein oder Stübing.

Rückfahrt: Von Stübing oder Gratwein mit ÖBB-Regionalzügen; von Rein und Gratwein auch mit Watzke-Bus. VTZ 202.

Weitere Ausflugsvorschläge:

- Rundweg: Stift Rein – Glöcklwirt – Pleschkogel – Mühlbachgraben – Stift Rein; 12 km, 4 Std., mittel.
- Rundweg: Stift Rein – Pleschwirt – Walzkogel – Kaschlsteig – Hörgaspauli – Stift Rein; 19 km, 5 1/2 Std., 650 Hm, mittel.
- Bahnhof Stübing, Ghf. Binder – Pfaffenkogel – Hörgaspauli – Dillachboden – Ghf. Binder; 8 km, 2 1/2 Std., mittel.
- Bahnhof Stübing, Ghf. Binder – Dillachboden – Hörgaspauli – Stift Rein; 6 km, 2 Std., leicht.
- Gratwein, Bf. – Hörgas – Weingartleiten – Gh. Schusterbauer – Hörgaspauli – Dillachboden – Ghf. Binder – Stübing, Bf.; 9 km, 3 Std., leicht.

Erlebnispunkte:

- das Zisterzienserstift Rein in Eisbach;
- die Gipfelwiese auf dem Pleschkogel;
- der Waldsteig über den Pfaffenkogel;
- das Damwildgehege beim „Bäckerseppl" in Hörgas.

Einkehrstätten:

Bäckerseppl, Mostbuschenschenke in Hörgas; *Binder/Hauptmannwirt,* am Bahnhof Stübing; *Glöcklwirt,* im Kehrer Wald, am Anstieg zum Pleschkogel; *Jagawirt,* in Kehr, am Anstieg zum Pleschkogel; *Pleschwirt,* nahe dem Pleschgipfel; *Schaupp,* am Klosterriegel, nahe dem Stift Rein; *Schusterbauer,* an der Weingartleiten; *Stiftstaverne,* in Rein.

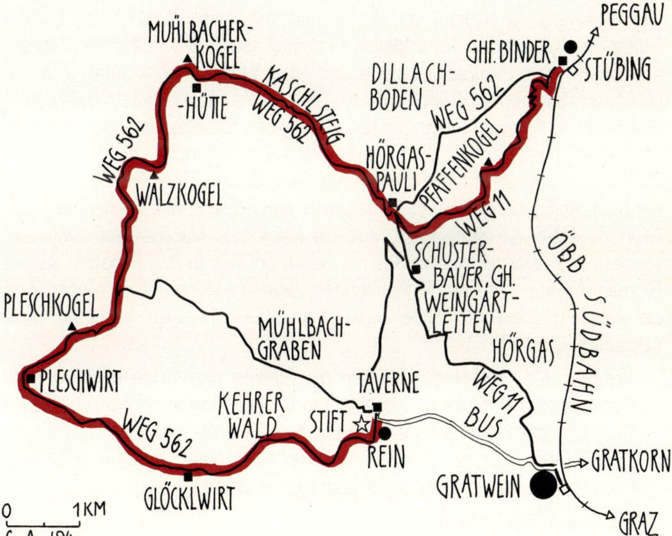

9 Österreichisches Freilichtmuseum Stübing

Von Ost nach West durch Österreich

Distanz 3 km, Besichtigungsdauer je nach Interesse; mindestens zwei Stunden sind vorzusehen.

Wanderkarten FB 131, ÖK 163.

Das Österreichische Freilichtmuseum Stübing besteht seit 1970 und repräsentiert mit fast 100 Objekten die österreichische bäuerliche Hauslandschaft. Die Idee für dieses Museum hat eine historische Dimension und ist gleichzeitig das Lebenswerk von Universitätsprofessor Dr. Viktor Herbert Pöttler.
Ein Besuch „in Stübing" gleicht einer Wanderung von Bauernhof zu Bauernhof, quer durch Österreich, von Ost nach West:
Der Spaziergang beginnt im Burgenland mit dem Berglerhaus, berührt Stampfen, Köhlerhütten und Meiler, Getreidekästen, Brechelhütten, Wagenschuppen, eine Hammerschmiede und eine Wassermühle, führt u. a. zu einem weststeirischen Rauchstubenhaus, Kärntner Blochstadel, Waldviertler Gehöft (NÖ), Steyrer Vierkanthof (OÖ), Südtiroler Strohdachstadel, dann zum Alpbacher Hanslerhof (Tirol), zu einer Pinzgauer Sennhütte (Salzburg) sowie nach Vorarlberg zu einem Bregenzerwälderhaus und einer Alphütte, um nur ein paar Stationen dieses Ausfluges quer durch Österreich zu nennen.
Allen Objekten ist gemeinsam, daß sie keine tote Materie repräsentieren, sondern das Ausstellungsgelände mit Leben erfüllen: In den Fenstern stehen Blumen, Kräuter gedeihen in Hausgärten, Schafe weiden auf Hofwiesen, und die Arbeit geschickter Hände verblüfft an „offenen Tagen" nicht nur eine neugierige Jugend.

Anfahrt: Mit ÖBB-Regionalzügen bis Stübing und 2 km Fußweg bzw. Radstrecke zum Museum; von Montag bis Samstag auch Watzke-Bus ab Graz-Lendplatz (nur um die Mittagszeit). VTZ 202.
Pkw-Zufahrt oder mit dem Fahrrad von Graz über Gratwein oder über Friesach – Stübing zum Freilichtmuseum in Stübing.

Rückfahrt: wie Anfahrt.

Erlebnispunkt:

- Österreichisches Freilichtmuseum Stübing; geöffnet von April bis Oktober, Einlaß 9–16 Uhr; montags Ruhetag. Führungen nach Anmeldung. Informationen per Adresse A-8114 Stübing.

Einkehrstätten:
Binder/Hauptmannwirt, am Bahnhof Stübing; *Jausenstation,* am Parkplatz vor dem Freilichtmuseum; *Thomahan*, in Friesach.

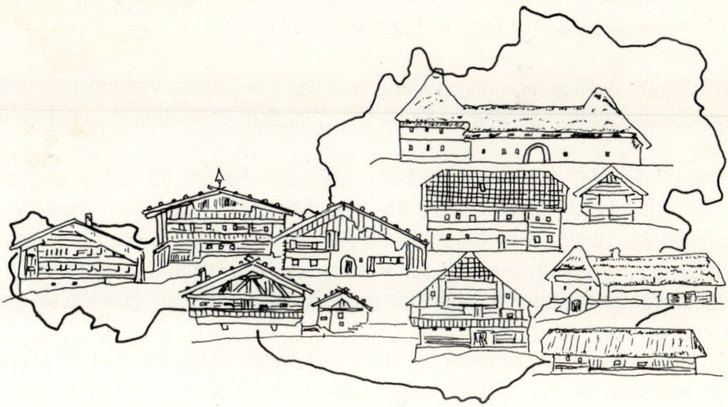

10 Haneggkogel

Frohnleiten, 438 m – Adriach, 468 m – Haneggbauer, 880 m – Haneggkogel, 1088 m – Ebenwirt am Schenkenberg, 909 m – Brandstätterkreuz, 950 m – Bodloskreuz – Siglkreuz – Reising, Poldlwirt, 700 m – Gehöft Raschbüchler, 580 m – Zitoll, 451 m

Distanz 20 km, Gehzeit 6¼ Std., 650 Hm, mittel; bezeichnet.

Wanderkarten FB 131, ÖK 133, 134 und 163.

Mit diesem Ausflug lassen sich Murtal und das Übelbachtal verbinden, womit ein klassischer Wanderweg im Sinne von „Wandern im Verbund" aufgefrischt wird.
Sowohl die 150 Jahre alte Südbahn als auch die um 75 Jahre jüngere Übelbacher Bahn dienen für die An- bzw. Rückfahrt. Das 2 km lange Zwischenstück zwischen Frohnleiten und Adriach wird entlang der Straße zurückgelegt, ansonsten verläuft der Ausflug bis zum Poldlwirt in einem autofreien Wandergelände, worüber sich sogar Autofahrer freuen, solange sie als Wanderer unterwegs sind.
Am Haneggkogel schätzen wir die steile Gipfelwiese richtig ein, seit wir erlebten, wie weit ein Ball auf ihr bergabrollen kann; aber solche Erkenntnisse dürfen niemand überraschen, der nahe von einem Gipfelkreuz Ball spielt.
Wer jedoch dem Haneggkogel einen kurzen Besuch widmen will, wählt den Ebenwirt oder Poldlwirt als Ausgangspunkt, wobei der Höhenrundweg von Schenkenberg um den Haneggkogel den bequemeren Teil ausmacht: eine wahrhaft kinderleichte Wanderung.

Anfahrt: Mit ÖBB-Regional- oder -Eilzügen nach Frohnleiten. VTZ 303. Pkw-Zufahrt von Graz bis zum Bahnhof Peggau-Deutschfeistritz; mit dem Zug nach Frohnleiten. Weitere Zufahrten: Über Golfplatz Murhof zum Poldlwirt oder über Frohnleiten – Rothleiten – Gamsgraben/Gh. Kainz zum Ebenwirt am Schenkenberg.

Rückfahrt: Von Zitoll mit Landesbahnzügen oder mit Bundesbussen Richtung Peggau. VTZ 303.

Weitere Ausflugsvorschläge:

- Frohnleiten, Bf. – Adriach – Haneggkogel; 5 km, 2 Std., 650 Hm, mittel.
- Zitoll, Bf. – Poldlwirt – Siglkreuz – Schloß Waldstein – Waldstein, Bf.; 7 km, 2¼ Std., leicht.
- Rundweg: Ebenwirt – Haneggkogel – Ebenwirt; 6,5 km, 2 Std., leicht.

Erlebnispunkte:

- Der Europapark und das Zentrum des Marktes Frohnleiten;
- die romanische Kirche Adriach;
- die Gipfelwiese am Haneggkogel;
- das Schloß Waldstein.

Einkehrstätten:

Ebenwirt, in Schenkenberg, am Haneggkogel; *Poldlwirt,* in Reising, nahe Zitoll; *Thomanek,* in Frohnleiten, Ecke Murbrücke/Europapark; *Weißenbacher,* an der Murbrücke, in Frohnleiten.

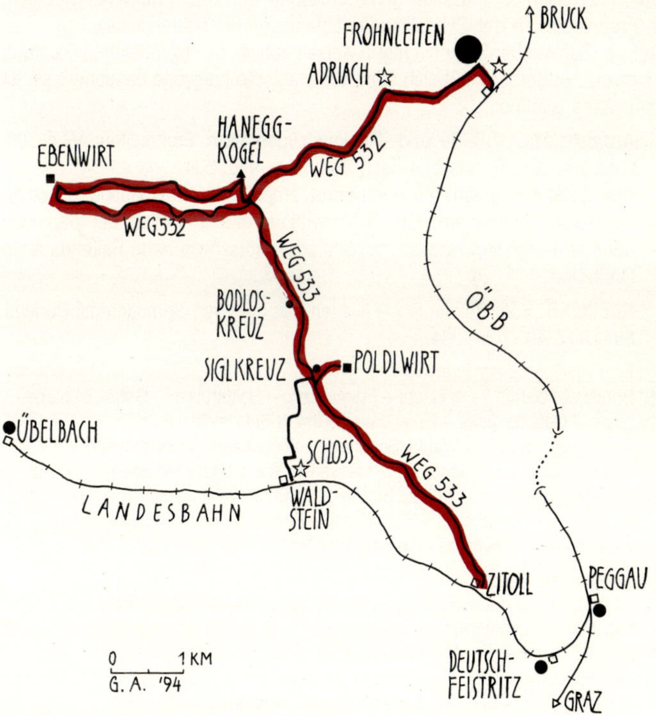

11 Hochtrötsch, Rechberg und Semriach

Frohnleiten, 438 m – Laas – Hochtrötsch, 1239 m – Friedenskreuz am Fragnerberg, 1109 m – Gehöft Faltenbauer – Alpengasthof Brandlhof auf dem Rechbergsattel, 929 m

Distanz 10 km, Aufstieg 800 Hm, Gehzeit 4½ Std.; einige kurze Wegstücke steil, mittel; bezeichnet.

Wanderkarten FB 131, ÖK 133, 134 und 164.

Der „Trötsch" zählt zu den Hausbergen von Semriach und Frohnleiten. Die Eintragungen im Gipfelbuch lassen unschwer feststellen, daß der Hochtrötsch zu allen Jahreszeiten gerne erstiegen wird. Der Wanderweg beginnt in Frohnleiten an der Schnellstraßenabfahrt (große Trauerweide).
Auf der Semriacher Seite hingegen weisen zahlreiche Holztäfelchen Richtung „Trötsch". Außerdem läßt sich nahe Semriach die Lurgrotte besuchen; sie ist ganzjährig geöffnet.

Anfahrt: Mit ÖBB-Eil- und -Regionalzügen nach Frohnleiten; VTZ 303. Oder mit dem Bundesbus nach Semriach; VTZ 304.
Pkw-Zufahrt je nach Wanderstrecke; empfehlenswerte Ausgangspunkte für Rundwanderungen: Gh. Schinnerl/Lurgrotte in Pöllau bei Semriach oder Jausenstation Häuserl im Wald oder Trötschwirt nahe Faltenbauer in Dreihöfen.

Rückfahrt: Vom Rechberg mit Niederl-Bus oder von Semriach mit Bundesbus. VTZ 405 bzw. 304.

Weitere Ausflugsvorschläge:

- Rundweg: Gehöft Faltenbauer – Fragnerberg – Hochtrötsch – Gehöft Winterbauer – Gehöft Rüster – Faltenbauer; 8 km, 3 Std., leicht.
- Rundweg: Häuserl im Wald – Schönegg – Winterbauer – Hochtrötsch – Friedenskreuz am Fragnerberg – Häuserl im Wald; 9 km, 3¼ Std.
- Rundweg: Semriach – Pöllau, Gh. Lurgrotte/Schinnerl – Häuserl im Wald – Schönegg – Winterbauer – Hochtrötsch – Friedenskreuz am Fragnerberg – Faltenbauer in Dreihöfen – Semriach; 16 km, 5½ Std., mittel.

Erlebnispunkte:

- das Ortsbild und der Europapark der Marktgemeinde Frohnleiten;
- das Miniaturhammerwerk in Laas;
- die Gipfellandschaft auf dem Trötsch;
- der Hochschwabblick beim Friedenskreuz;
- die Bergwiesen- und Sattellandschaft am Fragnerberg;
- die Semriacher Lurgrotte.

Einkehrstätten:

Schinnerl/Lurgrotte, in Pöllau bei Semriach; *Häuserl im Wald,* Jausenstation in Schönegg; *Trötschwirt,* in Dreihöfen, zwischen Semriach und Rechbergsattel; *Brandlhof,* auf dem Rechbergsattel.

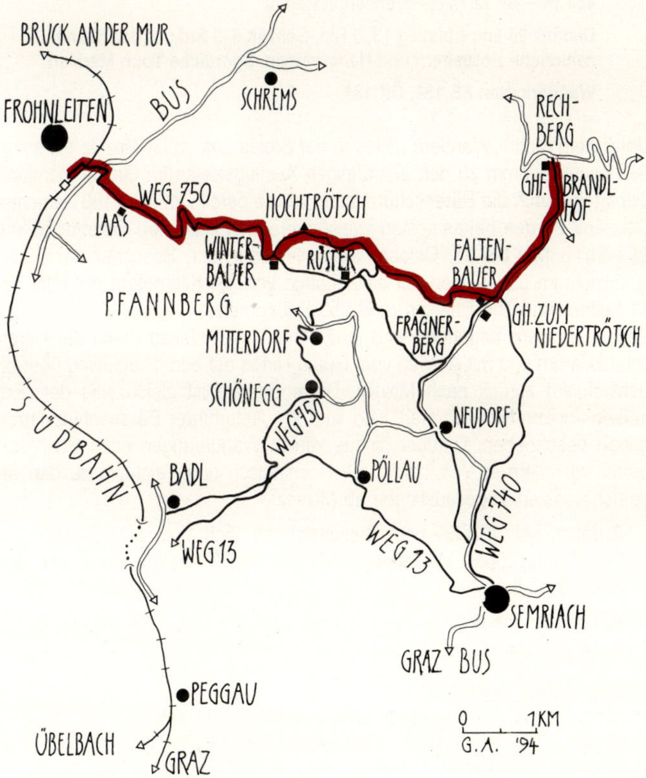

12 Bärenschützklamm, Schüsserlbrunn und Hochlantsch

Mixnitz, 447 m – Fuchswirt – Kaskadenfall – Steiganlage durch die Bärenschützklamm, 850 m – Gh. Zum Guten Hirten, 1209 m – Schüsserlbrunn, Gh. Steirischer Jokl, 1398 m – Hochlantsch, 1720 m – Teichalm, Teichwirt, 1172 m – Guter Hirte – Prügelweg – Mautstatt, 454 m – Bf. Mixnitz-Bärenschützklamm

Distanz 25 km, Aufstieg 1300 Hm, Gehzeit 8–9 Std.; in der Klamm zahlreiche Holzleitern und Hangtreppen. Sportliche Tour. Markiert.

Wanderkarten FB 131, ÖK 134.

Unter dem Motto „Wandern mitten in der Steiermark" zählt Mixnitz mit seiner Bärenschützklamm zu den erstrangigen Ausflugszielen im Grazer Bergland. Der Steig durch die Bärenschützklamm wurde bereits im Jahr 1901 errichtet. Sie zählt zu den bekanntesten wasserführenden Klammen Österreichs und ist vom 1. Mai bis 31. Oktober allgemein begehbar. Besucher der Bärenschützklamm überwinden auf einer Länge von 1,4 Kilometern mit Hilfe von 51 Leitern und 109 Brücken rund 350 Höhenmeter.
Besonders gern begangen wird jene Runde mit Aufstieg durch die Bärenschützklamm und mit Abstieg vom Guten Hirten auf dem Prügelweg über die Schwaigalm zurück nach Mixnitz. Diese Strecke ist gleichzeitig der „Erzherzog-Johann-Naturlehrpfad" und wird im „Naturführer Bärenschützklamm" genau beschrieben. Darüber hinaus zählen Wanderungen nach Schüsserlbrunn vor allem in Verbindung mit Hochlantsch und Teichalm zu den anspruchsvollsten Tagesausflügen ab Mixnitz.

Anfahrt: Mit ÖBB-Eil- und -Regionalzügen nach Mixnitz. VTZ 503. Pkw-Zufahrt über Mautstatt – Mixnitz zum Parkplatz noch vor dem Kaskadenfall.

Rückfahrt: wie Anfahrt. Oder von der Teichalm (VTZ 504) mit Niederl-Bus Richtung Graz.

Weitere Ausflugsvorschläge:

- Spaziergang zum Kaskadenfall; vom Fuchswirt 1/2 Std., leicht.
- Mixnitz – Bärenschützklamm – Guter Hirte – Prügelweg – Bärenschützklamm, Eingang – Kaskadenfall – Mixnitz; 11 km, 4 1/2 Std., 750 Hm, mittel.
- Mixnitz – Bärenschützklamm – Guter Hirte – Schüsserlbrunn – Ghf. Zirbisegger – Breitenau, St. Jakob; 10 km, 5 Std., 950 Hm, mittel; Rückfahrt mit Bundesbus Richtung Mixnitz oder Bruck an der Mur.

Erlebnispunkte:

- die Bärenschützklamm;
- das Kirchlein Schüsserlbrunn;
- die Gipfellandschaft auf dem Hochlantsch;
- der Teichalmsee.

Einkehrstätten:

Fuchswirt, in Mixnitz, am Zugang zur Bärenschützklamm; *Guter Hirte,* am Ausstieg von der Bärenschützklamm; *Steirischer Jokl,* in Schüsserlbrunn; *Teichwirt/Vorauer,* am Teichalmsee; *Zirbisegger,* am Zugang von der Breitenau nach Schüsserlbrunn.

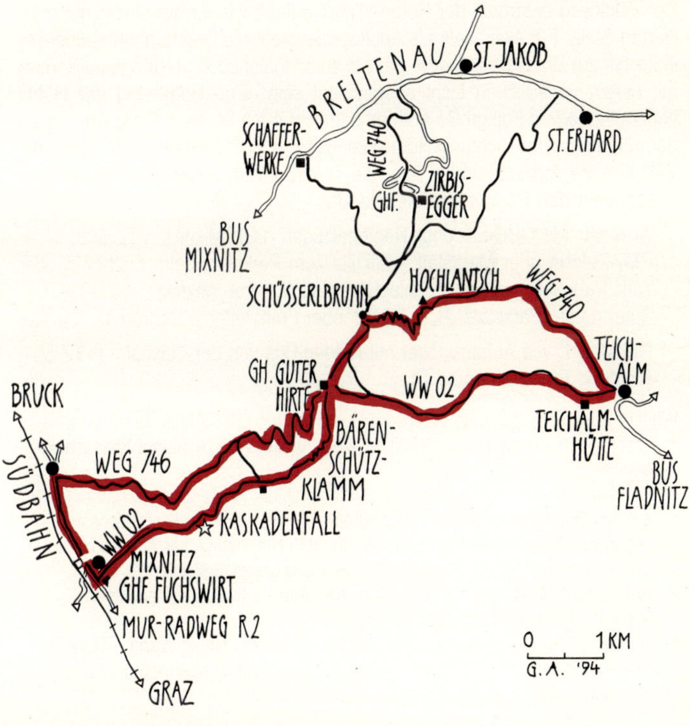

13 Rote Wand, Tyrnauer Alm und Drachenhöhle

Mixnitz, 447 m – Fuchswirt – Jagdhaus Steindl, 838 m – Buchebensattel, 1081 m – Rote Wand, 1505 m – Tyrnauer Alm, 1327 m – Unter der Roten Wand – Jagdhaus Steindl – Mixnitz

Distanz 17 km, Aufstieg 1050 Hm, Gehzeit 6 Std., schwer.

Wanderkarten FB 131, ÖK 134.

Die Alpenvereinssektion Mixnitz markiert ihre Wege sehr genau, so daß auch Ausflüge wie zur Tyrnauer Alm viel Spaß bereiten: Der Anstieg erfolgt über den mit einem Steckenzaun eingefriedeten Gipfel der Roten Wand, von wo ein guter Steig zur Almwirtschaft auf der Tyrnauer Alm hinüberleitet.
Der Rückweg unterhalb der Roten Wand verläuft wieder auf einem gut markierten Steig. Für sich allein als Ausflugsziel steht die Drachenhöhle, und wer in ihr bis zur Wasserstelle oder gar bis zum Höhlenbuch vordringen will, muß mit einem verläßlichen Licht ausgestattet sein. Eine Begehung der Höhle verlangt in jedem Fall große Aufmerksamkeit! Auch ist der weitere Anstieg ab dem Höhlenportal Richtung Röthelsteingipfel und Bucheben nicht markiert. Wer kürzere Ausflugsrunden über die Tyrnauer Alm vorzieht, wählt als Ausgangspunkt den Parkplatz „Rote Wand".

Anfahrt: Mit ÖBB-Eil- und -Regionalzügen nach Mixnitz. VTZ 503.
Pkw-Zufahrt über Mautstatt – Mixnitz zum Parkplatz beim Fuchswirt oder zum Parkplatz bei den Tennisplätzen südlich von Mixnitz.
Zufahrt zum Parkplatz „Rote Wand" über Frohnleiten – Schrems – Tyrnau.

Rückfahrt: wie Anfahrt. Oder mit Niederl-Bus von der Teichalm (VTZ 504) Richtung Frohnleiten und Graz.

Weitere Ausflugsvorschläge:

- Mixnitz – Drachenhöhle, ca. 1000 m; 1 Std., steiler Weg. Achtung! Steinschlaggefahr!
- Rundweg: Mixnitz – Drachenhöhle, dann rechts der Höhle unbezeichneter Steig auf den Röthelstein, 1263 m – Übergang und Abstieg in den Buchebensattel – Jagdhaus Steindl – Mixnitz; 10 km, 4 Std., 820 Hm; mühsamer Anstieg bis auf den Röthelstein, jedoch herrlicher Ausblick und uriges Gelände.
- Rundweg: Mixnitz – Rote Wand – Tyrnauer Alm – Gh. Zum Guten Hirten – Mixnitz; 11 km, 4½ Std., 1050 Hm, mittel.
- Rundweg: Tyrnau, Parkplatz „Rote Wand" – Unter der Roten Wand – Tyrnauer Alm – Rote Wand – Bucheben – Parkplatz „Rote Wand"; 10 km, 3½ Std., 600 Hm, mittel.

Erlebnispunkte:

- die frei zugängliche Drachenhöhle;
- die Rote Wand mit dem Einstandsgebiet kapitalen Steinwildes (Steinböcke);
- die Landschaft der Tyrnauer Alm.

Einkehrstätten:

Fuchswirt, in Mixnitz, am Zugang zur Bärenschützklamm; *Guter Hirte,* am Ausstieg von der Bärenschützklamm; *Steirischer Jokl,* in Schüsserlbrunn; *Teichwirt/Vorauer,* am Teichalmsee; *Tyrnauer Alm,* Almwirtschaft zwischen Roter Wand und Teichalm.

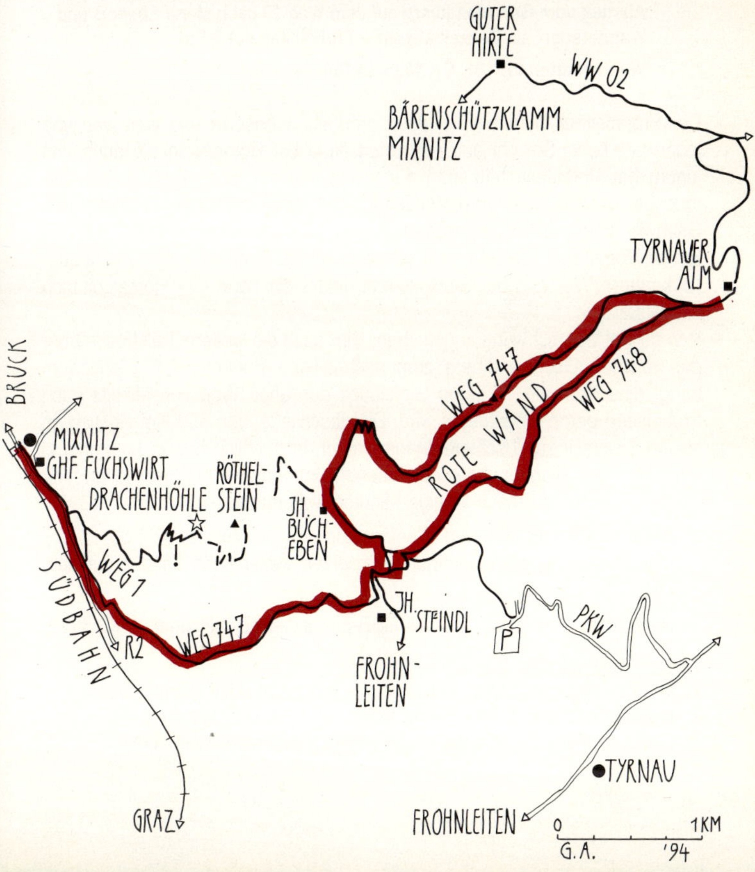

14 Frohnleitner Höhenweg

Mixnitz, 447 m – Fuchswirt – Jagdhaus Steindl, 838 m – Peterbauersattel – Gehöft Pirchbauer – Gschwendtberg, 993 m – Frohnleiten, 427 m

Distanz 16 km, Gehzeit 4½ Std.; sonnseitiger Weg, zahlreiche Gegensteigungen, steiler Abstieg vom Gschwendtberg, mittel.

Weniger steil ist der Abstieg vom Gschwendtbergsattel auf Weg Nr. 748 zur Rechbergstraße und zur Tischlerei Magerl; außerdem verkürzt sich die Gehzeit Mixnitz – Frohnleiten auf 4 Std. Hingegen verlängert der Abstieg vom Gschwendtberg auf dem Weg 10 nach Maria Ebenort und Wannersdorf die Gehzeit Mixnitz – Frohnleiten auf 5 Std.

Wanderkarten FB 131, ÖK 133 und 134.

Der Frohnleitner Höhenweg verläuft großteils sonnseitig und weit weg von jedem Verkehr. Sowohl aus dem Murtalknie bei Röthelstein als auch von jenem bei Rothleiten hört man nur wenig von der Schnellstraße, die Geräusche werden aber vom Waldsaum hier oben zwischen Heuberg und Gschwendtberg rasch aufgesogen.
Ein willkommener Zwischenhalt ist das Gehöft Rappold vulgo Pirchbauer (Birkbauer): Wer aus der Stadt kommt, findet die Lage des Hofes „einfach himmlisch“.
Von so viel Überschwang angetrieben, wird auch die weitere Teilstrecke über den felsigen Gschwendtberg zum nachhaltigen Erlebnis. Am Gipfelbaum hängt eine Kassette, in deren Gipfelbuch der lange Weg von Mixnitz nach Frohnleiten gerne eingetragen wird. Die abschließenden 550 Hm Abstieg im steilen Zickzack zur Tischlerei Magerl laufen letztendlich höchst komfortabel aus. Denn der Wanderweg endet mitten im Europapark von Frohnleiten, von wo der Bahnhof nur noch wenige Minuten entfernt ist.

Anfahrt: Mit ÖBB-Eil- und -Regionalzügen nach Mixnitz. VTZ 503.
Pkw-Zufahrt bis zum Bahnhof Frohnleiten; weiter nach Mixnitz mit dem Zug.

Rückfahrt: Von Frohnleiten mit ÖBB-Eil- und -Regionalzügen. VTZ 303.

Weitere Ausflugsvorschläge:

- Mixnitz – Jagdhaus Steindl – Heuberg; hin und zurück 8 km, 2½ Std., mittel.
- Frohnleiten – Europapark – Bahnunterführung – Tischlerei Magerl – Gschwendtberg; 1½ Stunden, ab der Tischlerei durchwegs steiler Weg.

Erlebnispunkte:

- die prächtigen Buchen nahe den Grenzsteinen 73 und 75;
- die traumhafte Lage des Gehöftes Birkbauer/Pirchbauer;
- der Gipfelblick vom Gschwendtberg auf den Markt Frohnleiten;
- der Europapark in Frohnleiten.

Einkehrstätten:

Fuchswirt, im Ort Mixnitz; *Thomanek* und *Weißenbacher,* in Frohnleiten.

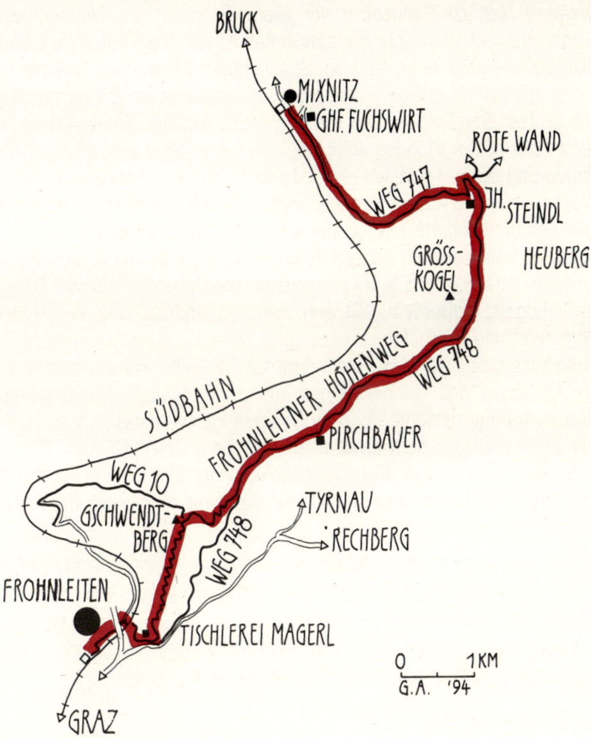

15 Tyrnauer Höhenweg vom Frankenhof zur Teichalm

Nechnitzsattel, Ghf. Frankenhof, 960 m – Hausebnerkreuz – Gscheidsattel, 1199 m – Hubenhalt – Gerlerkreuz – Gerlerkogel, 1324 m – Angerwirt, 1195 m – Ghf. Teichwirt, 1172 m – Gscheidsattel – Hausebnerberg, 1240 m – Frankenhof

Distanz 18 km, Gehzeit 6 Std., mittel.

Wanderkarten FB 131, ÖK 134.

Wer wandert, schätzt Sonnseiten vor allem während des Winters, wenn lange, kaltblaue Schatten über der Landschaft liegen. Vom Tyrnauer Höhenweg hingegen strahlt über längere Streckenteile wohltuende Wärme ab, womit eine ganzjährig gültige Einladung ausgesprochen ist: Dieser nördliche Teil des Grazer Berglandes rund um den Nechnitzsattel bietet sich als ein geradezu klassisches Wandergebiet an.
Die Wanderung beginnt dort, wo einst das gastliche Gehöft Hausebner stand; die Mauern sind zwar verschwunden, aber der gute Ruf hallt nach, wie ihn nunmehr der benachbarte Frankenhof um so kräftiger verdient.
Grundsätzlich hält man sich an den Wanderweg Nr. 740, wobei sich Varianten einbinden lassen, wie z. B. im Almgelände der Hubenhalt oder im Bereich des Gerlerkogels. Außerdem läßt sich beim Gerlerkreuz eine Wegschleife über Angerwirt und Teichalmsee dazulegen.
Beim Rückweg quert man kurz nach dem Gscheidsattel linkshaltend hinaus zu den Almböden des Gscheidberges, der auch Hausebnerberg genannt wird. Seine Anhöhe gewährt einen großartigen Panoramablick.
Danach steigt man auf dem breiten, anfangs baumfreien Rücken 200 Hm gegen Süden, bis zu einer Forstweggabelung, ab. Die untere Forststraße führt zur Nechnitzstraße hinaus, und auf ihr kehrt man zum Frankenhof zurück.

Anfahrt: Pkw-Zufahrt über Frohnleiten – Schrems – Tyrnau zum Frankenhof. Oder nur bis zum Schiederwirt in Tyrnau, wenn die alte Straße als Zugang zum Frankenhof benutzt wird.

Rückfahrt: wie Anfahrt oder über Fladnitz – Rechberg – Frohnleiten. Niederl-Bus vom Rechberg (VTZ 405) Richtung Frohnleiten.

Weitere Ausflugsvorschläge:

- Rundweg: Frankenhof – Hubenhalt – Gscheidberg – Frankenhof; 8 km, 2½ Std., leicht.

- Frankenhof – Rechberg, Ghf. Brandlhof; 5 km, 1 1/2 Std., durchwegs eben.
- Schiederwirt – alte Nechnitzstraße – Frankenhof; 3,5 km, 1 Std., leicht.

Erlebnispunkte:
- das anmutige Almgelände rund um den Frankenhof;
- die Hubenhalt, das Gerlerkreuz und der Gscheidberg.

Einkehrstätten:
Angerwirt, auf der Teichalm, nahe dem Gerlerkreuz; *Frankenhof,* im Nechnitzsattel; *Schiederwirt,* in Tyrnau; *Teichwirt/Vorauer,* beim Teichalmsee.

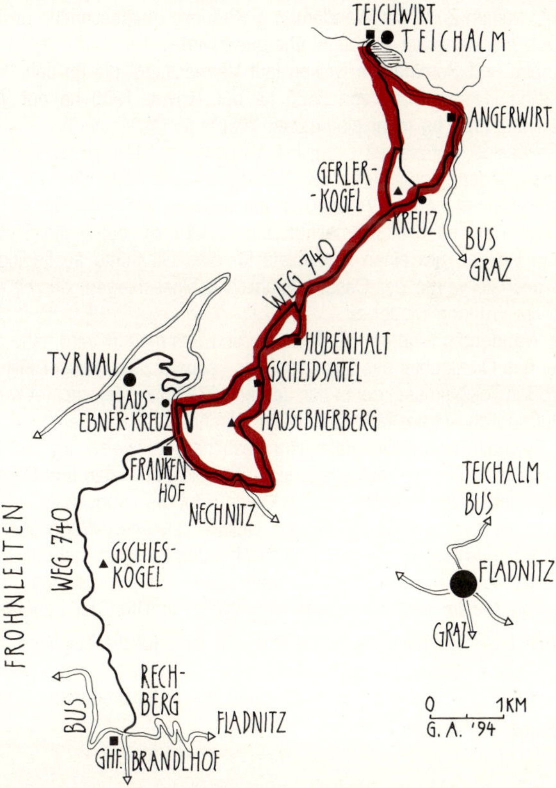

16 Teichalm und Sommeralm

Teichalmsee/Teichwirt, 1172 m – Hotel Pierer – Heulantsch, 1473 m – Mooskogel, 1392 m – Plankogel, 1531 m – Sommeralm, Ghf. Gesslbauer, 1404 m – Siebenkögel – Schwoabauerkreuz, 1249 m – Osser, 1548 m – Angerwirt, 1195 m – Teichwirt

Distanz 17 km, Gehzeit 6 Std., mittel; Höhenweg mit zahlreichen Gegensteigungen; markiert.

Wanderkarten FB 131, ÖK 134.

Der ansehnliche Rundweg verdient zu Recht den Beinamen „Große Teichalmrunde“, weil im Zuge der Wanderung großräumig ausgeschritten und ein halbes Dutzend stattlicher Almhügel überquert wird.
Die Teichalm und Sommeralm weisen laut Vermessung, die im Jahr 1986 erfolgte, eine Gesamtfläche von 3663 ha auf, wovon 1900 ha auf Wald entfallen – um 1127 ha mehr als im Jahr 1926!
Wann das riesige, europaweit einmalige Almgebiet entstanden ist, läßt sich nicht genau sagen, doch dürfte die Rodung um die Mitte des 13. Jahrhunderts begonnen haben. Verbrieft ist ein anderes wichtiges Datum: Am 11. Oktober 1685 ritt ein Glasmacher „aus Österreich“ durch die Stubenbergischen Wälder, um einen Standplatz für eine Glashütte ausfinding zu machen, deshalb wurde der Osser allmählich kahlgeschlagen; derzeit aber wachsen die Wunden wieder zu.
Bei einer Wanderung rund um die Teichalm und Sommeralm wird nahe dem Plankogel das Quellgebiet des Mixnitzbaches gequert: Sein Wasser füllt den 5,5 ha großen Teichalmsee, der in den Jahren 1972/73 wiedererrichtet wurde, und schlußendlich eilt der Mixnitzbach der Bärenschützklamm entgegen.
Daß die Teichalm und Sommeralm von Besuchern zeitweise arg bedrängt werden, trifft zum Teil zu; vorwiegend sind aber die Parkplätze und Spazierwege nahe dem See überfüllt und zum Glück nicht die Landschaft.
Wir haben uns auch dieses Mal für die weiten, einsamen Wege über die hohen Almen entschieden, denn dort, wo sich jeden Sommer mehr als 3000 Stück Rinder wohl fühlen, muß das Gelände besonders wertvoll sein. Teichalm und Sommeralm sind ein wahres Almparadies inmitten der Steiermark.

Anfahrt: Über Frohnleiten – Rechberg – Fladnitz auf die Teichalm; Niederl-Bus ab Graz. VTZ 504.
Pkw-Zufahrt über Fladnitz oder von Traföß durch die Breitenau.

Rückfahrt: wie Anfahrt.

Weitere Ausflugsvorschläge:

- Breitenau, Gh. Tiefenbacher, 687 m – Jägersteig – Teichalm; 5 km, 1 1/2 Std.
- Teichwirt – Ghf. Holzmeister – Kerschbaumgatterl – Haberlstall – Gh. Am Straßegg; 10 km, 3 Std. (Rückfahrt mit Bundesbus Richtung Mixnitz.)
- Rundweg: Ghf. Holzmeister – Schwoabauerkreuz – Raab-Ursprung – Bärntal – Siebenkögel – Ghf. Holzmeister; 11 km, 4 Std., mittel.
- Angerwirt – Buchkogel, 1330 m; 1 Std., leicht. Angerwirt – Osser; 1 Std., mittel.
- Rundweg: Teichwirt – Gerlerkreuz – Angerwirt – Osser – Ghf. Holzmeister – Heulantschhalter – Teichwirt; 12 km, 4 Std., mittel.

Erlebnispunkte:

- die Almregion Teichalm-Sommeralm mit dem Teichalmsee;
- der Gipfelblick vom Plankogel und die Kuppenlandschaft der Siebenkögel;
- der Ursprung der Raab.

Einkehrstätten:

Angerwirt, Teichalm, am Fuße des Ossers; *Gesslbauer,* am Sommeralmsattel; *Holzmeister,* auf der Sommeralm; *Pierer* und *Latschenhütte,* oberhalb vom Teichalmsee; *Teichwirt/Vorauer,* am Teichalmsee, Aufstieg zum Hochlantsch.

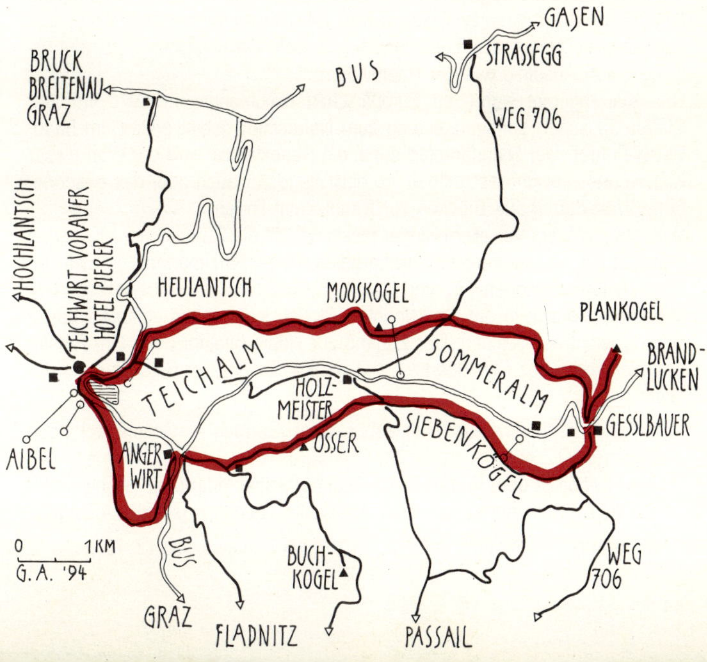

17 Raabklamm, Dürntal, Grasslhöhle

Arzberg, 578 m – Raabklamm, Naturlehrpfad – Mortantsch, Gh. Jägerwirt, 457 m

Distanz Arzberg – Jägerwirt 9 km, Gehzeit 3 Std.; auf gleichem Weg oder über Dürntal, Gh. Reisinger, zurück nach Arzberg. Gehzeit hin und zurück 6–7 Std.; in der Raabklamm Uferweg mit mehreren Stegen und Hangbrücken; bezeichnet. Für Trittsichere.

Wanderkarten FB 131, ÖK 134, 135, 164 und 165.

Die Raab ist nicht immer so sanft, wie ihre etymologische Wurzel aussagt. Hochwasser verwandeln die „Sanfte" innerhalb von Minuten zu einem reißenden Fluß, wie z. B. in den Jahren 1972 und 1979: Damals war jeweils die gesamte Steiganlage in der Raabklamm von den Fluten hinweggerissen worden. Doch fleißige Hände von Mitgliedern der Naturfreunde und des Alpenvereins beheben immer wieder alle Schäden, und außerdem wird die Trasse des Raabklamm-Steiges immer wieder verbessert.

Die Wanderstrecke beginnt meist in Arzberg, weil sie flußabwärts führt, und kann in beliebig langen Schleifen variiert werden. An mehreren Stellen – wie nahe Dürntal, Haselbach, Leska und Mortantsch – ermöglichen Verbindungswege einen Ausstieg aus der Raabklamm.

Das Klammgebiet wurde im Europäischen Naturschutzjahr 1970 von der Steiermärkischen Landesregierung zum Naturschutzgebiet erklärt. Im handlichen Führer „Der Naturlehrpfad durch die Raabklamm" wird der Wert dieser Klamm anschaulich beschrieben, so daß Wanderer auch über das geschriebene Wort dauerhafte Brücken zur Raabklamm finden.

Weil aber Wasser vor allem Kinder fasziniert, gilt die Raabklamm bei jungen Familien als ein naturnahes Spielparadies. Außerdem mangelt es nicht an Abwechslung zwischen Tag und Nacht:

Mit einem Besuch in der Grasslhöhle läßt sich jede wetterbedingte Überraschung leicht ausgleichen. Der Zugang zur Höhle beginnt beim Gh. Reisinger; wer aber ganz fußmüde ist, parkt wenige Schritte vor dem Eingang der Höhle.

Anfahrt nach Arzberg: Bundesbus über Garrach – Gollersattel nach Arzberg. VTZ 406.

Pkw-Zufahrten über Frohnleiten – Rechbergsattel; oder über Gschwendt – Garrach – Gollersattel; oder über Weiz/Göttelsberg – Haselbach – Dürntal.

Rückfahrt: wie Anfahrt; vom Jägerwirt auch Bundesbus. VTZ 406.

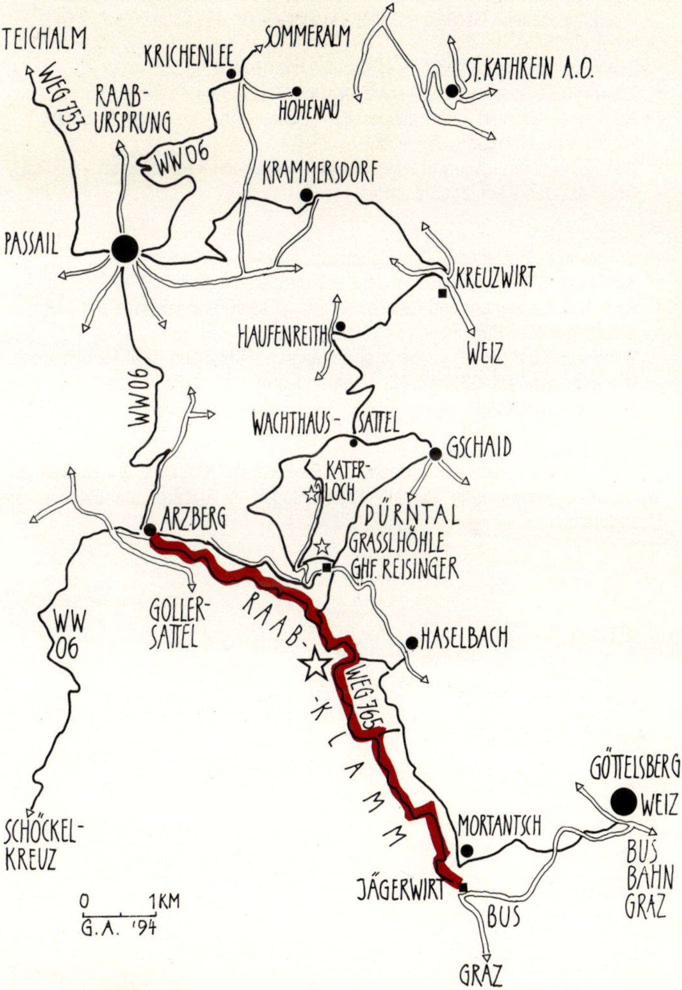
TEICHALM
WEG 753
RAAB-
URSPRUNG
KRICHENLEE
SOMMERALM
HOHENAU
ST. KATHREIN A.O.
WW 06
KRAMMERSDORF
PASSAIL
KREUZWIRT
HAUFENREITH
WEIZ
WW 06
WACHTHAUS-SATTEL
GSCHAID
KATER-
LOCH
DÜRNTAL
ARZBERG
GRASSLHÖHLE
GHF. REISINGER
GOLLER-
SATTEL
RAAB-KLAMM
HASELBACH
WW
06
WEG 765
GÖTTELSBERG
WEIZ
MORTANTSCH
SCHÖCKEL-
KREUZ
BUS
BAHN
GRAZ
JÄGERWIRT
0
1 KM
G.A. '94
BUS
GRAZ

Weitere Ausflugsvorschläge:

- Rundweg: Dürntal, Gh. Reisinger – Grasslhöhle – Katerloch – Lärchsattel – Wachthaussattel – Gschaid – Gehöft Dürntaler – Gh. Reisinger; 7 km, 2 Std., leicht.
- Zellerweg-Teilstrecke Arzberg – Passail; 5 km, 1$^1/_2$ Std., leicht.
- Zellerweg-Teilstrecke Passail – Arzberg und Raabklamm – Dürntal, Gh. Reisinger – Gschaid – Wachthaussattel – Haufenreith – Kreuzwirt, Eingang Weizklamm; 17 km, 5$^1/_2$ Std., mittel.
- Weiz/Göttelsberg – Literwirt – Mortantsch – Haselbach – Raabklamm – Dürntal, Gh. Reisinger; 9 km, 2$^1/_2$ Std., mittel.

Erlebnispunkte:

- die gesamte Raabklamm (Naturlehrpfad);
- die Grasslhöhle: Führungen im Juni, Juli und August, täglich 9–17 Uhr; im April, Mai, September und Oktober samstags, sonn- und feiertags 9–17 Uhr; in der übrigen Zeit Führungen nach Voranmeldung.
- Schau- und Lehrstollen Arzberg; gj. zugänglich. Führungen nach Vereinbarung. Anmeldungen: Tel. 03179/27450 (Gemeindeamt) oder 23310 („Forellenhof", GH Schweinegger-Mandl).

Einkehrstätten:

Jägerwirt, in Mortantsch, am Ausgang der Raabklamm; *Kreuzwirt,* am Eingang zur Weizklamm; *Reisinger,* in Dürntal; *Schweinegger,* in Arzberg, am Eingang zur Raabklamm.

18 Weizklamm, St. Kathrein und Brandlucken

Gh. Felsenkeller, 562 m – Jägersteig durch die Weizklamm – Rablloch – Kreuzwirt, 621 m – Talgraben – Unterriegel – Oberlambach – St. Kathrein am Offenegg, 970 m

Distanz 7 km, Gehzeit 2½ Std.; Trittsicherheit und Umsicht erforderlich. Vom Weizklammsteig bitte keine Steine werfen! Bezeichnet.

Wanderkarten FB 131, ÖK 134, 135 und 165.

Der Kontrast bei diesem Ausflug überrascht: Der Wanderweg durchquert zuerst die 2,5 km lange Weizklamm, wobei der Steig eine großteils steile Berglehne durchzieht. Interessant ist der Durchschlupf beim Rablloch, einem Felsenfenster. Darüber ragt der Rablgrat auf, ein beliebtes Trainingsgelände für Kletterer.

Unterhalb vom Weizklammsteig führt die kurvenreiche Straße hindurch.

Nach dem Gh. Kreuzwirt läßt der Wanderweg am sonnseitigen Unterriegel und Oberriegel schnell an Höhe gewinnen.

Das Bergdorf St. Kathrein am Offenegg liegt somit zum Greifen nahe.

Seine geradezu ideale Lage in einer Seehöhe von rund 1000 m macht St. Kathrein zu einem ganzjährig klimatisch bevorzugten Erholungsort in Verbindung mit benachbarten Zielen, wie Brandlucken, Gschaid und Eibisberg. Außerdem erreichen konditionsstarke Wanderer dieses herrliche oststeirische Bergland auf längeren Wegen, wie z. B. aus Richtung Weizberg, Patschaberg oder gar über die Zetz.

Anfahrt: Mit Bundesbus von Weiz Richtung Weizklamm, VTZ 406; St. Kathrein, VTZ 505; oder Brandlucken, VTZ 505.
Pkw-Zufahrt von Graz entweder über Weiz oder über Frohnleiten – Rechbergsattel.

Rückfahrt: Von St. Kathrein oder Brandlucken jeweils mit Bundesbus. VTZ 504 bzw. VTZ 505.

Weitere Ausflugsvorschläge:

- Rundweg: Gschoaderhof am Gschaid – Karriegel – Eibisberg – Bendlerhöhe – Schönes Kreuz – Schlagkreuz – Lärchenwiese – St. Kathrein am Offenegg, rund um die Kirche – Schilift-Talstation – Braunhof – Gehöft Ringbauer – Gschoaderhof; 12 km, 3½ Std., leicht.
- Rundweg: St. Kathrein – Schlagtor – Naturfreundehütte Bendlerhöhe – Eibisberg – Zeil – St. Kathrein; 8 km, 2½ Std., leicht.
- St. Kathrein – Oberhollerbach – Brandlucken; 6 km, 2 Std., leicht.

- Ruine Sturmberg, 495 m – Naas – Patschabauer – Patschaberg – Gschaid – Eibisberg – Naturfreundehütte Bendlerhöhe – Schönes Kreuz – Feichteck – Brandlucken, 1132 m; 15 km, 5 Std., 650 Hm, mittel. (Rückfahrt mit Bundesbus Richtung Weiz.)
- Weizberg – Patschaberg – St. Kathrein am Offenegg; 12 km; 4 Std., mittel.

Erlebnispunkte:
- die Weizklamm und das Rablloch;
- das Gipfelkreuz auf dem Gschoaderkogel;
- die Waldbergelandschaft um den Pommes;
- das Kathreiner Mühlental mit zwei Wassermühlen, zwischen Schmied in der Weiz und dem Braunhof/Spreitzhofer;
- das Europa-Blumendorf St. Kathrein, fünfmal „Schönstes Blumendorf der Steiermark";
- die Wallfahrtskirche Heilbrunn.

Einkehrstätten:
Bauernhofer/Kirchenwirt, auf der Brandlucken, Kathreiner Seite; *Braunhof/Spreitzhofer,* in Zeil, nahe dem Ort St. Kathrein; *Eder,* unterhalb der Kirche St. Kathrein; *Felsenkeller,* am Ausgang der Weizklamm; *Gschoaderhof,* am Gschaid, zwischen St. Kathrein und Eibisberg; *Kreuzwirt,* am Eingang zur Weizklamm; *Pieber/Zum Steinhauser,* am Zugang zur Kathreiner Liftwiese; *Schwaiger,* oberhalb der Kirche St. Kathrein; *Unterberger/Zum Jagawirt,* auf der Brandlucken, Naintscher Seite.

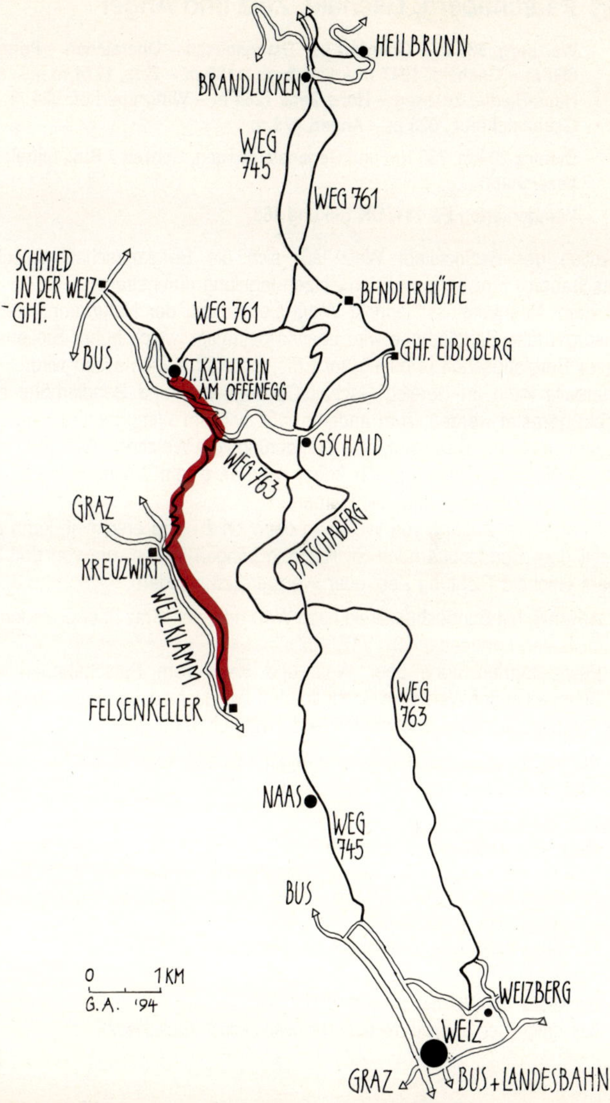
HEILBRUNN
BRANDLUCKEN
WEG 745
WEG 761
SCHMIED IN DER WEIZ - GHF.
BUS
BENDLERHÜTTE
WEG 761
GHF. EIBISBERG
ST. KATHREIN AM OFFENEGG
GSCHAID
WEG 763
GRAZ
KREUZWIRT
PATSCHABERG
WEIZKLAMM
FELSENKELLER
WEG 763
NAAS
WEG 745
BUS
0 1 KM
G. A. '94
WEIZBERG
WEIZ
GRAZ
BUS + LANDESBAHN

19 Patschaberg, Gschaid, Zetz und Anger

Weizberg, 536 m – Oberdorf bei Thannhausen – Oberaichen – Ponigl, 660 m – Gschaid, 1047 m – Eibisberg, 1186 m – Zetz, 1274 m – Hans-Riedler-Zetzweg – Hohe Zetz, 1264 m – Wittgruberhof, 904 m – Gschnaidkreuz, 823 m – Anger, 479 m

Distanz 20 km, 750 Hm und Gegensteigungen, Gehzeit 7 Std., mittel; bezeichnet.

Wanderkarten FB 131, ÖK 135 und 165.

Nördlich der Bezirksstadt Weiz läßt sich die Berglandschaft zwischen Patschaberg, Eibisberg und den Zetzen tagelang durchstreifen.
Mit dem Alpenvereinsstützpunkt Wittgruberhof und der Naturfreundeselbstversorgerhütte Bendlerhöhe wird ebenso bekräftigt, welch hoher Stellenwert dieser Berglandschaft in bezug auf Erholungswert beigemessen wird.
Einerseits kann im Bereich Gschaid/Gschoaderhof und Bendlerhöhe ausgiebig gerastet werden, zum anderen läßt sich am Wittgruberhof eine gute Nacht verbringen. Das heißt, eine Wanderung vom Weizberg über den Ernst-Pichler-Weg und Zetzweg nach Anger kann an einem Wochenende in zwei angenehme Etappen aufgeteilt werden.
Wem aber der Zugang von Weizberg dennoch zu lang erscheint, kann sich ja mit dem Bundesbus nach St. Kathrein bringen lassen, um von dort aus übers Gschaid Richtung Zetz oder Weizberg zu wandern.

Anfahrt: Mit Bundesbus direkt nach Weiz oder von Graz über Gleisdorf mit ÖBB und Landesbahnen. VTZ 407.
Pkw-Zufahrten auch über Weiz und Naas zum Patschabauer; vom Schmied in der Weiz zum Gschoaderhof am Gschaid; von Weiz durch den Poniglgraben zum Gschnaiderkreuz (Wittgruberhof) usw.

Rückfahrt: wie Anfahrt. Oder von Anger mit Landesbahn-Dampfbummelzug oder Bundesbus Richtung Weiz.

Weitere Ausflugsvorschläge:
- Naas – Patschabauer – Gschoaderkogel – Gschaid; 6 km, 2 Stunden; leicht.
- Schloß Thannhausen – Trennstein – Viertelfeistritz – Anger; 8 km, 2½ Std., leicht.
- Rundweg: Anger – Gschnaidkreuz – Wittgruberhof – Hohe Zetz – Edelschachen – Anger; 10 km, 4 Std., mittel.
- Rundweg: Wittgruberhof – Hohe Zetz – Wittgruberhof; 1½ Std., leicht.

Erlebnispunkte:
- die Kirche am Weizberg; das Schloß Thannhausen;
- das Kathreiner Gschaid mit dem Gschoaderkogel (Gipfelkreuz);

- der Platz um die Bendlerhütte; die Wetterkreuze auf der Hohen Zetz;
- der Wittgruberhof mit seiner Kletterwand.

<u>Einkehrstätten:</u>
Gschoaderhof, im Kathreiner Gschaid; *Wittgruberhof,* am südseitigen Aufstieg zur Zetz.

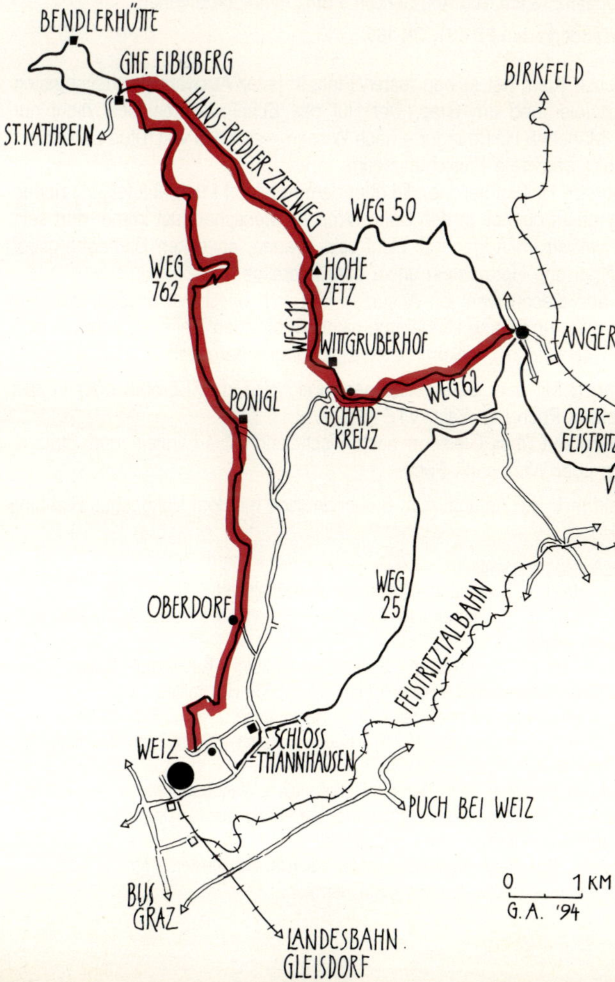

20 Weizer Kulm, Herberstein, Schielleiten

Pischelsdorf, 378 m – Gottesgraben – Reichendorf – Elz – Rosenkogel, 624 m – Ackerwirt, 716 m – Kulm, 975 m – Steirischer Schnitzelwirt – Kulmseppl – Freizeitzentrum Stubenbergsee

Distanz 16 km, 600 Hm, Gehzeit 5 Std., mittel; bezeichnet.

Wanderkarten FB 131, ÖK 165.

Der Weizer Kulm hat seinen festen Platz in jeder Auswahl der beliebtesten Ausflugsziele rund um Graz. Der Ruf des Schnitzelwirtes lockt nicht nur Kinder. Manchen Heißhunger – nach Wissen – stillt das von Titus Lantos auf dem Kulm errichtete Freilichtmuseum.
Riesengroße Heißluftballone, die über dem Apfeldorf Puch aufsteigen, ziehen Ausflugsgäste ebenso in den Bann. Weil wir Menschen just immer dort sein wollen, wo wir im Augenblick nicht sein können, erwecken Stubenbergsee, Schielleiten und Herberstein unser aller Interesse.
Schon aus diesen wenigen Ansätzen läßt sich unschwer erraten, daß der Weizer Kulm und seine Umgebung nicht ein einziges Ziel sind, sondern daß sie ein Paket höchst willkommener Einladungen bereithalten.

Anfahrt: Mit dem Bundesbus nach Pischelsdorf, VTZ 506; oder in das Apfeldorf Puch bei Weiz, VTZ 407.
Pkw-Zufahrt über Gleisdorf nach Pischelsdorf, Herberstein und Stubenberg; über Weiz nach Puch.

Rückfahrt: wie Anfahrt; vom Stubenbergsee mit dem Bundesbus Richtung Gleisdorf.

Weitere Ausflugsvorschläge:

- Kulm – Kalch – Siegersdorf – Pesendorf – Pischelsdorf; 9 km, 2½ Std., mittel.
- Freizeitzentrum Stubenbergsee – Waldhof – Pesendorf – Pischelsdorf; 9 km, 2½ Std., mittel.
- Puch bei Weiz, 449 m – Eben – Leiten – Vorderkulm – Kulmsteig – Kulm – Ackerwirt – Rosenkogel – Puch; 10 km, 3 Std., 530 Hm, mittel.
- Puch – Hinterkulm – Freizeitzentrum Stubenbergsee; 7 km, 2 Std., leicht.
- St. Johann bei Herberstein, 421 m – Klamm – Kalch – Kulm; 7 km, 550 Hm, 2¼ Std., mittel.
- Rundweg: Parkplatz beim Tierpark Herberstein – Wanderung durch die Feistritzklamm – Schloß Herberstein und zurück zum Parkplatz; für Tierparkbesuch und Wanderung insgesamt rund 2 Std., leicht.
- Rundweg: Buschenschank Herberstein – Schloß Schielleiten – rund um die Teiche und den Schloßpark; 1½ Std., leicht.

Erlebnispunkte:

- das Freizeitzentrum Stubenbergsee;
- der Tierpark und das Schloß Herberstein;
- die Klamm Herberstein mit der Geierwand;
- das Schloß, der Park und die Teiche in Schielleiten;
- das Urgeschichtliche Museum auf dem Weizer Kulm;
- das Apfeldorf Puch und die Apfelstraße; das Schloß Külml;
- die Burg Neuhaus über der Stubenberger Klamm;
- der größte Kastanienbaum Österreichs in Zeil bei Stubenberg.

Einkehrstätten:

Ackerwirt, an der Kulm-Südseite; *Buschenschank Herberstein* und *Jägerhof* in Herberstein; *Buschenschenken,* entlang der Apfelstraße am Fuß des Kulms; *Haiderwirt,* nahe dem Schloß Schielleiten; *Kirchenwirt,* mitten im Apfeldorf Puch; *Kulmwirt,* auf dem Kulm; *Michlhof,* mit Reitstall, über Stubenberg; *Seerestaurant* am Stubenbergsee; *Steirischer Schnitzelwirt,* an der Kulm-Nordseite.

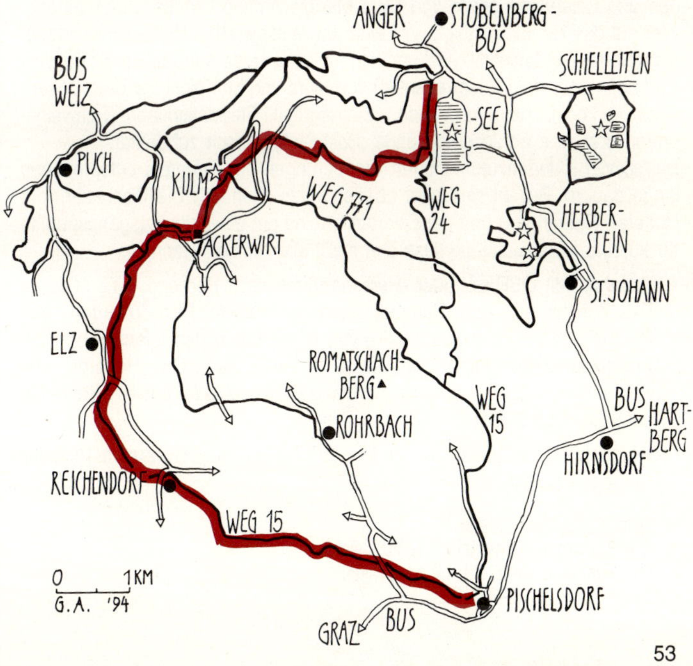

21 Rennfeld und Frauenberg

Pernegg, Bf., 458 m – Gabraun – 72-Reihen-Steig – Zatschpucherhütterl, 1150 m – Rennfeld, 1629 m – Ottokar-Kernstock-Haus, 1619 m – Frauenberg, Kirche Maria Rehkogel, 939 m – Prieselbauer, 741 m – Buschenschank Jagerbauer – Bruck an der Mur, Bf., 491 m

Distanz 21 km, 1170 Hm, Gehzeit 6½ Std., Aufstieg am steilen 72-Reihen-Steig anfangs etwas mühsam; markiert.

Wanderkarten FB 131, ÖK 133 und 134.

Viele Bergwanderer schätzen am Rennfeld die großartige Aussicht. Andere Besucher prüfen ihre Kondition an diesem westlichsten Berg der Fischbacher Alpen, aber alle Gäste schätzen die am Rennfeld gebotene Gastlichkeit: Das Ottokar-Kernstock-Haus, erbaut in den Jahren 1950/51, wird von der Pächterfamilie Zöbinger ganzjährig bewirtschaftet, und zwar an allen Wochenenden und Feiertagen sowie von Mitte Mai bis Anfang Oktober durchgehend. Wer auf das Rennfeld steigt, wird einer umweltbewußten Hüttenwirtin begegnen, die resolut feststellt: „Bei uns kommt keine Dose auf den Berg!" Folglich wird hoch über dem Zusammenfluß von Mürz und Mur nicht mit dem Dosenöffner gekocht, vielmehr werden Steirergröstl, Fleischlaibchen, Schweinsbraten und eine wohlschmeckende „Pasta" stets frisch zubereitet.
Bei so viel Kalorienzufuhr dürfen Wanderungen am Rennfeld entsprechend lange dauern. Beliebt sind aber ebenso kurze „Renner": Die Pischkalm, der Hutterer, Frauenberg und der Obersattler sind gut gewählte Ausgangspunkte für kürzere Tagesausflüge. Das Ziel heißt aber immer: Rennfeld.

Anfahrt: Mit ÖBB-Eil- oder -Regionalzügen nach Pernegg. VTZ 503.
Pkw-Zufahrt bis zum Bahnhof Pernegg; weitere Pkw-Zufahrten: von Pernegg in den Gabraungraben; von Bruck durch den Glanzgraben zur Pischkalm oder durch den Kaltbachgraben zum Gh. Hutterer; von Kapfenberg nach Frauenberg und Maria Rehkogel; oder aus der Breitenau zum Gh. Obersattler.

Rückfahrt: Von Bruck an der Mur (VTZ 616) mit ÖBB-Zügen Richtung Pernegg und Graz.

<u>Weitere Ausflugsvorschläge:</u>
- Gh. Pischkalm – Rennfeld; 1¼ Std., leicht.
- Gh. Hutterer – Rennfeld; 1¾ Std., mittel.

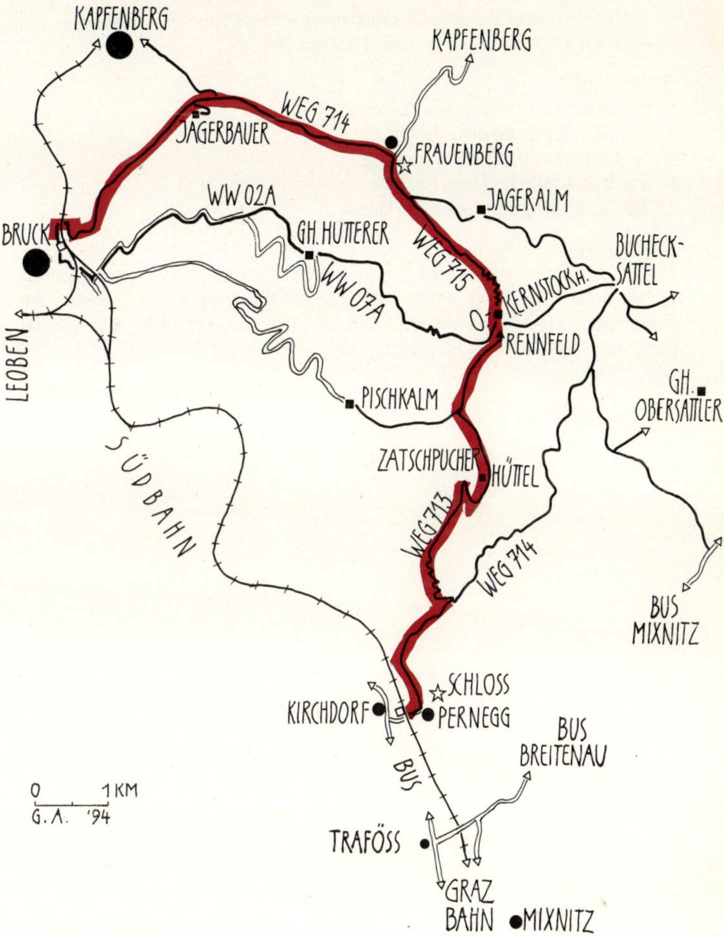
KAPFENBERG
KAPFENBERG
WEG 714
JÄGERBAUER
FRAUENBERG
WW 02A
JAGERALM
BRUCK
GH. HUTTERER
WEG 715
BUCHECK-
SATTEL
WW 07A
KERNSTOCK H.
RENNFELD
LEOBEN
PISCHKALM
GH.
OBERSATTLER
SÜDBAHN
ZATSCHPUCHER
HÜTTEL
WEG 713
WEG 714
BUS
MIXNITZ
SCHLOSS
KIRCHDORF
PERNEGG
BUS
BREITENAU
BUS
0
1 KM
G. A. '94
TRAFÖSS
GRAZ
BAHN
MIXNITZ

- Rundweg: Frauenberg – Jageralm – Buchecksattel – Rennfeld – Frauenberg; 4 Std., mittel.
- Gh. Obersattler – Buchecksattel – Rennfeld; 700 Hm, 2 Std.
- Kapfenberg, Altstadt – Burg Oberkapfenberg – Prieselbauer – Frauenberg – Rennfeld, Ottokar-Kernstock-Haus; 1130 Hm, $3^1/_2$ Std.

Erlebnispunkte:
- das Zatschpucherhütterl am 72-Reihen-Steig;
- das Gipfelkreuz auf dem Rennfeld;
- die Kirche und das Schloß Pernegg;
- die Wallfahrtskirche Maria Rehkogel;
- das Stadtzentrum Bruck an der Mur.

Einkehrstätten:
Hutterer, meistgenutzter Ausgangspunkt auf das Rennfeld; *Jagerbauer,* Buschenschank nahe Frauenberg; *Obersattler,* über der Breitenau, an der Südseite des Rennfeldes; *Ottokar-Kernstock-Haus,* auf dem Rennfeld; *Pischkalm,* kürzester Zugang von Norden auf das Rennfeld.

22 Mariazeller Weg und Weitwanderwege

Eibiswald – Schwanberg – Bad Gams – Stainz – Söding – Graz-Eggenberg – Graz-Mariatrost – St. Radegund – Schöckel – Arzberg – Passail – Sommeralm – Wirtshaus am Straßegg – Alpengasthof Schanz am Schanzsattel – Veitschalpe – Mariazell
Im Bereich Schanzsattel – Veitschalpe gibt es zwei Varianten:
a) Schanzsattel – Stanglalpe, Waldheimat-Schutzhaus – Mitterdorf – Rotsohlalm – Niederalpl-Paßhöhe – Herrenboden;
b) Schanzsattel – Alpl – Hochgölk – Krieglach – Veitschalpe – Ort Niederalpl – Herrenboden.

Gehzeit: Im Führer „Mariazeller Wege" werden neun Tagesetappen ausgewiesen; demnach sind für die Strecke Eibiswald – Graz drei Tage und für die Strecke Graz – Mariazell vier bis fünf Tage vorzusehen.

Wenn Ihnen die rot-weiß-roten Wegschilder mit der Zahl 06 auffallen, dann sind Sie bereits auf dem Zellerweg; gleich sechs solcher Zellerwege führen in Ostösterreich sternförmig nach Mariazell.
So gibt es auch einen „Steirischen Mariazellerweg", sein Zubringer aus Kärnten schließt in Eibiswald an den Steirischen Mariazellerweg an. Wetterfeste Wanderer schätzen den Zellerweg zu allen Jahreszeiten, und darüber hinaus wandern immer mehr junge Menschen auf diesem alten und nunmehr neu entdeckten Pilgerweg aus dem Grazer Bergland zur Magna Mater Austriae, dem bedeutendsten Marienwallfahrtsort Mitteleuropas. Schließlich findet anläßlich der Millenniumsfeier „1000 Jahre Österreich" die Steirische Landesausstellung 1996 in Mariazell statt.
Da außerdem fünf der zehn österreichischen Weitwanderwege durch die südliche Steiermark führen, werden auch diese langen Wanderstrecken im folgenden kurz vorgestellt.

Anfahrt: Von Graz Richtung Eibiswald mit der GKB-Eisenbahn bis Wies-Eibiswald; mit Bus oder Taxi nach Eibiswald. VTZ 710. Oder, falls man den Mariazeller Weg in selektiven Intervallen beschreitet, mit Bus bzw. Bahn zu einem der Tagesetappenorte.

Rückfahrt: Von Mariazell mit Bundesbus Richtung Bruck und Graz.

Sonstige Teilstrecken von Weitwanderwegen in der Steiermark:

Nordalpiner Weitwanderweg 01: Krampen an der Mürz – Veitschalpe – Seewiesen – Hochschwab – Sonnschienhütte – Eisenerz.

Zentralalpenweg 02: Mönichkirchen – Hochwechsel – Pfaffensattel – Stuhleck – Pretulalpe – Alpl – Straßegg – Sommeralm – Mixnitz – Kirchdorf – Eisenpaß – Mugel – Leoben; und die

Zentralalpenweg-Variante 02 A: Straßegg – Eibeggsattel – Buchecksattel – Rennfeld – Bruck an der Mur – Hochanger – Eisenpaß.

Südalpiner Weitwanderweg 03: Bad Radkersburg – Röcksee – Mureck – Spielfeld – Leutschach – Remschnigg – Eibiswald – Radlpaß – Soboth.

Nord-Süd-Weitwanderweg 05: Mariazell – Niederalpl – Veitschalpe – Rotsohlalm – Seewiesen – Hochschwab – Sonnschienhütte – Präbichl – Eisenerzer Reichenstein – Trofaiach – Leoben – Mugel – Eisenpaß – Hochalm – Gleinalpe – Gaberl – Pack – Hebalm – Weinebene – Koralpe – St. Oswald – Eibiswald.

Ostösterreichischer Grenzlandweg 07: Tauchen – Hochwechsel – Mönichwald – Vorau – Masenberg – Hartberg – Bad Waltersdorf – Fürstenfeld – Riegersburg – Fehring – St. Anna am Aigen – Klöch – Bad Radkersburg.

Steirischer Landesrundwanderweg: Er ist in vielen Abschnitten mit den oben genannten Weitwanderwegen identisch.

<u>Literatur:</u> Alle Weitwanderweg-Führer aus dem Verlag Styria.
Übersichtskarte „Weitwanderwege Österreich“ von Freytag und Berndt.

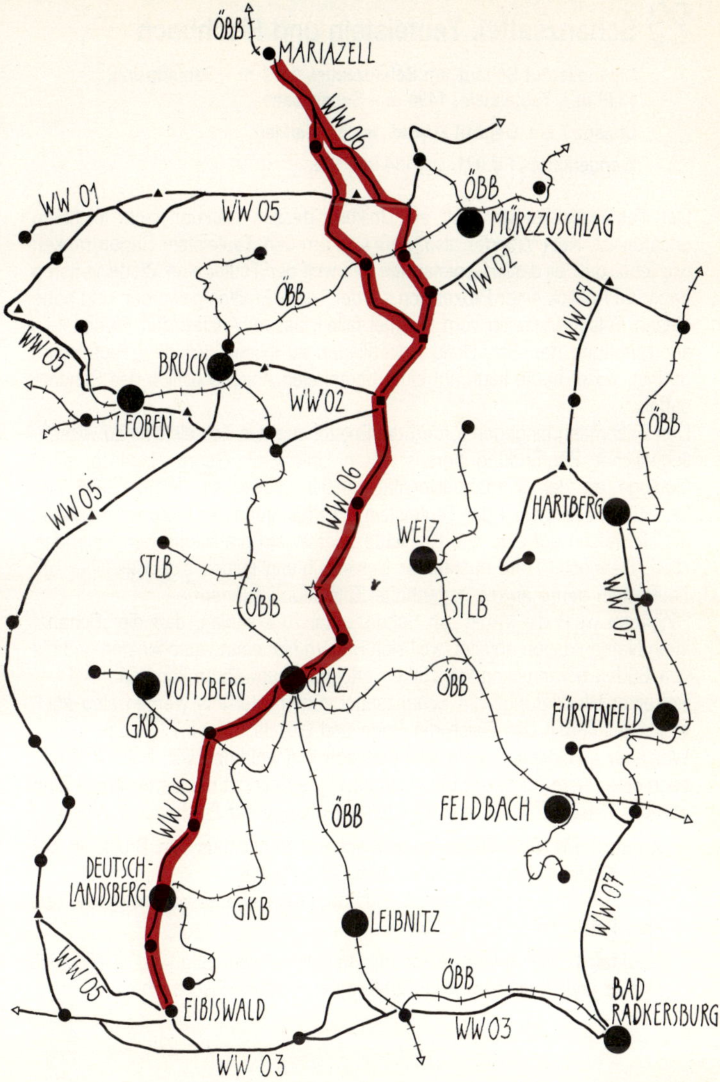
ÖBB
MARIAZELL
WW 06
WW 01
WW 05
ÖBB
MÜRZZUSCHLAG
WW 02
ÖBB
WW 07
WW 05
BRUCK
LEOBEN
WW 02
ÖBB
WW 06
WW 05
HARTBERG
WEIZ
STLB
ÖBB
STLB
WW 07
ÖBB
VOITSBERG
GRAZ
GKB
FÜRSTENFELD
WW 06
ÖBB
FELDBACH
DEUTSCH-
LANDSBERG
GKB
LEIBNITZ
WW 07
WW 05
ÖBB
BAD
RADKERSBURG
EIBISWALD
WW 03
WW 03

23 Schanzsattel, Teufelstein und Fischbach

Alpengasthof Schanz am Schanzsattel, 1171 m – Samerbrunn, 1386 m – Teufelstein, 1498 m – Schanzsattel

Distanz 7 km, Gehzeit 2¼ Std., leicht; markiert.

Wanderkarten FB 021, ÖK 134 und 135.

Der Teufelstein ist wahrhaft ein Unikum, dessen Herkunft nicht leicht zu erklären ist. Kein Wunder also, daß sich um den Teufelstein Sagen ranken wie jene, daß er daraus entstanden sei, weil der Teufel eine Wette verloren habe: Im Anblick einer Prozession sei der Teufel kraftlos geworden und habe diesen Felsen vorzeitig vom Himmel fallen lassen. Anstatt den Riesenstein zur Erhöhung des Schöckels weiterfliegen zu lassen, fiel der „Teufelstein" dorthin, wo er heute liegt: auf einer baumfreien Anhöhe östlich des Schanzsattels.

Den Fachmann hingegen fordert die Entstehung des Teufelsteins zu wissenschaftlicher Begründung heraus: Nach Univ.-Prof. Georg Haditsch, einst Geologe an der Montanuniversität Leoben, sowie Dr. Franz Seidl und Dr. Hubert Stolla stellt der Teufelstein ein Phänomen dar in Zusammenhang mit Hinweisen auf eine alte Kultstätte oder einem prähistorischen Kalenderstein. Dennoch: Trotz nüchterner Beweisführung lassen sich Besucher am Teufelstein gerne an die sagenhafte Entstehung erinnern.

Hingegen weiß die Wirtin am Schanzsattel zu erzählen, daß die „Schanz" ihren Namen davon ableitet, weil sich Bauern hier oben verschanzten und die von Süden heranrückenden Türken erfolgreich abwehren konnten.

Bei einer Wanderung vom Schanzsattel zum Teufelstein werden also auch einige Schritte in das Reich der Sage und Geschichte zurückgelegt.

Wer aber in Ortsnähe viele Wanderwege kennenlernen will, hat mit Fischbach eine „erste Adresse": Ein weitmaschiges Netz gut markierter Wege führt aus der Ortsmitte in die sonnseitigen Waldhänge der Fischbacher Alpen.

Anfahrt: Mit ÖBB-Zügen nach Kindberg; Bundesbus von Bruck an der Mur, Kindberg oder Fischbach zum Schanzsattel.
Pkw-Zufahrten auf die Schanz: Aus dem Mürztal über Kindberg oder aus dem Feistritztal über Fischbach.

Rückfahrt: wie Anfahrt. Oder mit Bundesbus vom Straßegg in Richtung Mixnitz und Bruck bzw. vom Straßegg in Richtung Fischbach.

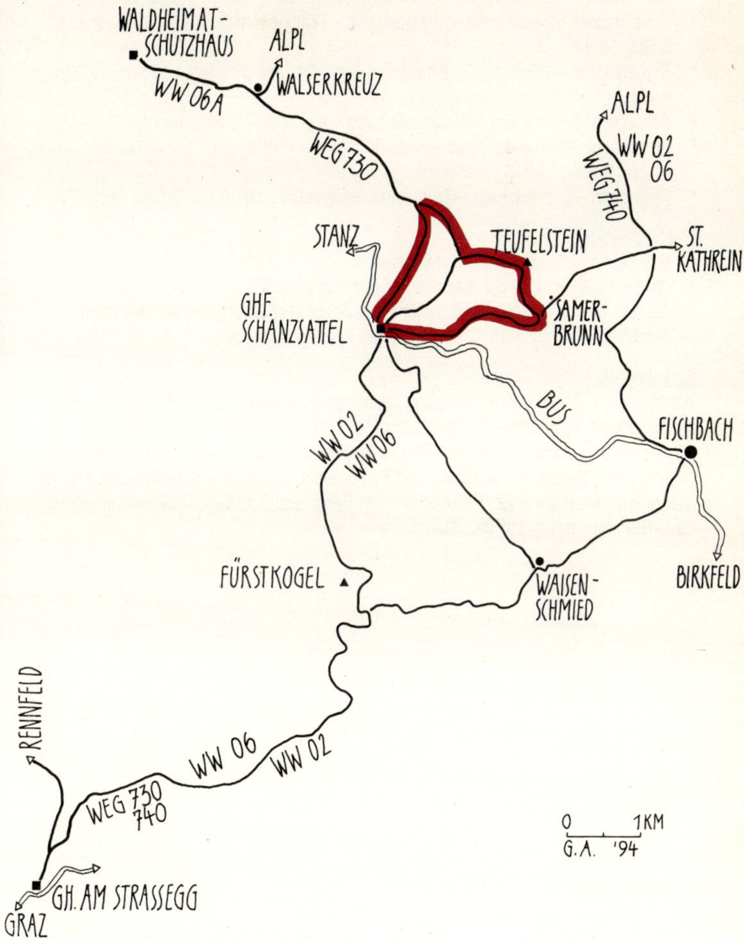

WALDHEIMAT-
SCHUTZHAUS
ALPL
WALSERKREUZ
WW 06A
WEG 730
ALPL
WW 02
06
WEG 740
STANZ
TEUFELSTEIN
ST.
KATHREIN
GHF.
SCHANZSATTEL
SAMER-
BRUNN
BUS
FISCHBACH
WW 02
WW 06
FÜRSTKOGEL
WAISEN-
SCHMIED
BIRKFELD
RENNFELD
WW 06
WW 02
WEG 730
740
0
1KM
G.A. '94
GH. AM STRASSEGG
GRAZ

Weitere Ausflugsvorschläge:

- Schanzsattel – Zellerweg – Waldheimat-Schutzhaus; 6 km, 1¾ Std., leicht.
- Schanzsattel – Teufelstein – Walserkreuz – Waldheimat-Schutzhaus; 10 km, 3 Std., leicht.
- Schanzsattel – Fürstkogel – Knappensattel – Gh. Am Straßegg; 12 km, 3½ Std., leicht.
- Schanzsattel – Völlegg – Waisenschmied – Fischbach; 2 Std., leicht.
- Fischbach – Waisenschmied – Knappensattel – Fürstkogel – Schanzsattel; 10 km, 3 Std., leicht.
- Fischbach – Samerbrunn – Teufelstein – Schanzsattel; 10 km, 3 Std., leicht.

Erlebnispunkte:

- der Teufelstein über dem Schanzsattel;
- die Bergwiesen und die Kapelle auf der Stanglalpe;
- der Ort Fischbach mit der Riedler-Wassermühle (Führungen); an der alten Fischbacher Straße im Schindergraben die Ägydiuskapelle.

Einkehrstätten:

Alpengasthof Schanz, am Übergang zwischen Kindberg und Fischbach; *Fasching*, mit Hallenbad, in Fischbach; *Fischbacherhof/Zink*, im Ort Fischbach; *Forsthaus/Übeleis*, im Ort Fischbach; *Gh. am Straßegg*, am Übergang zwischen Breitenau und Gasen; *Hödl*, zwischen Fischbach und Falkenstein; *Leopold-Wittmaier-Hütte*, auf der Stanglalpe; *Mosbacher*, in Falkenstein, am Feistritztal-Radweg; *Waldheimat-Schutzhaus/Stanglalmhaus*, auf der Stanglalpe.

24 Stanglalpe

Kindberg, Bf., 565 m – Bürgerwald – Ghf. Ochnerbauer, 941 m – Rotes Kreuz – Fuchsegg, 1262 m – Stanglalpe, 1490 m – Waldheimat-Schutzhaus, 1470 m

Distanz 10 km, 930 Hm, Gehzeit 3¼ Std., mittel; markiert.

Wanderkarten FB 021, ÖK 103 und 134.

Für alle Wanderer auf dem Zellerweg ist die Stanglalpe ein fester Begriff. Denn auch das Waldheimat-Schutzhaus bietet Unterstand und Nächtigung im Zuge einer Überquerung der Fischbacher Alpen.
Zu den meistbegangenen Zugängen zur Stanglalpe zählt daher der Wanderweg vom Schanzsattel, den sogar Langläufer schätzen, weil sich der leicht bergauf und bergab führende Weg auch als Trasse für eine Tourenloipe eignet.
Dazu kommt noch die sehr schöne Wanderstrecke von der Stanglalpe in Richtung Jagdhaus Granegg und zur Waldschule am Alpl. Wer sich am Alpl noch frisch genug fühlt, steigt über den herrlichen Waldsteig am Hochgölk nach Krieglach ab, womit der Wandertag einen ausgiebigen Abschluß findet.
Zur Stanglalpe gehört natürlich auch die Erinnerung an den unvergeßbaren Hochschwab-Toni, der nach vielen Jahren auf dem Schiestlhaus zuletzt das Waldheimat-Schutzhaus bewirtschaftete.
Dem Toni Hribernegg ist auch der Bau jener Weitwanderer-Kapelle zu verdanken, die unweit vom Stanglalmhaus steht.
Für all jene Besucher aber, die gerne als Selbstversorger auf einer Alpenvereinshütte nächtigen wollen, steht die Leopold-Wittmaier-Hütte offen: Sie ist an Wochenenden immer beaufsichtigt und kann daher von unangemeldeten Besuchern benutzt werden, sofern genug Platz vorhanden ist.

Anfahrt: Mit Eil- oder Regionalzügen nach Kindberg.
Pkw-Zufahrt von Kindberg bis zum Ochnerbauer oder nach Stanz.

Rückfahrt: Von Mitterdorf-Veitsch oder Wartberg mit Eil- oder Regionalzügen; mit Bundesbus vom Schanzsattel oder von Stanz Richtung Kindberg und Bruck an der Mur.

Weitere Ausflugsvorschläge (alle leicht):

- Waldheimat-Schutzhaus – Zellerweg – Mitterdorf-Veitsch, Bf.; 7 km, 2¼ Std.
- Waldheimat-Schutzhaus – Zellerweg – Gmoa – Wartberg, Bf.; 7 km, 2¼ Std.
- Waldheimat-Schutzhaus – Stanz im Mürztal; 5,5 km, 1½ Std.
- Waldheimat-Schutzhaus – Walserkreuz – Zellerweg – Schanzsattel; 6 km, 1¾ Std.

Erlebnispunkte:

- die Kapelle auf der Stanglalpe;
- das Walserkreuz auf der Bärneben mit den urigen Waldböden;
- die Höhenwege von der Stanglalpe Richtung Schanzsattel, Teufelstein und Alpl mit den zahlreichen reizvollen Aussichtsplätzen;
- das Jagdhaus Granegg mit dem kleinen Feuchtbiotop.

Einkehrstätten:

Alpengasthof Schanz, am Übergang zwischen Kindberg und Fischbach; *Leopold-Wittmaier-Hütte,* am Gipfel der Stanglalpe; *Ochnerbauer,* Ausgangspunkt oberhalb von Kindberg; *Waldheimat-Schutzhaus/Stanglalmhaus,* auf den Almen südlich des Gipfels; *Waldschule,* am Alpl, neben dem Museum.

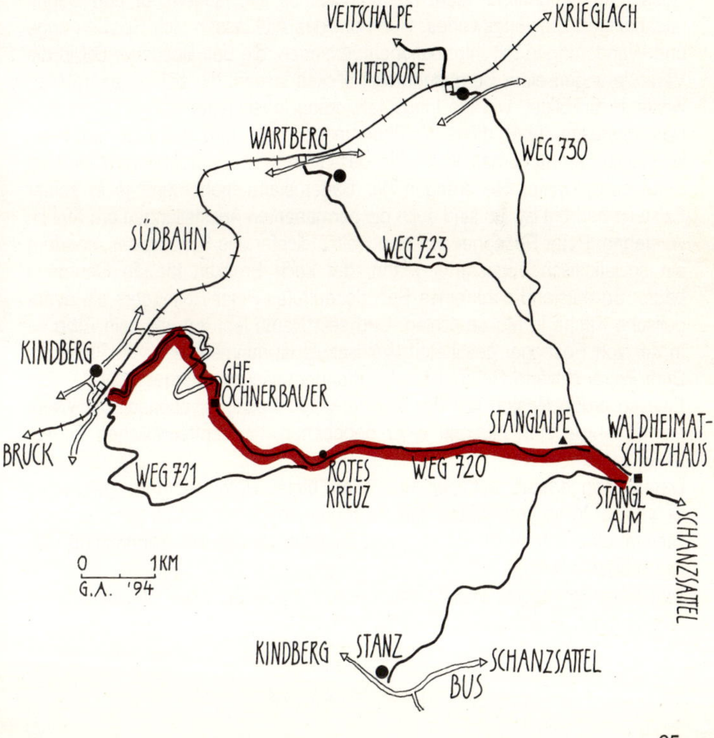

25 Roseggers Waldheimat rund um das Alpl

Alpl, Waldschule, 967 m – Kühberg, 1146 m – Hochgölk, 1176 m – Gölkkapelle – Krieglach, Bf., 608 m

Distanz 10 km, Gehzeit 3 Std., mittel; markiert.

Wanderkarten FB 021, ÖK 103 und 104.

Zu den bekanntesten Ausflugszielen der Steiermark zählt die Waldheimat; sie ist mit dem Namen Peter Roseggers (1843–1918) untrennbar verbunden. Sein umfassendes Wirken wurde mit der Steirischen Landesausstellung 1993 gewürdigt, die sich mit der Zeit, dem Werk, dem Glauben und der Heimat auseinandersetzte.

Roseggers Waldheimat steht beim Tourismus seit langem für den Begriff nachhaltigen Erholungswertes. Rund um das Alpl lassen sich Spaziergänge und Wanderungen mit Informationen verbinden, die den Besucher tief in die Veränderungen einer Bergbauernwelt blicken lassen, die sich in jenem Maß weiter zurückbildet, wie die Industrialisierung fortschreitet.

Das Interesse, über diese Veränderungen mehr und mehr zu erfahren, wächst in jenem Verhältnis, wie in der Gegenwart befürchtet wird, daß im Zuge europaweiter Neuerungen der Bauernstand mehr denn je in seiner Existenz bedroht ist. So sind auch die permanenten Ausstellungen am Alpl zu verstehen: Peter Rosegger war kein Heimatdichter des Schöntextes, sondern ein sozialkritisch engagierter Mann, der auch Brücken für die Ökumene baute: So entstand dank eines Spendenaufrufes Peter Roseggers die evangelische Kirche in Mürzzuschlag. Und sein Name lebt fort wie sein Erbe:

In der von Rosegger gestifteten Waldschule ist nunmehr das von Professor Bertl Petrei initiierte Österreichische Wandermuseum untergebracht.

Eine so große Region wie das Mürztal dankt Rosegger ebenso: Die Waldheimat wurde zum Inbegriff einer gehobenen, familienfreundlichen Tourismusqualität.

Das Roseggerhaus auf der Pretulalpe bietet Bergwanderern ganzjährig Schutz vor Wind und Wetter; und der Kluppeneggerhof in Alpl, den das Land Steiermark aus fremden Händen zurückkaufte, würdigt das Vermächtnis dieses großen Steirers.

Wer Peter Roseggers Waldheimat besucht, findet auf alten Wegen in neue Richtungen.

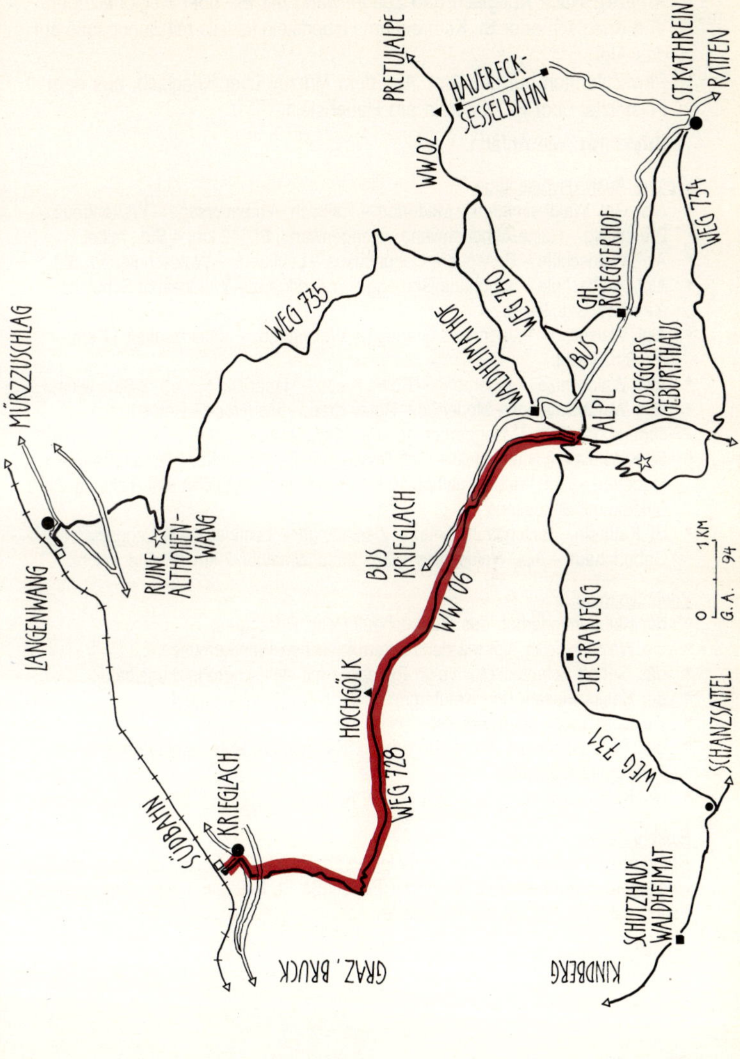
MÜRZZUSCHLAG
LANGENWANG
RUINE ALTHOHEN-WANG
WEG 735
PRETULALPE
WW 02
HAUERECK-SESSELBAHN
ST. KATHREIN
RATTEN
WEG 734
GH. ROSEGGERHOF
WEG 740
WALDHEIMATHOF
BUS
ALPL
ROSEGGERS GEBURTSHAUS
BUS KRIEGLACH
WW 06
0
1 KM
G. A. 94
JH. GRANEGG
HOCHGÖLK
WEG 728
SÜDBAHN
KRIEGLACH
GRAZ, BRUCK
WEG 731
SCHANZSATTEL
SCHUTZHAUS WALDHEIMAT
KINDBERG

Anfahrt: Nach Krieglach und Langenwang mit Eil- oder Regionalzügen. Von Krieglach oder St. Kathrein am Hauenstein jeweils mit Bundesbus auf das Alpl.
Pkw-Zufahrten auf das Alpl: Aus dem Mürztal über Krieglach, aus dem Feistritztal über St. Kathrein am Hauenstein.

Rückfahrt: wie Anfahrt.

Weitere Ausflugsvorschläge:

- Alpl, Ghf. Waldheimathof – Modertörl – Traibach, Almbauersäge – Wetterkreuz – Brunnsteig – Ruine Althohenwang – Langenwang, Bf.; 12 km, 4 Std., mittel.
- Alpl, Waldschule – Roseggers Geburtshaus – Lentkreuz – Waldschule; 1½ Std.
- Alpl, Waldschule – Jagdhaus Granegg – Walserkreuz – Waldheimat-Schutzhaus; 9 km, 2½ Std., leicht.
- Alpl, Waldschule – Jagdhaus Granegg – Walserkreuz – Schanzsattel; 11 km, 3½ Std., leicht.
- Alpl, Waldschule – Jägerhöhe – Rotes Kreuz – Hauereck; 5,5 km, 2 Std., leicht.
- Ghf. Waldheimathof – Modertörl – Rotes Kreuz – Hauereck – Rotes Kreuz – Jägerhöhe – Ghf. Roseggerhof; 10 km, 3 Std., leicht.
- St. Kathrein am Hauenstein – Ghf. Roseggerhof – Jägerhöhe – Rotes Kreuz – Modertörl – Ghf. Waldheimathof; 10 km, 3 Std., leicht. (Anfahrt aus Richtung Birkfeld mit Bundesbus.)
- St. Kathrein – Hirschbachmühlen – Ziesleranger – Lentkreuz – Roseggers Geburtshaus – Alpl, Waldschule – Ghf. Waldheimathof; 7 km, 2½ Std., leicht.

Erlebnispunkte:

- der Kluppeneggerhof, das Geburtshaus Peter Roseggers;
- die Waldschule in Alpl mit dem Österreichischen Wandermuseum;
- das Gehöft Schmiedhofer vulgo Rosegger mit steirischer Holzkegelbahn;
- der Kneippwiesen- und Kräutergartenweg beim Waldheimathof;
- die Gölkkapelle bei Krieglach;
- die „Pschaodpackerl-Wanderung" in St. Kathrein am Hauenstein durch Roseggers Mühlental;
- der Katharinenstein, nahe vom Ort St. Kathrein.

Einkehrstätten:

Bruggraber/Waldheimathof, auf dem Alpl, an der Paßstraße; *Holzbauer,* auf dem Alpl; *Roseggerhof,* auf halber Höhe an der Paßstraße St. Kathrein – Alpl; *Schlagobersbauer,* auf dem Alpl, an der Paßstraße.

26 Stuhleck und Pretulalpe

Spital am Semmering, 778 m – Stuhleck-Sesselbahn – Bergstation, Friedrichhütte, 1310 m – Loiserlberg – Alois-Günther-Haus auf dem Stuhleck, 1782 m – Ganzalm – Schwarzriegel – Pretulalpe – Roseggerhaus, 1588 m

Distanz 12 km, 1000 Hm, Gehzeit 4 Std., mittel. Bei Auffahrt mit der Sesselbahn um 1½ Std. kürzere Gehzeit. Markiert.

Wanderkarten FB 021, ÖK 104.

Die Umgebung von Mürzzuschlag hat für den Tourismus der Steiermark eine große historische Bedeutung: Am 8. Februar 1892 bestiegen Max Kleinoscheg, Toni Schruf und Walter Wenderich das Stuhleck, wobei auf den letzten Höhenmetern jeder der drei Männer in eigener Spur zum Gipfel stieg. Als sie so von drei Seiten her das Stuhleck gleichzeitig betraten und einander die Hände reichten, beschlossen die drei „Schneeschuhläufer", einen alle Schiläufer umspannenden Verband zu gründen. Schon am 1. Februar 1893 fand die Gründung des Verbandes der steirischen Schiläufer statt, des ersten Wintersportverbandes in Mitteleuropa. Bereits ein Jahr später, vom 5. bis 10. Jänner 1894, fand in Mürzzuschlag die erste Wintersportgeräte-Ausstellung statt. Aus diesen Anfängen des Wintertourismus setzte um Mürzzuschlag ein enormer Aufschwung ein, der später zwar wieder verebbte, doch das nunmehr einzigartige Wintersport- und Heimatmuseum hat sich zu einer weltumspannenden Dokumentationsstätte entwickelt.
Vor solch kühlem Hintergrund läßt sich selbst an heißen Tagen flotter über das Stuhleck ausschreiten. Das baumfreie Gelände entlang dem Höhenrükken der östlichen Fischbacher Alpen ist unwahrscheinlich weitläufig; doch bei schlechter Sicht ist um so mehr Vorsicht angebracht!
Wer aber bei stabilem Schönwetter die weiten Höhen zwischen Stuhleck und Pretulalpe beschreitet, sollte sich gelegentlich jener drei Männer erinnern, denen die steirische Wintersportgeschichte erste Höhepunkte verdankt.

Anfahrt: Mit ÖBB-Schnellzügen nach Mürzzuschlag, mit Eil- oder Regionalzügen bzw. mit Bundesbussen nach Spital oder Steinhaus am Semmering; in Spital am Semmering die Talstation der Stuhleck-Sesselbahn. Bundesbus-Haltestelle am Pfaffensattel.
Pkw-Zufahrten von Mürzzuschlag auch zum Gh. Eckbauer und Bärenkogelhaus.

Rückfahrt: wie Anfahrt.

Weitere Ausflugsvorschläge:

- Stuhleck, Sesselbahn-Bergstation – Alois-Günther-Haus; 1 1/2 Std., leicht.
- Pfaffensattel – Alois-Günther-Haus; 1 1/4 Std., leicht.
- Alois-Günther-Haus – Ganzalm – Amundsenhöhe – Roseggerhaus; 1 3/4 Std., leicht.
- Mürzzuschlag – Schwarzriegel – Alois-Günther-Haus; 13 km, 4 Std., 1120 Hm, mittel.
- Mürzzuschlag, Gh. Eckbauer, 830 m – Sturmfreier Weg – Roseggerhaus; 8 km, 2 1/2 Std., 750 Hm, leicht.
- Bärenkogelhaus – Ganzalmhaus – Roseggerhaus; 6,5 km, 2 Std., leicht.
- Steinhaus am Semmering – Karl-Lechner-Haus – Stuhleck, Alois-Günther-Haus; 7 km, 3 Std., 950 Hm, leicht.

Erlebnispunkte:

- das Internationale Wintersportmuseum der Stadt Mürzzuschlag: größte Sammlung von Wintersportgeräten der Welt. Täglich geöffnet, außer montags; Öffnungszeit 9–12, 14–17 Uhr;
- das Luiserlkreuz am Aufstieg zum Stuhleck;
- der Gipfelblick vom Stuhleck;
- die weiten Almflächen vom Stuhleck bis zur Pretulalpe und zum Hauereck.

Einkehrstätten:

Alois-Günther-Haus, neben dem Stuhleck-Gipfelkreuz; *Bärenkogelhaus,* Ausflugsziel bei Mürzzuschlag; *Eckbauer,* Ausflugsgasthaus bei Mürzzuschlag; *Gh. am Pfaffensattel,* Beginn der Mautstraße auf das Stuhleck; *Roseggerhaus,* auf der Pretulalpe.

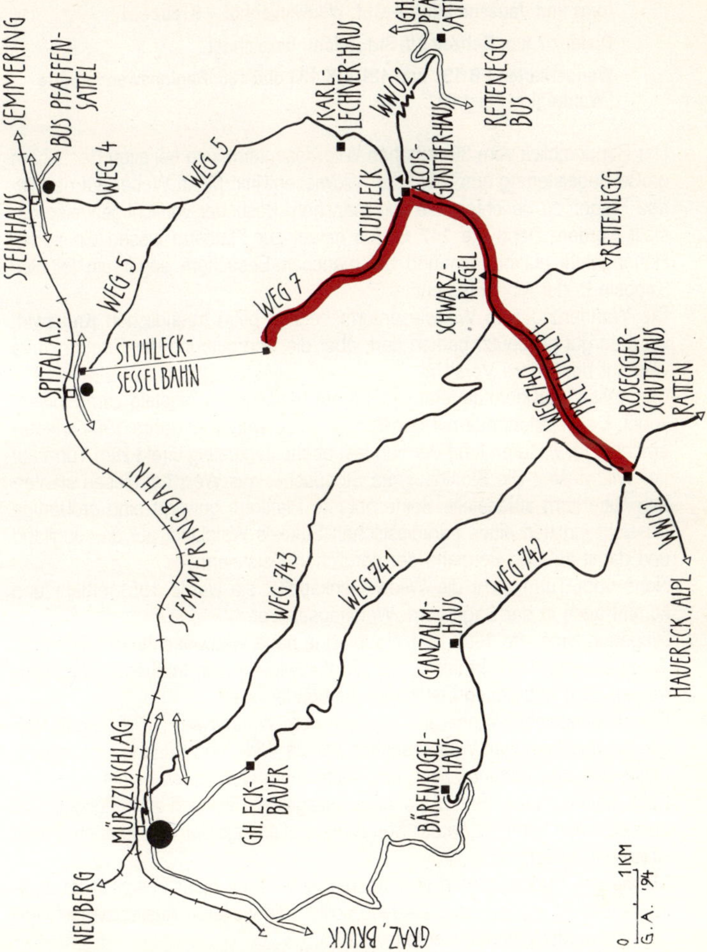
SEMMERING
BUS PFAFFENSATTEL
STEINHAUS
WEG 4
WEG 5
WEG 5
SPITAL A.S.
STUHLECK-SESSELBAHN
WEG 7
KARL-LECHNER-HAUS
GH. PFAFFENSATTEL
WW02
STUHLECK
ALOIS-GÜNTHER-HAUS
RETTENEGG BUS
RETTENEGG
SCHWARZRIEGEL
WEG 740
PRETULALPE
ROSEGGER-SCHUTZHAUS
RATTEN
WW02
HAUERECK, ALPL
WEG 742
WEG 741
WEG 743
SEMMERINGBAHN
GANZALM-HAUS
BÄRENKOGEL-HAUS
GH. ECK-BAUER
MÜRZZUSCHLAG
NEUBERG
GRAZ, BRUCK
0
1 KM
G.A. '94

27 Wildwiesen und das Joglland

Kreuzwirt, 1038 m – Floisenkogel – Wildwiesen, 1254 m, Aussichtsturm und Jausenstation – Ghf. Wildwiesenhof – Kreuzwirt

Distanz 7 km, Gehzeit 2½ Std., leicht; bezeichnet.

Wanderkarten FB 131 und 421, ÖK 135 und 136. Regionswanderkarte „Waldregion Feistritz".

Der Rundumblick vom 36 m hohen Wildwiesenturm löse bei allen Besuchern große Begeisterung aus, weiß die Wildwiesenwirtin Maria Weber auf neugierige Fragen zu berichten, die von manchem Besucher vorsichtigerweise gestellt werden. Denn die 147 Stufen hinauf zur Plattform lassen ein neues Höhengefühl aufkommen und bei manchen Besuchern sogar ein leichtes Kribbeln in der Magengegend.
Die Wanderung zum Wildwiesenturm beginnt beim freundlichen Kreuzwirt, wo man gut geschützt parken darf, aber die Überquerung der Straßenkurve verlangt besondere Vorsicht!
Der Anstieg auf dem Jagersteig führt auf herrlichem Waldsteig zum Floisenkogel. Das Wetterkreuz mit der Buchkassette wurde im Jahre 1984 wiedererrichtet. Im weiteren führt der nun fast ebene Jagersteig direkt zum Turm auf der Wildwiesen: Die Stahlbaufirma Stoppacher aus Weiz hat diesen stählernen Gitterturm aufgestellt. Seine oberste Plattform gewährt eine großartige Aussicht inmitten eines paradiesischen Stückes Waldland: auf das Joglland und damit auf das Bergland der nördlichen Oststeiermark.
Nahe vom Turm steht die Wildwiesenkapelle; sie wurde 1851 erbaut und kommt auch in der Sage vom „Waldhauser" vor.
Hingegen zimmerte 1993 Karl Weber eine neue Wildwiesenhütte, „damit die Turmgeher net Durscht leidn", wie die Wildwiesenwirtin treuherzig alte Gastfreundschaft und neuen Geldsegen verbunden sieht.
Die erlebnisreiche Wanderung wird auf dem Wanderweg Nr. 9 bergab fortgesetzt und führt zum Wildwiesenhof, wo die Wirtin und Bäuerin für hungrige Gäste selbstgebackenes Brot mit hauchfeinem Geselchten belegt.
Beim Nachbarhaus, dem „Alpenblick", steigt der Rückweg zum Floisenkogel an; oder man bummelt an der Sonnseite – allerdings der Straße nach – zum Kreuzwirt zurück.
Mit diesem Rundweg mag so mancher Appetit auf mehr Frischluft im Joglland geweckt worden sein. Deshalb sollten die weiteren Ausflugsvorschläge hin und wieder getestet werden.

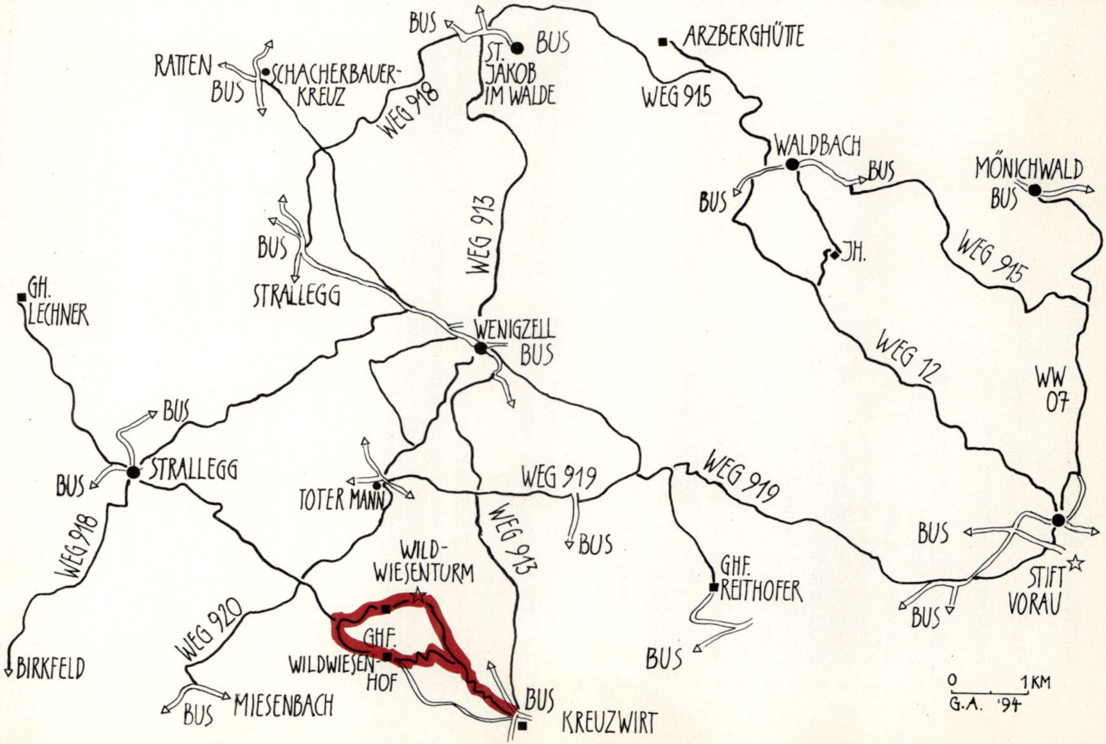
ARZBERGHÜTTE
ST. JAKOB IM WALDE
BUS
RATTEN
SCHACHERBAUER-KREUZ
WEG 918
WEG 915
WALDBACH
MÖNICHWALD
JH.
WEG 913
STRALLEGG
GH. LECHNER
WENIGZELL
WEG 12
WW 07
WEG 919
TOTER MANN
WILD-WIESENTURM
GHF. REITHOFER
STIFT VORAU
GHF. WILDWIESEN-HOF
WEG 920
BIRKFELD
MIESENBACH
KREUZWIRT
0 1 KM
G.A. '94

Anfahrt: Bundesbus-Haltestelle Kreuzwirt, Linie Graz – Birkfeld – Vorau und Vorau – Wenigzell.
Pkw-Zufahrt aus Richtung Birkfeld – Miesenbach.

Rückfahrt: wie Anfahrt.

Weitere Vorschläge für Ausflüge im Joglland:

- Strallegg – Wildwiesenturm; 1 $^1/_2$ Std.
- Toter Mann – Wildwiesenturm; 1 Std.
- Wenigzell – Kreuzwirt; 6 km, 2 Std.
- Wenigzell – St. Jakob im Walde; 5 km, 1 $^1/_2$ Std.
- St. Jakob im Walde – Arzberghütte; 1 Std.
- Waldbach – Arzberghütte; 1 $^1/_2$ Std.
- Vorau – Waldbach; 8 km, 2 $^1/_2$ Std.
- Vorau – Mönichwald; 6 km, 2 Std.
- Vorau – Wenigzell; 10 km, 3 Std.

Alle Wanderwege sind leicht zu begehen.

Erlebnispunkte:

- der Wildwiesenturm;
- die Waldbacher Wasserspiele;
- das Stift Vorau mit der Bibliothek;
- der Soldatenfriedhof in St. Jakob im Walde;
- die Anhöhe bei der Arzberghütte.

Einkehrstätten:

Albert, mitten im Ort Strallegg; *Arzberghütte,* bei St. Jakob im Walde; *„Gute steirische Gaststätten"* auch in allen Joglland-Gemeinden; *Jausenstation Wildwiesen,* nahe dem Aussichtsturm; *Kreuzwirt,* am Beginn des Anstieges Richtung Wildwiesen; *Wiesenhofer,* bei Miesenbach; *Wildwiesenhof,* an der Sonnseite, unterhalb des Aussichtsturmes.

Heidenturm im Naturpark Pöllauer Tal ➡

28 Naturpark Pöllauer Tal, Rabenwald, Masenberg

Pöllau, 425 m – Pöllauberg, 753 m – Masenberg, 1261 m – Lüßwaldsattel – Zeiler Rücken – ehem. Zisser-Taverne, 915 m – Ghf. Muhr, ca. 950 m

Distanz 13 km, 850 Hm, Gehzeit 4½ Std., mittel; markiert.

Wanderkarten FB 131 und 421, ÖK 135 und 136. Regionswanderkarte „Naturpark Pöllauer Tal und Umgebung".

Die Steiermärkische Landesregierung hat am 21. Oktober 1982 drei Landschaftsschutzgebieten das Prädikat „Naturpark" verliehen, darunter auch dem Pöllauer Tal.

Ein Naturpark ist kein künstliches Gebilde, sondern ein allgemein zugänglicher Landschaftsraum und zeichnet sich durch natürlich gegebene Faktoren aus, die der Kulturlandschaft in besonderem Ausmaß erhalten geblieben sind. Dieser Definition entspricht der Leitsatz: „Neben Schutz auch Nutz."

Der Naturpark Pöllauer Tal ist kein Reservat, sondern eine Region mit stark naturbezogenen Siedlungs-, Wirtschafts- und Erholungsräumen.

Die rund 50 km lange Naturparkgrenze läßt sich fast exakt nachwandern; sie verläuft auf folgender Strecke: Masenberg – Annenkogel – Winzenberg – Großbach – Schönegg – Buchkogel – Sender – Schwaigkreuz – Rabenwaldkogel – Gschaider Kögerln – Gschaid – Zeiseleck – Wolfgrube – Schloffereck – Hintereck – Gasthof Lärchenhof/Lembäcker – Zisser-Taverne – Zeiler Rücken – Lüßwaldsattel – Masenberg.

Das Naturparkgebiet umfaßt rund 120 km² und wird von einem z. T. dichten Netz markierter Wanderwege durchzogen.

Sternförmig verlaufen Wanderwege aus dem Ort Pöllau Richtung Pöllauberg, Haidenwald, Rabenwald, Saifenboden, Sonnhofen und Masenberg.

Nicht minder interessant, als im weiten Naturraum auszuschreiten, ist ein „Historischer Rundgang durch Pöllau": Mittelpunkt bei jedem Rundgang ist das ehemalige Chorherrenstift; es wurde 1785 säkularisiert, und dabei dürften wohl alle Bücher und viele wertvolle Möbel verschleppt worden sein. Der mächtig dastehende barocke Sakralbau mit seiner 47 m hohen Kuppel und dem 53 m hohen Turm erinnert mit seiner Silhouette an den Petersdom.

Doch es lohnt noch ein weiterer Besuch: Wie eine Kathedrale ragt die Marienwallfahrtskirche auf dem Pöllauberg auf; ungewöhnlich hoch ist der Platz, ebenso ungewöhnlich die Gliederung des Kirchenschiffes. Mit großer

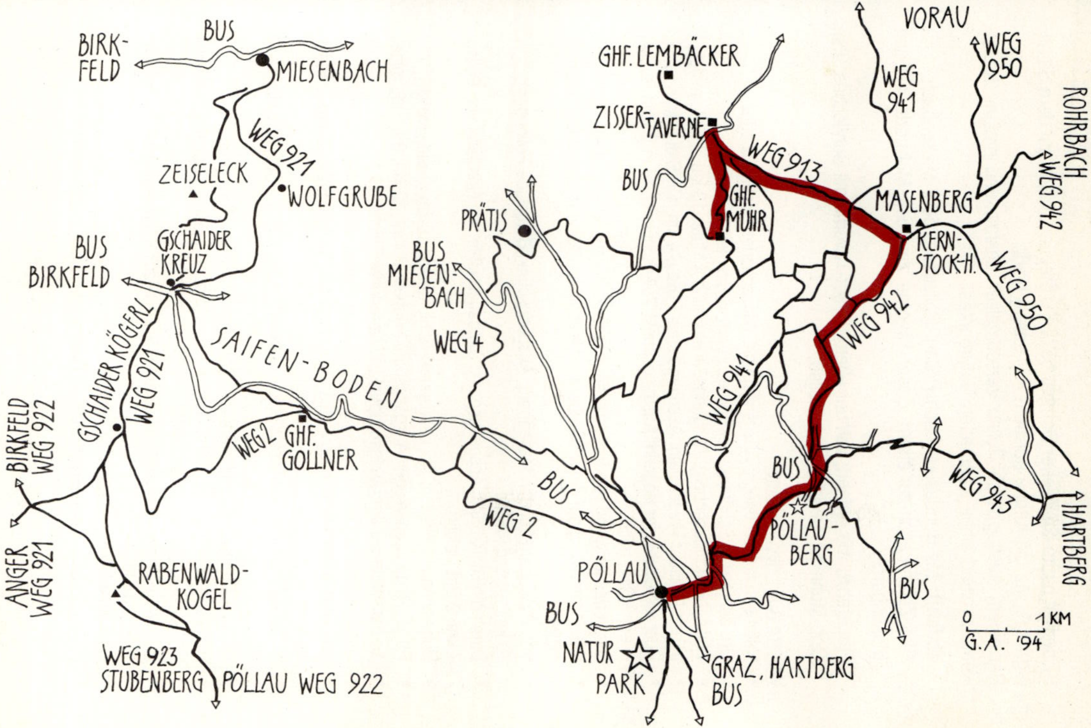
BIRK-
FELD
BUS
MIESENBACH
WEG 921
ZEISELECK
WOLFGRUBE
BUS
BIRKFELD
GSCHAIDER
KREUZ
SAIFEN-BODEN
GSCHAIDER KÖGERL
WEG 921
BIRKFELD
WEG 922
ANGER
WEG 921
WEG 2
GHF.
GOLLNER
RABENWALD-
KOGEL
WEG 923
STUBENBERG
PÖLLAU WEG 922
GHF. LEMBÄCKER
ZISSER-TAVERNE
BUS
PRÄTIS
BUS
MIESEN-
BACH
WEG 4
WEG 913
GHF.
MÜHR
VORAU
WEG
941
WEG
950
ROHRBACH
WEG 942
MASENBERG
KERN-
STOCK-H.
WEG 950
WEG 942
WEG 941
BUS
WEG 2
BUS
PÖLLAU-
BERG
WEG 943
HARTBERG
BUS
PÖLLAU
BUS
NATUR
PARK
GRAZ, HARTBERG
BUS
0
1 KM
G.A. '94

Sicherheit baute die Wiener Dombauhütte St. Stephan „Maria auf dem Samstagberg“, wie die Kirche auf dem Pöllauberg heißt.
Bei einem Ausflug nach Pöllau verschmelzen sakrale und profane Kunstwerke inmitten eines wahrhaften Naturparkes.

Anfahrt: Mit Bundesbus nach Pöllau, Pöllauberg oder Miesenbach. Pkw-Zufahrt auch zur ehem. Zisser-Taverne, zum Ghf. Muhr oder auf den Masenberg.

Rückfahrt: wie Anfahrt; von der ehem. Zisser-Taverne mit Bundesbus, vom Ghf. Muhr mit Taxibus nach Pöllau.

Weitere Ausflugsvorschläge:

- Naturlehrpfad Schönegg: Ausgangspunkt Winzendorfer Teichhaus oder Gh. Schrank in Schönegg bei Pöllau; 11 km, 3 Std., leicht.
- Waldlehrpfad Masenberg: Ausgangspunkt Waldhof Muhr; 10 km, 3 Std., mittel.
- In den Pöllauer Haidenwald: Ausgangspunkt Pöllau; 4 km, 1½ Std., leicht.
- Über die Gschaider Kögerln: Ausgangspunkt Volksschule Winkl in Saifen-Boden; 9 km, 3 Std., mittel.
- Durch das Bergland von Prätis: Ausgangspunkt Pöllau; 20 km, 6 Std., mittel.
- Kulturwanderung auf den Pöllauberg: Safenbachbrücke in Pöllau; 9 km, 3 Std., mittel.
- Von Pöllauberg auf den Masenberg: Ausgangspunkt Bergstube Pöllauberg; 10 km, 3½ Std., mittel.
- Durch die Hinterbrühl: Ausgangspunkt Almbauermühle, am Nordrand von Pöllau; 7 km, 2 Std., leicht.
- Höhenweg Hinterleiten: Ausgangspunkt Schloffereck; 10 km, 3 Std., mittel.
- Rund um den Leherkogel: Ausgangspunkt Aupark Pöllau; 12 km, 3½ Std., mittel.
- An den Waldweihern: Ausgangspunkt Winzendorfer Teiche; 10 km, 3 Std., leicht.
- Über den Buchkogel: Ausgangspunkt Postamt Pöllau; 14 km, 4 Std., mittel.
- Volkskundlicher Wanderweg Prätis: Ausgangspunkt Schule Prätis; 6 km, 2 Std., leicht.
- Pöllau – Kreuzwirt – Lüßwaldsattel – Kernstockhütte; 8 km, 3 Std., 850 Hm, mittel.
- Pöllau – Sternbauerkogel – Prätis – Ghf. Muhr; 12 km, 4 Std., mittel.
- Rundweg: Saifen-Boden, Ghf. Gollner – Gschaider Kögerln – Gschaider Kreuz – Ghf. Gollner; 10 km, 3 Std., leicht.
- Rundweg: Wolfgrube – Gschaider Kreuz – Zeiseleck – Miesenbach – Wolfgrube; 10 km, 3 Std., leicht.
- Gschaider Kreuz – Gschaider Kögerln – Rabenwaldkogel; 1½ Std., leicht.
- Saifen-Boden – Gschaider Kögerln – Rabenwald; 7 km, 3 Std., leicht.

Erlebnispunkte:

- das Stift Pöllau;
- die Wallfahrtskirche auf dem Pöllauberg;
- beim Gasthof Muhr das Wildgehege mit Streichelzoo, Kutschenfahrten, Kinder-Abenteuerspielplatz, Waldlehrpfad;
- der Naturkraftpark mit seinen zahlreichen Stationen in der Umgebung von Pöllau;
- der Naturpark Pöllauer Tal mit dem Aussichtsturm und Waldspielplatz im Haidenwald sowie mit Grillplätzen, Teichweg und dem Waldspielplatz in Hinterbrühl;
- das 400 Jahre alte Gehöft Prinz vulgo Schister in Prätis;
- das Gräberfeld nahe Prätis;
- das barocke Teichhaus in Winzendorf;
- der Troadkasten beim Gehöft Kornhofer;
- die 300jährige Linde beim Gehöft vulgo Pripfl;
- der Waldlehrpfad über den Masenberg;
- der Naturlehrpfad vom Winzendorfer Teichhaus zum Wendepunkt bei der Jausenstation Schrank.

Einkehrstätten:

Bauernhofer, in Obersaifen, am Anstieg zum Sternbauerkogel; *Kernstockhütte* und *Jokeschhütte* auf dem Masenberg; *Lärchenhof/Lembäcker,* westlich von der ehemaligen Zisser-Taverne; *Schrank/Reisenhofer,* Jausenstation in Schönegg bei Pöllau; *Waldhof Muhr,* unter dem Zeiler Rücken; u. v. a.

29 Hartberger Ringkogel und Erholungsgebiet Lafnitztal

Hartberg, Hauptplatz, 359 m – Spielstätte (Ringkogel-Sattel) – Warte auf dem Ringkogel, 789 m – Berghof Schreiner – Walleiten – Kernstock-Denkmal – Hartberg

Distanz 8 km, Gehzeit 2½ Std., leicht; markiert.

Wanderkarten FB 421, ÖK 136. Regionswanderführer „Hartberg und Wechselgebiet". Regionswanderkarte „Erholungsgebiet Lafnitztal" mit Wander- und Radwegen.

Die Bezirksstadt Hartberg, an der Schnittstelle zwischen Joglland, Wechselgau und Safental gelegen, läßt sich für weitreichende Ausflüge wiederentdecken, die auch in den nördlichen Teil des hügeligen Lafnitztales führen. Einen ersten Überblick um Hartberg verschafft ein Ausflug zur Ringkogelwarte. Der Name „Ring" wird von jenem Ringwall abgeleitet, der eine vorchristliche Höhensiedlung umgab. Auch eine Sage umgibt denselben Ring: Übermütige Ritter seien mit ihrer Burg in einer Christnacht versunken, wie Josef Wallner in seinem Wanderführer „Hartberg und Wechselgebiet" festhält.

Ausgangspunkt für eine Wanderung auf den Ringkogel ist der Hauptplatz, wo vom Gasthof Großschedl durch die Preßlgasse der nahe Stadtrand erreicht wird. Danach läuft der Weg im Sinne des Uhrzeigers bergwärts.

Aber sowohl aus der Brühlgasse und weiter auf einem Lehrpfad durch klammartiges Gelände als auch – am kürzesten – vom Sattel bei der Spielstätte läßt sich der Ringkogel jeweils gut erreichen.

Beim Abstieg von der Ringkogelwarte führt der Weg Nr. 11 zum Berghof und tiefer zum kaisergelb gefärbelten Vierseithof des Oswaldbauern. Danach steigt man über die 46 Stufen der „Steinernen Treppe" ab und erreicht nach dem Haus Berghofer das Kernstock-Denkmal. Die kurze Mariengasse führt wieder zum Hauptplatz.

Mit ähnlichen Ausflügen wie zur Ringkogelwarte läßt sich auch das Obere Lafnitztal Schritt um Schritt erleben: Die Lafnitz war ja bis 1920 Staatsgrenze zu Ungarn, deshalb ist das an das linke Ufer der Lafnitz grenzende Burgenland nunmehr schnell erreicht, wie z. B. in der Umgebung des Ortes Lafnitz, wo der Badesee von Neustift nicht wenige Gäste von der steirischen auf die burgendländische Seite lockt.

„Sautanz und Blaufränkischer" gehören schließlich ebenso zum Lafnitztal wie in Eichberg das Schloß, eines der ältesten Schlösser der Steiermark.

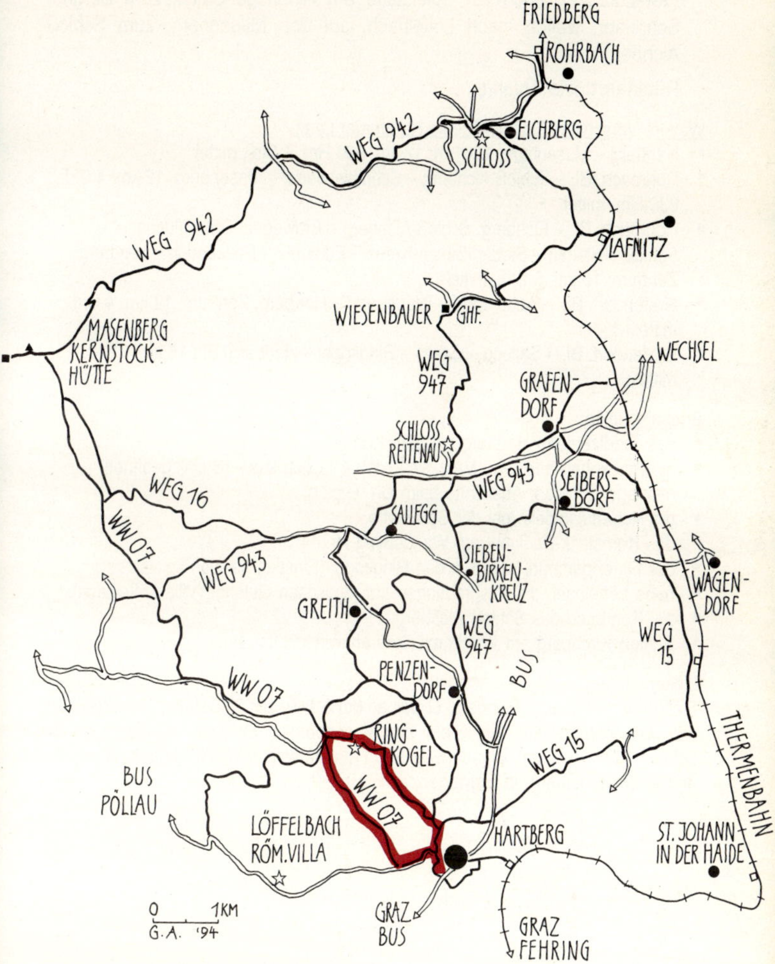
FRIEDBERG
ROHRBACH
WEG 942
EICHBERG
SCHLOSS
WEG 942
LAFNITZ
WIESENBAUER GHF.
MASENBERG
KERNSTOCK-
HÜTTE
WEG
947
WECHSEL
GRAFEN-
DORF
SCHLOSS
REITENAU
WEG 943
SEIBERS-
DORF
WEG 16
SAUEGG
WW 07
WEG 943
SIEBEN-
BIRKEN-
KREUZ
WAGEN-
DORF
GREITH
WEG
947
WEG
15
BUS
PENZEN-
DORF
WW 07
THERMENBAHN
RING-
KOGEL
WEG 15
BUS
PÖLLAU
WW 07
LÖFFELBACH
RÖM. VILLA
HARTBERG
ST. JOHANN
IN DER HAIDE
0
1KM
G.A. '94
GRAZ
BUS
GRAZ
FEHRING

Anfahrt: Mit ÖBB-Thermenbahn oder Bundesbus nach Hartberg. VTZ 801. Pkw-Zufahrten auch zur Spielstätte am Ringkogel-Sattel, zum Berghof Schreiner; weiters nach Löffelbach, auf den Masenberg, zum Schloß Aichberg usw.

Rückfahrt: wie Anfahrt.

Weitere Vorschläge für Ausflüge im Hartberger Land:

- Hartberg – Masenberg, 1261 m; 12 km, 900 Hm, 4 Std., mittel.
- Rohrbach, Bf. – Schloß Aichberg – Schnellerviertel – Masenberg; 12 km, 4 Std., 830 Hm, mittel.
- Rohrbach, Bf. – Eichberg, Schloß Aichberg – Erdwegen, Ghf. Wiesenhof – Schloß Reitenau – Sieben-Birken-Kreuz – Edmühle – Penzendorf – Hartberg, Zentrum; 16 km, 5 Std., mittel.
- Grafendorf, Bf. – Seibersdorf – Wagendorf – Hartberg, Zentrum; 12 km, 4 Std., mittel.
- Grafendorf, Bf. – Sallegg – Greith – Ringkogel – Hartberg, Bf.; 15 km, 6 Std., mittel.

Erlebnispunkte:

- das Stadtzentrum Hartberg mit dem Karner;
- die Ringkogelwarte (von März bis Oktober täglich 9.30–18 Uhr geöffnet; montags Ruhetag; Auskünfte beim Gh. Gigler);
- die Hubertuskapelle bei der Spielstätte;
- das Kernstock-Denkmal am Wanderweg Nr. 11;
- der Fitneßparcours rund um den Ringkogel (Einstieg bei der Spielstätte);
- nahe Löffelbach die Ausgrabungen am römischen Gutshof (Villa Löffelbach);
- bei Rohrbach das Schloß Aichberg;
- Schloß Kirchberg am Walde mit der Landwirtschaftsschule.

Einkehrstätten:

Eichbergerhof/Kohl, in Eichberg; *Gigler,* an der Straße zur Spielstätte; *Kernstockhütte* und *Jokeschhütte,* auf dem Gipfel des Masenberges; *Schmidt,* in Neustift an der Lafnitz; *Schreiner,* am Wanderweg Nr. 11, unterhalb vom Ringkogel; *Wiesenhof* (früher Wiesenbauer), in Erdwegen; u. v. a.

30 Bad Waltersdorf und Umgebung

Bf. Bad Waltersdorf – Heiltherme – Wagerberg – Sauberg – Leitersdorf – Leitersdorfbergen – Bad Waltersdorf

Distanz 10 km, 3 Std., leicht; bezeichnet.

Wanderkarten FB 421, ÖK 166. Gemeindewanderkarte Bad Waltersdorf.

Thermenwasser und pannonisches Klima sind ein verläßliches Gemisch, das den Kreislauf jedes Gastes auf Touren bringt. In Bad Waltersdorf gibt es nämlich keine Ölheizungen und folglich keine Schadstoffemissionen aus dem Hausbrand: Geheizt wird mit der Abwärme des Thermenwassers!
Rundwanderwege wie jener mit der Wegnummer 4 lassen sich während des ganzen Jahres gut begehen. Man schlendert von der Heiltherme südwärts, umrundet große Äcker, steigt zu einem Wald auf und zur Höhenstraße, die Wagerberg mit dem Sauberg verbindet. Dann steigt man entlang einer Straße zum Bahnhof Leitersdorf ab und durchquert den Ort Leitersdorf südwärts bis zum bekannten Gasthaus Ziegler: Die hausgemachte Erdäpfelwurst verleiht frische Kräfte für den Anstieg nach Leitersdorfbergen. Inmitten weiter Obstplantagen darf man hindurchwandern zu einem kleinen Tor, das den Zugang zum Höhenrücken öffnet. Vor dem prächtig daliegenden Gasthof Teuschler-Mogg verläuft der zu einer Asphaltstraße parallel markierte Wanderweg Nr. 950. Er führt gemeinsam mit dem Wanderweg Nr. 4 nordwärts und damit direkt in das Ortszentrum von Bad Waltersdorf.
Mit dieser kurz skizzierten Rundwanderung soll aber nur ein Anfang gesetzt sein vor all die Einladungen, die sich Gäste in Bad Waltersdorf erwarten dürfen.
Wer sich mit einer noch kürzeren Runde guten Überblick verschaffen will, findet bei der Berner-Warte den richtigen Aussichtspunkt.
Naturliebhaber werden sich außerdem mehr als einmal dem idyllischen Harter Teich widmen. Also gehören ebenso Auffen und Auffenberg dazu; dann wieder lockt ein Ausflug Richtung Neudau und Burgau: Die Wanderwelt um Bad Waltersdorf ist groß und weit.

Anfahrt: Mit ÖBB-Thermenbahn oder Bundesbus nach Bad Waltersdorf. VTZ 702. Bäderbus von Graz-Hbf.
Pkw-Zufahrt auf der A 2, Südautobahn, Abfahrt Bad Waltersdorf, durch den Ort zum Parkplatz vor der Therme.

Rückfahrt: wie Anfahrt.

Weitere Ausflugsvorschläge:

- Rundweg: Bf. Bad Waltersdorf – Heiltherme – Wagerberg – Wagerbergbergen – Berner-Warte – Bf. Bad Waltersdorf; 6 km, 2 Std., leicht.
- Rundweg: Kirche Bad Waltersdorf – Schloß Obermayerhofen – Hohenbrugger Teiche – Hohenbrugg – Autobahnüberführung – Hofwald – Bad Waltersdorf; 7 km, 5 Std., mittel.
- Rundweg: Schloß Obermayerhofen – Großhart – Ebersdorf – Obermayerhofen; 10 km, 3 Std., leicht.
- Auffen, Lindenwirt – rund um den Harter Teich – Großhart – Auffen; 7 km, 2 Std., leicht.
- Bad Waltersdorf, Bf. – Wagerberg – Sauberg – Ziegelteich – Schloß Burgau; 8 km, 2½ Std., leicht.
- Schloß Burgau – Ziegelteich – Großer Neudauer Teich – Fuchsschweifteich – Schloß Neudau; 6 km, 1½ Std., leicht.
- Therme Waltersdorf – Wagerberg – Limbacher Teiche – Unterlimbach; 1¼ Std., leicht.

Erlebnispunkte:

- die Heiltherme Waltersdorf;
- die Römersteine bei der Kirche Waltersdorf;
- die Schlösser Obermayerhofen, Neudau und Burgau;
- der Harter Teich mit dem Naturlehrpfad;
- die Hohenbrugger Teiche.

Einkehrstätten:

Buschenschank Pichler, unweit der Heiltherme Waltersdorf; *Lindenwirt,* in Auffen, neben der Kapelle; *Schittl/Zur Post,* in Burgau nahe dem Schloß und Bad; *Teuschler-Mogg,* in Leitersdorfbergen; *Thermenhof,* in Bad Waltersdorf, nächst der Heiltherme; *Ziegler,* am südlichen Ortsende von Leitersdorf.

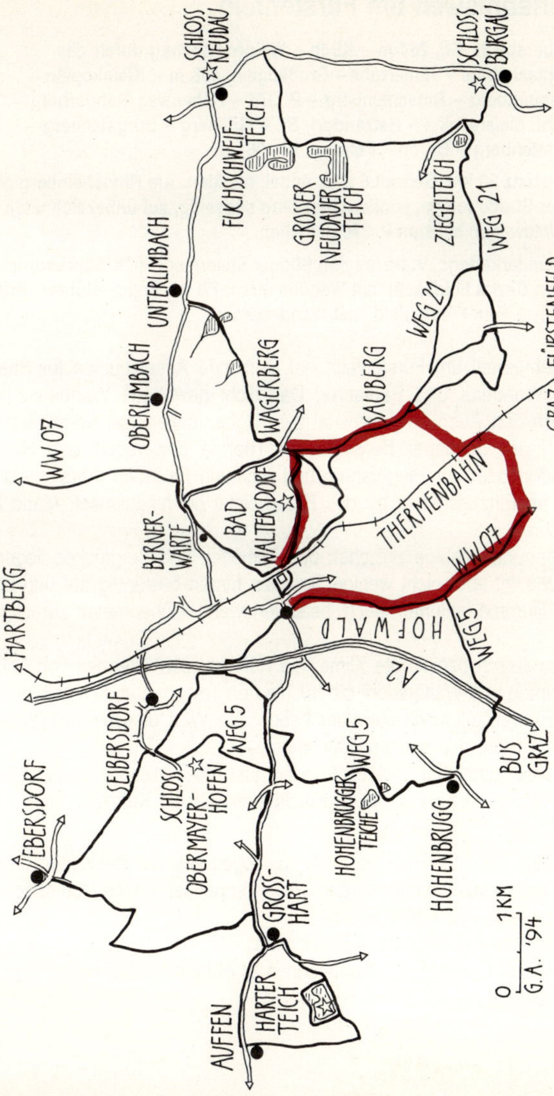

SCHLOSS NEUDAU
SCHLOSS BURGAU
FUCHSSCHWEIF-TEICH
GROSSER NEUDAUER TEICH
ZIEGELTEICH
WEG 21
UNTERLIMBACH
OBERLIMBACH
WAGERBERG
SAUBERG
FÜRSTENFELD
GRAZ
WW 07
THERMENBAHN
BAD WALTERSDORF
BERNER-WARTE
HARTBERG
HOFWALD
WEG 5
A2
SEIBERSDORF
EBERSDORF
SCHLOSS OBERMAYER-HOFEN
HOHENBRUGGER TEICHE
HOHENBRUGG
BUS GRAZ
GROSS-HART
HARTER TEICH
AUFFEN
0 1 KM
G.A. '94

31 Erlebniswelt um Fürstenfeld

Übersbach, Bf., 264 m – Kirch – Weinwanderweg durch das Rittscheintal – Hinterrohr – Großkögeln, 408 m – Kleinkögeln – Frauenberg – Rittscheinberg – P. 376 – Höhenweg Bohnerberg – Ghf. Malerwinkel – Hatzendorf, Bf. – Grillberg – Burgstallberg – Rattenberg – Brunn – Fehring, Bf., 261 m

Distanz 20 km, Gehzeit 6 Std., mittel; markiert. Am Rittscheinberg nicht der Straße folgen, sondern den Berg südseitig, auf unbezeichneten Waldwegen bis zum P. 376 umgehen.

Wanderkarten: „Vulkanregion Südost-Steiermark" (ÖK-Sonderdruck für den Bezirk Feldbach), mit Wegnummern; FB 44. Regionsführer „Erlebniswelt um Fürstenfeld" mit Wanderkarten.

Die „Erlebniswelt um Fürstenfeld" hat Dutzende Ansatzpunkte für Spaziergänger, Wanderer und Radfahrer: Das dicht gewobene Wanderwegenetz reicht von den Auen im Feistritztal zum Höhenrücken von Kögelberg; vom Durchlaß am Söchauer Berg bis zur Therme Loipersdorf und Richtung Jennersdorf oder zur Riegersburg und Richtung Feldbach. Fürstenfeld liegt ebenso im Einzugsgebiet für das Rittscheintal bis hinauf nach Markt Hartmannsdorf.

Die Höhenunterschiede zwischen den Talböden und Bergrücken liegen bei knapp 250 m, aber nicht wenige Strecken führen beständig auf und ab, so daß in Summe mitunter auch beachtenswerte Höhenmeter zurückgelegt werden.

Das pannonisch beeinflußte Klima, die Nähe zu den Thermen von Loipersdorf, Blumau und Waltersdorf, die fruchtbaren Talböden und Hügellandschaften, dazu weitläufige Mischwälder heben den Wert dieser Erlebniswelt auf eine hohe Stufe des sanften Tourismus.

Heute liegt scheinbar ewiger Frieden just über diesem Landesteil, wo das volkssprachliche Fluchwort „Kruzitürken" an die Kuruzzen und Türken erinnert.

Anfahrt: Mit ÖBB-Regional- oder -Eilzügen auf der Steirischen Ostbahn bis Fehring, ab Fehring mit der ÖBB-Thermenbahn nach Übersbach oder Fürstenfeld. VTZ 606 bzw. 704.
Bundesbus von Graz nach Fürstenfeld. VTZ 606.
Pkw-Zufahrt über die Südautobahn A 2, Abfahrt bei Ilz, nach Fürstenfeld.

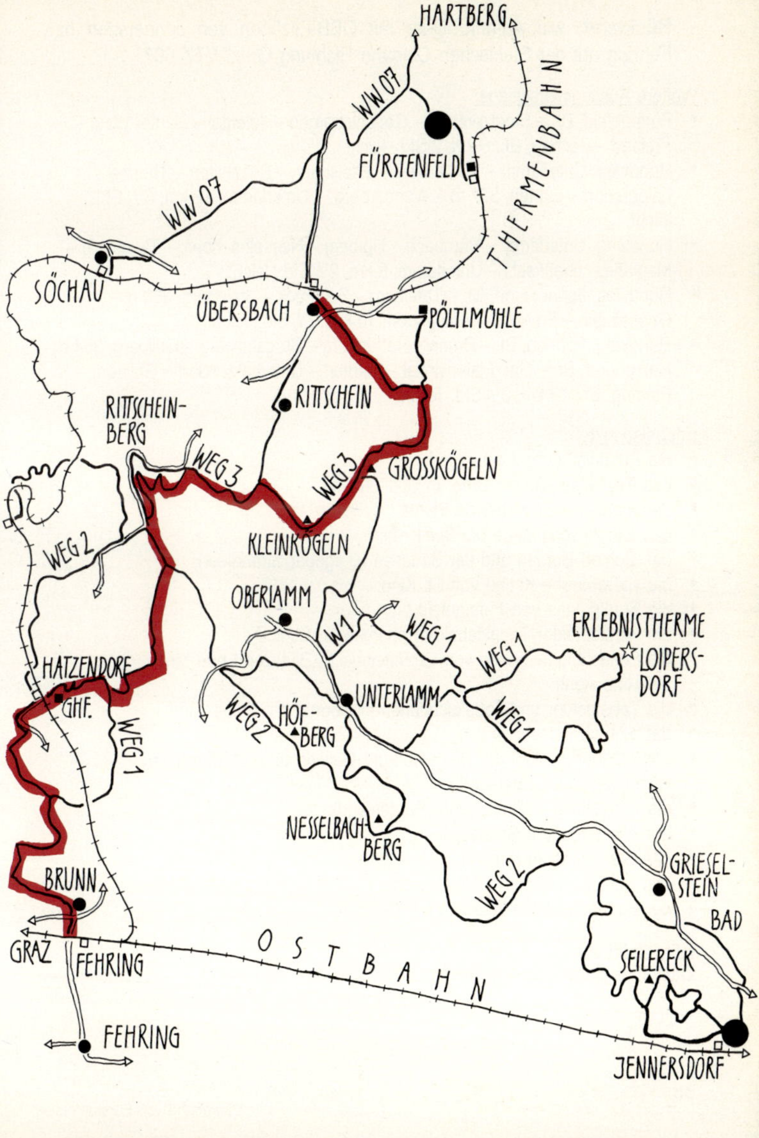
HARTBERG
WW 07
FÜRSTENFELD
THERMENBAHN
WW 07
SÖCHAU
ÜBERSBACH
PÖLTLMÖHLE
RITTSCHEIN
RITTSCHEIN-
BERG
WEG 3
WEG 3
GROSSKÖGELN
KLEINKÖGELN
WEG 2
OBERLAMM
W1
WEG 1
ERLEBNISTHERME
LOIPERS-
DORF
WEG 1
HATZENDORF
GHF.
WEG 1
WEG 2
HÖF-
BERG
UNTERLAMM
WEG 1
NESSELBACH-
BERG
WEG 2
BRUNN
GRIESEL-
STEIN
BAD
GRAZ
FEHRING
OSTBAHN
SEILERECK
FEHRING
JENNERSDORF

Rückfahrt: wie Anfahrt. Oder mit ÖBB-Eilzügen von Jennersdorf bzw. Fehring auf der Steirischen Ostbahn Richtung Graz. VTZ 607.

Weitere Ausflugsvorschläge:

- Fürstenfeld, Bf. – Stadtzentrum – Gerichtsbergen – Julerltal – Hartler Wald – Freibad – Söchau, Bf.; 8 km, 2 Std., leicht.
- Rundweg: Unterlamm – Vorderberg – Edelsbach – Buchleiten – Therme Loipersdorf – Lauten, 377 m – Wanderberg – Unterlamm; 12 km, $3^1/_2$ Std., leicht.
- Rundweg: Unterlamm – Bärnbach – Höfberg – Nesselbachberg – Buchberg – Magland – Granksetz – Unterlamm; 8 km, $2^1/_2$ Std., leicht.
- Rundweg: Jennersdorf, Bf. – Tafelberg – Seilereck – Steinberg, 360 m – Grieselstein – Freibad – Jennersdorf; 10 km, $2^3/_4$ Std., leicht.
- Rundweg: Fehring, Bf. – Brunn – Rattenberg – Burgstallberg – Grillberg, 354 m – Hatzendorf, Bf. – Ghf. Malerwinkel – Plenten – Unterhatzendorf – Grillberg – Fehring, Bf.; 13 km, $3^1/_2$ Std., leicht.

Erlebnispunkte:

- die Erlebnistherme Loipersdorf;
- das Textilkunst-Atelier Ofner in Speltenbach;
- die Hundertwasser-Therme Blumau;
- das Damhirschgehege bei Speilbrunn;
- das Schloß Burgau und der Badesee (Burgauer Strandfest);
- die spätgotische Kirche von St. Kind;
- die Stadtgalerie von Fürstenfeld;
- die Fürstenfelder Tabakfabrik im ehemaligen Schloß;
- die Schachblumenwiese von Großsteinbach (Blütezeit Ende März bis Mitte April);
- die Tabakfelder und Tabakscheunen in Obgrün bei Hainersdorf;
- das Schloß Feistritz in Ilz;
- das Hartbergschlößl der Riegersburger Gallerin und die römischen Hügelgräber in Loipersdorf;
- die Fritz-Mühle in Rudersdorf (Burgenland);
- der Kräuterpark in Söchau;
- das Steinmuseum in Stein;
- das Schloß Welsdorf in Übersbach;
- der Blumenschmuck des Ortes Unterlamm.

Einkehrstätten:

Zahlreiche *Buschenschenken* und *Gasthöfe* entlang aller Wander- und Radstrecken.

Rittscheintalradweg R21
Loipersdorf 4,7 km

32 Riegersburg und Umgebung

Riegersburg, 323 m – Bad – Hofberghöhe – Geisterkapelle – Buschenschank Zotter – Kreuzung Bundesstraße – Wiesenweg – Großstatzenberg, 403 m – Scheibelhof – Klafterberg, 447 m – Seng, 424 m – Riegersburg

Distanz 10 km, Gehzeit 3 Std., leicht; bezeichnet.

Wanderkarten: „Vulkanregion Südoststeiermark" (ÖK-Sonderdruck für den Bezirk Feldbach) mit Wegnummern; FB 44.

Auf der „unbezwingbaren Festung des Abendlandes" fand 1987 die Steirische Landesausstellung „Hexen und Zauberer" statt. Der Erfolg wirkt sichtbar nach: Die Riegersburg ist *das* Ausflugsziel.
Allein der Aufgang über den grob gepflasterten Burgweg durch die fünf gemauerten Tore – Steinkellnertor, Cillitor, Annentor, Lichteneggertor und Pyramidentor – ist ein Erlebnis für jeden Besucher; nicht wenige von ihnen stellen sich den Zugang vermutlich bequemer vor. Die Riegersburg gibt sich eben auch heute noch „zugeknöpft", schließlich war die Burg bzw. das Schloß nie erobert worden. Die legendäre Gallerin ließ die Riegersburg in 16jähriger Bauzeit ausbauen, und so präsentiert sich die Burg seit 1685 bis heute. Der schlotartige Vulkanstumpf, auf dem die Riegersburg steht, ist markant und weithin sichtbar: So ist diese Burg gleichzeitig ein wichtiges Glied in der langen Kette schönster Ausflüge rund um Graz.

Anfahrt: Bundesbus von Graz nach Markt Hartmannsdorf und Riegersburg. VTZ 508.
Mit der ÖBB-Ostbahn nach Feldbach bzw. Lödersdorf. VTZ 509.
Pkw-Zufahrt nach Riegersburg über Feldbach; oder Südautobahn A 2, Abfahrt Ilz.

Rückfahrt: wie Anfahrt.

Weitere Ausflugsvorschläge:

- Feldbach, Bf. – Schützing – Schloß Kornberg – Fröhlichberg – Altenmarkt – Riegersburg; 7 km, 2 Std., leicht.
- Feldbach, Bf. – Gniebingsiedlung – Auersbachbrücke – Schloß Kornberg; 1 Std.
- Feldbach, Bf. – Schloß Kornberg – Kogelberg – Scheibelberg – Rohrbachhöhe, 426 m – Lichtenstern – Gomersberg – Klafterberg, 447 m – Statzenbach – Riegersburg; 12 km, 3½ Std., leicht.
- Riegersburg – Geisterkapelle – Oberlembach – Breitenfeld – Klausberg – Neustift – Glanz – Bierwinkel – Schweinsberg – Putzenberg – Ungerberg – Koglkreuz – Bärnbach – Markt Hartmannsdorf; 18 km, 6 Std., mittel.

- Markt Hartmannsdorf – Graßegg – Edelhofkapelle – Hödlleiten, 430 m – Theisenberg – Gniebingberg – Platzerkapelle – Hofwald – Gniebingsiedlung – Feldbach, Bf.; 14 km, 4 Std., leicht.

Erlebnispunkte:

- der Ort und die Burg Riegersburg; das Schloß Kornberg; die vielen blumengeschmückten Bauernhöfe und Orte; die zahlreichen Obstplantagen.

Einkehrstätten:

Zahlreiche *Buschenschenken* und *Gasthöfe* entlang aller Wander- und Radstrecken.

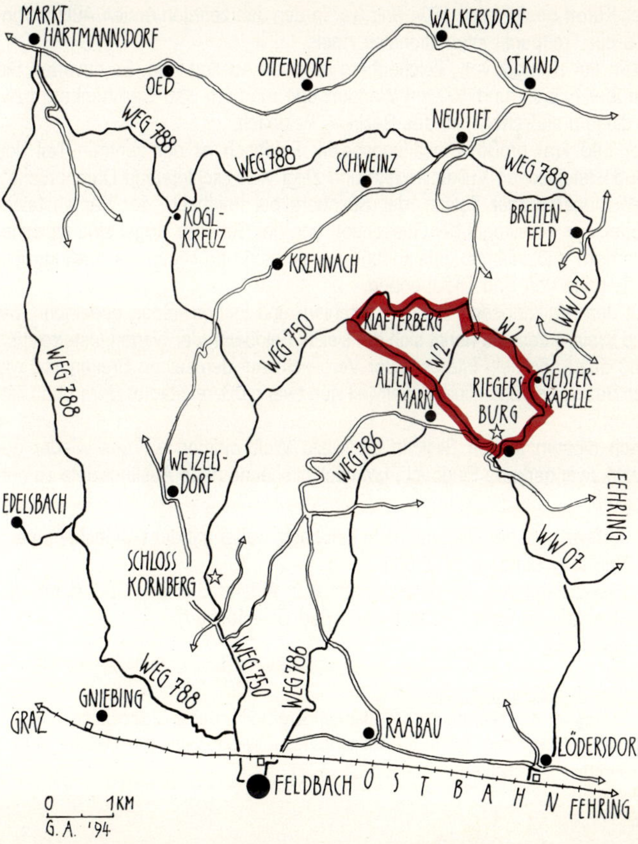

33 Bad Gleichenberg und Südoststeirisches Vulkanland

Waldlehrpfad: Bad Gleichenberg, 317 m – Villa Zur Josefstadt – Eichgraben – Steinriegel – Bergkreuz (– Bschaidkogel, 563 m) – Kogelsattel – Gleichenberg-Dorf – Bad Gleichenberg

Distanz 7,5 km, Gehzeit 2–2½ Std., leicht; bezeichnet.

Wanderkarten: „Vulkanregion Südoststeiermark" (ÖK-Sonderdruck für den Bezirk Feldbach) mit Wegnummern; FB 44.

Der Kurort besteht seit 1834 und war in den Jahrzehnten ersten Aufschwunges ein Treffpunkt internationalen Adels.
Allein der Kurpark von Gleichenberg ist einen Ausflug wert. Es erwarten Sie darüber hinaus rund 100 km Wanderwege rund um Bad Gleichenberg bzw. in diesem südlichen Teil des Bezirkes Feldbach.
Der 690 km² große Verwaltungsbezirk Feldbach ist der zentrale Teil des „Südoststeirischen Vulkanlandes" und zeigt viele „schlotartige Durchbrüche": Der Riegersburger Felsen, der Steinberg bei Feldbach, der Kapfensteiner Kogel, der Forstkogel bei Gossendorf und der Stradner Kogel sind typische, aus dem Vulkanismus entstandene Bergformen und liegen als Ausflugsziele z. T. nahe von Bad Gleichenberg.
Auf dem Vulkanboden stehen Kastanien- und Eichenwälder, gedeihen Obst und Wein – deshalb nennt sich der Bezirk Feldbach „der Garten Österreichs".
Und dazu noch ein interessanter Vergleich: Auf demselben Breitengrad wie der Bezirk Feldbach liegen weltweit nur zwei größere Städte: Bern und Ulan Bator.
Nach diesem kurzen Blick in die weite Welt widmen wir uns wieder der Bezirkswanderkarte Feldbach, um nächstliegende neue Ausflugsziele zu entdecken.

Anfahrt: Mit der Ostbahn nach Feldbach, weiter mit der Landesbahn nach Bad Gleichenberg. VTZ 608.
Pkw-Zufahrt von der Südautobahn A 2, Abfahrt Gleisdorf-Süd, durch das Raabtal und über Feldbach nach Bad Gleichenberg.

Rückfahrt: wie Anfahrt.

Weitere Ausflugsvorschläge:

- Rundweg: Bad Gleichenberg – Gleichenberg-Dorf – Ruine Gleichenberg – Hofstätten – Hochegg, 410 m – Trautmannsdorf – Wiesenthal – Bad Gleichenberg; 11 km, 3 Std., leicht.

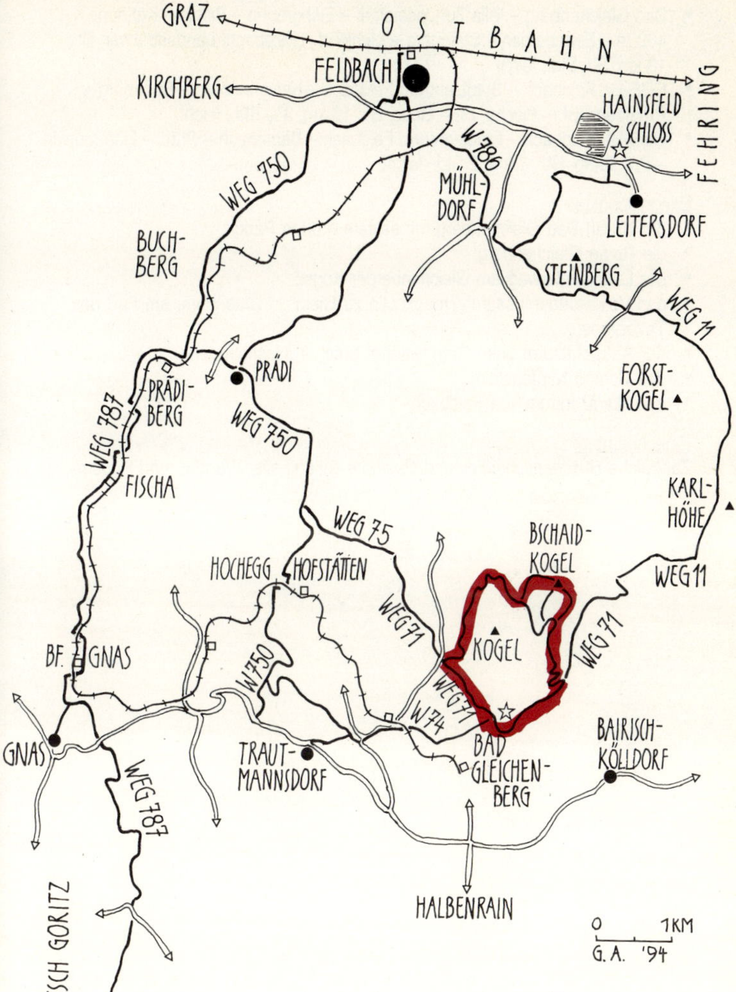
GRAZ
OSTBAHN
FEHRING
FELDBACH
KIRCHBERG
HAINSFELD
SCHLOSS
W 786
WEG 750
MÜHL-
DORF
LEITERSDORF
BUCH-
BERG
STEINBERG
WEG 11
PRÄDI
PRÄDI-
BERG
FORST-
KOGEL
WEG 787
WEG 750
FISCHA
KARL-
HÖHE
WEG 75
BSCHAID-
KOGEL
HOCHEGG
HOFSTÄTTEN
WEG 11
WEG 71
KOGEL
WEG 71
BF.
GNAS
W 750
WEG 71
W 74
GNAS
TRAUT-
MANNSDORF
BAD
GLEICHEN-
BERG
BAIRISCH-
KÖLLDORF
WEG 787
DEUTSCH GORITZ
HALBENRAIN
0
1KM
G. A. '94

- Bad Gleichenberg – Villa Zur Josefstadt – Eichgraben – Pichla – Karlhöhe, 402 m – Forstbergen – Steinberg – Mühldorf – Feldbach, Landesbahnen-Bf.; 13 km, $3^1/_2$ Std., leicht.
- ÖBB-Bf. Feldbach – Stadtzentrum Feldbach – Kalvarienberg – Buchberg – Prädiberg, Bf. – Fischa, Bf. – Gnas, Bf.; 13 km, $3^1/_2$ Std., leicht.
- ÖBB-Bf. Feldbach – Stadtzentrum Feldbach – Baumbuch – Prädi – Hammerwirt – Prädiberg, Bf.; 7 km, 2 Std., leicht.

Erlebnispunkte:
- der Kurort Bad Gleichenberg mit seinem großen Park;
- die Ruine Gleichenberg;
- der Lehrwanderweg am Gleichenberger Kogel;
- das Volkskundemuseum „Troadkost'n zu Giem" in Untergiem, am Fuß des Taxberges;
- der Aussichtsturm beim Grenzlandhof Ulrich in Hochstraden;
- das Schloß Kapfenstein;
- das Stadtzentrum von Feldbach.

Einkehrstätten:
Zahlreiche *Buschenschenken* und *Gasthöfe* entlang aller Wander- und Radstrecken.

34 Klöcher Weinland, St. Anna am Aigen, Stradner Kogel

Bad Gleichenberg, Bf., 317 m – Grünwald – Kogelwald – Stradner Kogel, 609 m – Ghf. Grenzlandhof – Altes Steinkreuz – Rosenberg, 458 m – Hopfenberg – Seindling – Hochstrandler Kreuz – Listenberg – Patzenberg – Patzen – Jörgen – Eselsberg – Seindl – Röhrl – Klöch, 291 m

Distanz 20 km, Gehzeit 6½ Std., mittel; markiert.

Wanderkarten: „Vulkanregion Südoststeiermark“ (ÖK-Sonderdruck für den Bezirk Feldbach), mit Wegnummern; FB 44.

Das südoststeirische Weinland mit seinen sanft geformten Hügeln und seinem milden Klima verwöhnt Wanderer und – seit jüngerer Zeit – immer mehr Radfahrer.

Dieses Weinland schätzen aber auch jene Kurgäste, die in Bad Radkersburg oder Bad Gleichenberg logieren und bei ihren Ausflügen in die nähere Umgebung solch steirische Gastlichkeit wie im Klöcher Weinland kennenlernen. Bezeichnend für diese Freizeitentwicklung entstand in Klöch, der „Perle des südoststeirischen Weinlandes“, mit dem „Klöcherhof“ das erste Radhotel der Steiermark.

St. Anna am Aigen nennt sich das „Steirische Bethlehem“ und liegt in Rufweite zur Kleinen Dreiländerecke, die allein bereits einen Besuch wert ist. Aber wie vom Bug eines Schiffes blickt man von der weit auskragenden Plattform der „Gesamtsteirischen Vinothek“ über das so gepflegte Kulturland auf steirischer Seite.

Klöch und seine Umgebung werden schon in Janischs topographisch-statistischem „Lexikon der Steiermark“ gelobt: erstens wegen des Weines – „des besten von denen der hiesigen Gegend“ – und zweitens in bezug auf den herrlichen Ausblick, den die Hänge am Hohenwart und Seindl gewähren.

Im Jahr 1873 wurde in Klöch sogar eine Kaltwasseranstalt errichtet. Über der sogenannten Hausquelle war eine Marmorplatte angebracht; auf ihr standen die Worte des alten Pindar: „Das beste Wasser.“ Diesen Sinnspruch verdankte die Quelle keinem geringeren Gast als Anton Graf Auersperg alias Anastasius Grün, der anläßlich seines Besuches in Klöch diese Aufschrift empfahl. Bis 1994 bestand das „Curhaus“ in seiner ursprünglichen Bauweise, dient aber nunmehr, nach einer Revitalisierung, als Wohnhaus.

In Klöch gibt es auch eine Ruine, deren Bauzustand aber leider so schlecht ist, daß das Betreten des Areals verboten wurde. Dennoch sei darauf verwie-

sen, daß die ersten Mauern der einstigen Burg Klöch vermutlich bereits im 10. Jahrhundert errichtet worden sind.
Wer St. Anna und Klöch besucht, kommt wegen des Weines und der schönen Ortsbilder – und beide guten Gründe sind verwoben in einem Ausflugsgebiet, das gar nicht so weit von Graz entfernt liegt.

Anfahrt: Bundesbus von Graz nach Klöch; oder mit Bundesbus von Bad Radkersburg und Halbenrain nach Klöch. VTZ 708. Bundesbus auch nach St. Anna am Aigen. VTZ 706.
Mit der ÖBB-Ostbahn nach Feldbach, weiter mit der Landesbahn nach Bad Gleichenberg. VTZ 608. Oder mit der ÖBB-Grenzlandbahn von Spielfeld-Straß Richtung Bad Radkersburg. VTZ 802.
Pkw-Zufahrt aus dem Raabtal über Feldbach nach Bad Gleichenberg, St. Anna am Aigen und Klöch. Oder von Bad Radkersburg bzw. Halbenrain in das Klöcher Weinland. Von St. Anna zum Grenzlandhof und zur Aussichtswarte.

Rückfahrt: wie Anfahrt; von Klöch bzw. St. Anna am Aigen mit Bundesbus. VTZ 708 bzw. VTZ 707.

Weitere Ausflugsvorschläge:
- Klöch – Hohenwart – Kratzer – Deutsch Haseldorf – Riegeltannicht – Höll – Zollhütte – Pestkreuz – St. Anna am Aigen; 10 km, 3 Std., leicht.
- St. Anna – Schirrenkogel, 404 m – Kleine Dreiländerecke; 3 km, 1 Std., leicht.
- St. Anna – Kleine Dreiländerecke – Sichauf – Jammzeil – Jammberg – Bairisch Kölldorf – Sulzberg – Bad Gleichenberg; 15 km, 4½ Std., mittel.
- St. Anna – Schemming – Vorstadt – Grenzlandhof; 6 km, 2 Std., leicht.
- Rund um den Stradner Kogel: Grenzlandhof (Aussichtswarte) – Kogelwald – Vorstadt – Grenzlandhof; 7 km, 2 Std., leicht.
- Rund um den Steinbruch: Haag – Wilhelmsdorf – Berghölzer – Grenzlandhof – Haager Reith – Haag; 8 km, 2½ Std., leicht.

Erlebnispunkte:
- die Weinbaugebiete um Klöch und St. Anna am Aigen sowie die Vinotheken in beiden Orten;
- die Kleine Dreiländerecke (Reisepaß mitnehmen!);
- der Aussichtsturm beim Grenzlandhof Ulrich in Gießelsdorfberg am Stradner Kogel;
- die Parktherme Radkersburg und die Bezirksstadt Bad Radkersburg;
- der Kurort Bad Gleichenberg.

Einkehrstätten:
Zahlreiche *Buschenschenken* und *Gasthöfe* entlang aller Wander- und Radstrecken.

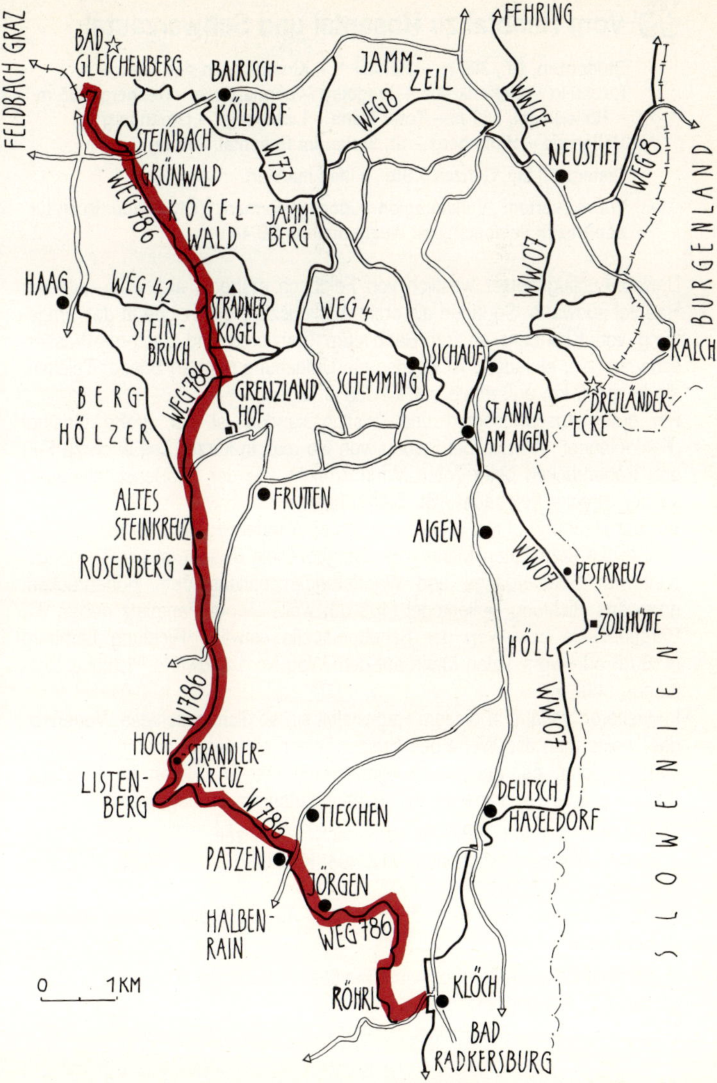

FELDBACH GRAZ
BAD GLEICHENBERG
BAIRISCH-KÖLLDORF
JAMM-ZEIL
FEHRING
WEG 8
WW07
W73
STEINBACH
GRÜNWALD
WEG 786
KOGEL-WALD
JAMM-BERG
NEUSTIFT
WEG 8
BURGENLAND
HAAG
WEG 42
STRÄDNER KOGEL
WEG 4
STEIN-BRUCH
SICHAUF
KALCH
SCHEMMING
BERG-HÖLZER
GRENZLAND HOF
WEG 786
ST. ANNA AM AIGEN
DREILÄNDER-ECKE
FRUTTEN
ALTES STEINKREUZ
AIGEN
ROSENBERG
PESTKREUZ
ZOLLHÜTTE
HÖLL
W786
SLOWENIEN
HOCH-STRANDLER-KREUZ
LISTEN-BERG
W 786
TIESCHEN
DEUTSCH HASELDORF
PATZEN
JÖRGEN
HALBEN-RAIN
WEG 786
0 1KM
RÖHRL
KLÖCH
BAD RADKERSBURG

35 Vom Raabtal zu Rosental und Schwarzautal

Studenzen, Bf., 309 m – Mühlteich – Kirchberg an der Raab – Kirchfeld – Eicherlkreuz – Jungberg – Lormanberg – Neuberg, 455 m – Hollerkogel, 463 m – Toter Mann – Lichtenegg – Greithberg – Höllgrund – Hinterberg – St. Stefan im Rosental, 330 m

Distanz 18 km, Gehzeit 5 Std., mittel; markiert.

Wanderkarten: „Vulkanregion Südost-Steiermark" (ÖK-Sonderdruck für den Bezirk Feldbach), mit Wegnummern; FB 44.

Dieses Ausflugsgebiet westlich von Feldbach erstreckt sich vom mittleren Raabtal südwärts. So laden als erste Ausflugsziele die Teiche in der Umgebung von Kirchberg an der Raab zum Spazieren und „Geh-ma-Wasserschauen" ein; einladend ist ebenso die Umgebung bei den Saazer Teichen, die knapp 5 km außerhalb von Feldbach liegen.

Ein guter Ausgangspunkt und Ausflugsstandort ist der große Gasthof „Kastanienhof" in Puch bei Paldau, von wo man in kurzer Zeit auch zu Fuß den Höhenrücken beim Toten Mann erreicht, wie der Straßenscheitelpunkt an der Strecke Feldbach – St. Stefan heißt.

Auf der Paßhöhe „Toter Mann" kreuzt der Wanderweg Nr. 750 die Landesstraße; die dem Toten Mann nahe Berghof-Diele (Disco) ist ein Ausgangspunkt für Spaziergänge und Wanderungen entlang dem Höhenrücken: nordwärts Richtung Hollerkogel (463 m), weiters vom Parkplatz neben der Berghof-Diele bzw. von der Schoberkapelle ostwärts Richtung Lamberg (416 m) oder vom Toten Mann auf dem Weg Nr. 1 südwärts Richtung Lichtenegg (459 m).

Im weiteren verläuft in diesem Regionsteil ein so dichtmaschiges Wegenetz, das, wollte man alle Wege beschreiben, einen eigenen Führer füllen würde. Deshalb lohnt es, auch in Ausgangsorten wie St. Stefan im Rosental, Kirchberg oder Gnas jeweils mit „Schnuppertouren" zu beginnen.

Anfahrt: Mit der ÖBB-Ostbahn nach Studenzen, VTZ 408; mit dem Bundesbus nach Kirchbach, VTZ 406; Kirchberg an der Raab, VTZ 408; Paldau, VTZ 509.

Pkw-Zufahrten über Südautobahn A 2, Abfahrt Gleisdorf-Süd, Richtung Feldbach.

Rückfahrt: wie Anfahrt bzw. mit Bundesbus auch von allen anderen Orten der VTZ 409 und VTZ 509.

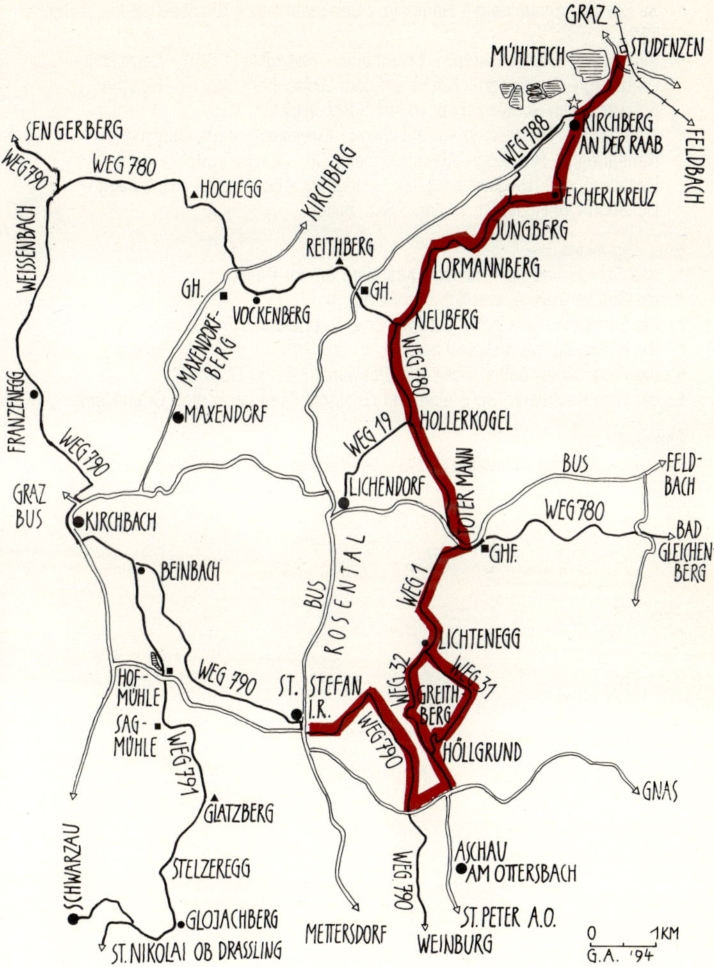
GRAZ
STUDENZEN
MÜHLTEICH
KIRCHBERG AN DER RAAB
FELDBACH
WEG 788
EICHERLKREUZ
JUNGBERG
LORMANNBERG
NEUBERG
WEG 780
HOLLERKOGEL
WEG 19
TOTER MANN
BUS
FELD-BACH
WEG 780
BAD GLEICHEN-BERG
GHF.
WEG 1
LICHTENEGG
WEG 31
WEG 32
GREITH-BERG
HÖLLGRUND
GNAS
WEG 790
ASCHAU AM OTTERSBACH
ST. PETER A.O.
WEINBURG
0 1KM
G.A. '94
SENGERBERG
WEG 790
WEG 780
HOCHEGG
KIRCHBERG
REITHBERG
GH.
GH.
VOCKENBERG
WEISSENBACH
MAXENDORF-BERG
MAXENDORF
FRANZENEGG
WEG 790
LICHENDORF
GRAZ BUS
KIRCHBACH
BEINBACH
BUS
ROSENTAL
WEG 790
ST. STEFAN I.R.
HOF-MÜHLE
SAG-MÜHLE
WEG 791
GLATZBERG
STELZEREGG
SCHWARZAU
GLOJACHBERG
ST. NIKOLAI OB DRASSLING
METTERSDORF

Weitere Ausflugsvorschläge:

- St. Stefan – Stefanberg – Hamberg – Beinbachkreuz – Kirchbach; 6 km, 2 Std., leicht.
- Kirchbach – Beinbachkreuz – Maierhöfen – Hofmühle (Teich) – Sagmühle – Glatzberg – Stelzeregg – Kirche auf dem Glojachberg, 468 m – Lipschen – Schwarzau im Schwarzautal; 10 km, 3 Std., leicht.
- Kirchbach – Neusiedlung – Franzenegg – Greingeck – Gh. Griesmichl – Ranhartegg – Hochegg – Maxendorfberg, Gh. – Kirche in Vockenberg – Reithberg, 460 m – Reithberg, Gh. – Neuberg – Hollerkogel – Hütteregg – Lichendorf im Rosental; 17 km, 5 Std., mittel.

Erlebnispunkte:

- das Schloß und die Teiche in Kirchberg an der Raab;
- die Saazer Teiche, westlich von Feldbach;
- die Schoberkapelle nahe der Paßhöhe Toter Mann;
- die Kirche auf dem Glojachberg;
- die Riedellandschaften über dem Schwarzautal und Rosental;
- die Orte Kirchbach, St. Stefan und Gnas mit ihren gepflegten Ortsbildern.

Einkehrstätten:

Zahlreiche *Buschenschenken* und *Gasthöfe* entlang aller Wander- und Radstrecken.

36 Straden und Umgebung

Straden, 376 m – Butscherlberg – Hofberg – Johannisbrunn, 347 m – Marktl – Straden

Distanz 5 km, Gehzeit 1½ Std., leicht; bezeichnet.

Wanderkarten FB 44, ÖK 192. Gemeindewanderkarte Straden.

Die Gemeinde nennt sich der „Früchtekorb Straden"; er macht den Mund wässerig und Besucher neugierig – zu Recht, wie sich schnell beweist: Denn hinter Stradens geschmackvollem Prädikat steht ebenso die höchste Auszeichnung, die ein Ort in Österreich erhalten kann: Straden wurde 1994 Preisträger für Umwelt-, Kultur- und Ortsbildpflege.
Wer Straden als Ausflugsziel wählt, begibt sich gleichzeitig in die „Kulturhochburg der Südoststeiermark", wo der Bürgermeister und seine Mitstreiter weit über die Türme der vier Stradener Kirchen hinaussehen.
Gerne zählen die Stradener einige der Vorzüge ihrer Gemeinde auf: „Eine herrliche Gegend zum Wandern und Radfahren; ausgedehnte Mischwälder mit kühlen Laubtunnels; Teiche, die zum Fischen einladen; stille Feldwege – unser Land, das ist Natur pur. Gemüse und Obst gedeihen in Hülle und Fülle, so daß man uns mit einem Früchtekorb vergleicht."
In Straden geht es aber nicht nur beschaulich zu: Besonders beim Kleinkunstfestival und Straßenspektakel „ist alles dabei, was Beine hat".
Bei einem Ausflug nach Straden werden also nicht nur die Wadenmuskeln sportlicher Besucher strapaziert, sondern zuweilen auch die Lachmuskeln, wenn es wieder einmal Kabarett gibt. Öfter aber kommt der Begriff „Kabinett" vor: An sonnigen Westhängen wie unterhalb von Straden gedeihen vorzügliche Weine. Hingegen verkosten nicht nur Abstinenzler direkt an der Johannisquelle erquickend frisches Mineralwasser.

Anfahrt: Mit dem Bundesbus nach Straden. VTZ 608.
Pkw-Zufahrt über Bad Gleichenberg oder aus Richtung Bad Radkersburg.

Rückfahrt: wie Anfahrt.

Weitere Ausflugsvorschläge:

- Rundweg: Straden – Kronnerberg – Kronnersdorf, 254 m – Haidnergrabenkreuz – Nägelsdorfberg, 353 m – Klausen – Wieden, Sportplatz – Butscherlberg – Straden; 9 km, 2½ Std., leicht.
- Rundweg: Straden – Saziani – Dörfl – Wasenberg – Hochaugenweide – Kochleiten – Trössingberg – Reinischberg – Wolfleitenkreuz – Kronnersdorf – Straden; 10 km, 3 Std., leicht.

- Rundweg: Straden – Butscherlberg – Poppen – Langwald – Sterz – Oberspitz – Gehöft Siegl – Hart-Oberberg – Oberkrobathenberg – Klausen – Wieden – Butscherlberg – Straden; 14 km, 4 Std., mittel.
- Stainz bei Straden – Muggendorf – Muggendorfberg – Straden; 5 km, 1½ Std., leicht.

Erlebnispunkte:
- die vier Kirchen von Straden (ehemaliges Dekanat);
- das renovierte Salettl, ein beliebter Rast- und Aussichtspunkt in der Ortsmitte von Straden;
- die 250 Jahre alte Zeder, ein Naturdenkmal, zwischen Pfarrhof und Kirche;
- die Johannisquelle und der spätgotische Tabernakelbildstock in Hof bei Straden;
- die Teiche in Stainz bei Straden (Gästefischkarte).

Einkehrstätten:
Zahlreiche *Buschenschenken* und *Gasthöfe* entlang aller Wander- und Radstrecken.

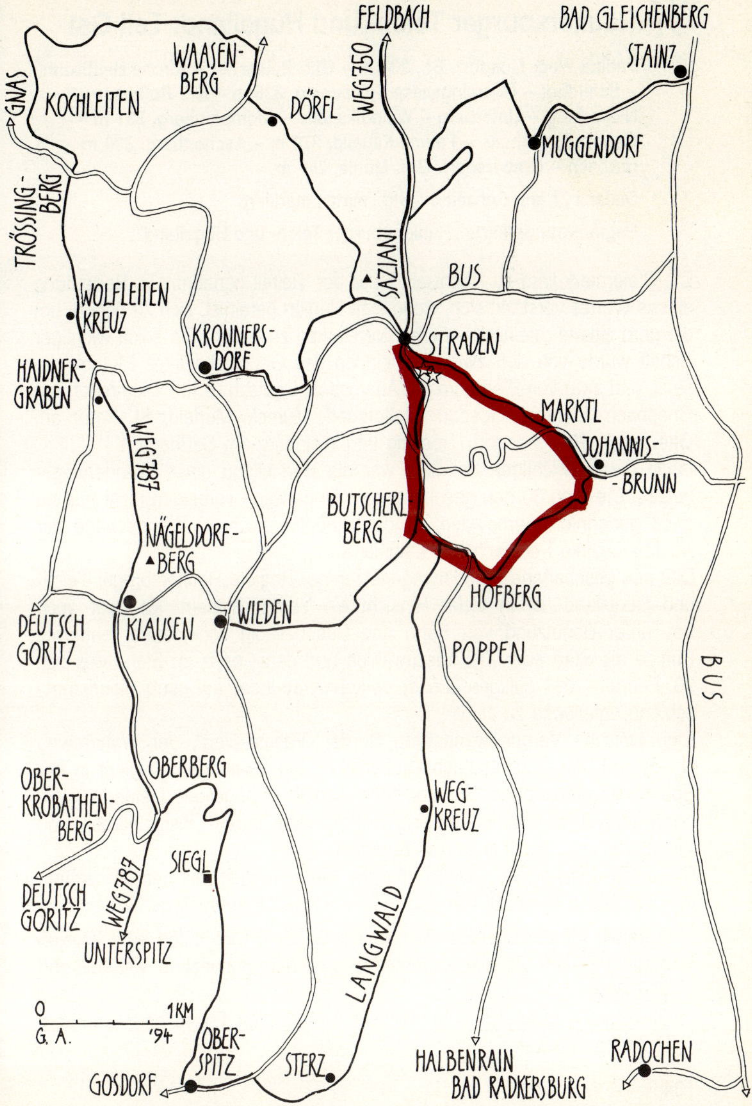
FELDBACH
BAD GLEICHENBERG
STAINZ
WAASEN-
BERG
GNAS
KOCHLEITEN
DÖRFL
WEG 750
MUGGENDORF
TRÖSSING-
BERG
SAZIANI
BUS
WOLFLEITEN
KREUZ
KRONNERS-
DORF
STRADEN
HAIDNER-
GRABEN
MARKTL
JOHANNIS-
-BRUNN
WEG 787
BUTSCHERL-
BERG
NÄGELSDORF-
BERG
HOFBERG
DEUTSCH
GORITZ
KLAUSEN
WIEDEN
POPPEN
BUS
OBERBERG
OBER-
KROBATHEN-
BERG
WEG-
KREUZ
SIEGL
DEUTSCH
GORITZ
WEG 787
UNTERSPITZ
LANGWALD
0
1 KM
G. A.
'94
OBER-
SPITZ
STERZ
HALBENRAIN
BAD RADKERSBURG
RADOCHEN
GOSDORF

37 Radkersburger Teich- und Hügelland: Teil Ost

Fatima-Weg: Gosdorf, Bf., 234 m – Ghf. Reisacher – Kirche Helfbrunn – Schildhof – Glauningwiese – Glauning, 336 m – Gh. Roßmann – Niederberg – Unterberg – Weindlkapelle – Klompfenberg, 331 m – Gehöft Riegelhans – Fatima-Kapelle, 370 m – Ascherlberg, 330 m – Harbach – Grabersdorf, Ghf. Mühle, 267 m

Distanz 21 km, Gehzeit 6½ Std., mittel; markiert.

Regionswanderkarte „Radkersburger Teich- und Hügelland".

Die Steiermark wird zu Recht ein Land der Vielfalt genannt. Die Bedeutung dieses Wortes verstärkt sich, wenn eine Region bereit ist, sich zu öffnen, um die gern zitierte „steirische Vielfalt" verstärken zu helfen. Ein solch wichtiger Schritt wurde von den zwölf Gemeinden des Gerichtsbezirkes Mureck gesetzt, und zwar von Bierbaum am Auersbach, Deutsch Goritz, Dietersdorf am Gnasbach, Eichfeld, Gosdorf, Mettersdorf, Mureck, Murfeld, St. Peter am Ottersbach, Ratschendorf, Trössing und Weinburg am Saßbach.
Inhalt dieses wichtigen Schrittes war die Herstellung eines Wanderwegenetzes. Die rund 30 neu geschaffenen Wanderwege verbinden nicht nur die zwölf genannten Gemeinden, sondern knüpfen auch an Wanderwege der Nachbarbezirke Feldbach und Leibnitz an.
Das neu geschaffene Wanderwegenetz in der Region „Radkersburger Teich- und Hügelland" ist in vieler Hinsicht ein Verbundsystem: Es trägt auch bei, unter Benutzung von Bahn und Bus beliebig voneinander entfernte Punkte als Start oder Ziel auszuwählen und damit ganz im Sinne des seit 28. Februar 1994 gültigen Grazer Verkehrsverbundes auf neuer Tourismusschiene unterwegs zu sein.
Eine typische Verbundwanderung ist der „Fatima-Weg", der Wanderweg Nr. RA 30 von Gosdorf nach Grabersdorf. Die Wanderung beginnt in der Ebene der grenznahen Mur und führt alsbald in hügeliges Gelände; stets nordwärts, durch Wälder, entlang Hofzufahrten, durch Obstplantagen und Weingärten, zu Bildstöcken und Kapellen.
Dieser Wanderweg ist eine Strecke der Begegnungen: mit den Menschen, mit der Natur und erfaßt von dem Esprit eines sich erneuernden Tourismus.

Anfahrt: Mit der Grenzlandbahn nach Gosdorf, Dietersdorf oder Weixelbaum. VTZ 709. Zu allen anderen Orten mit dem Bundesbus. VTZ 608 und VTZ 609.
Pkw-Zufahrt über Pyhrn-Autobahn A 9, Abfahrten Vogau oder Gersdorf, Richtung Gosdorf.

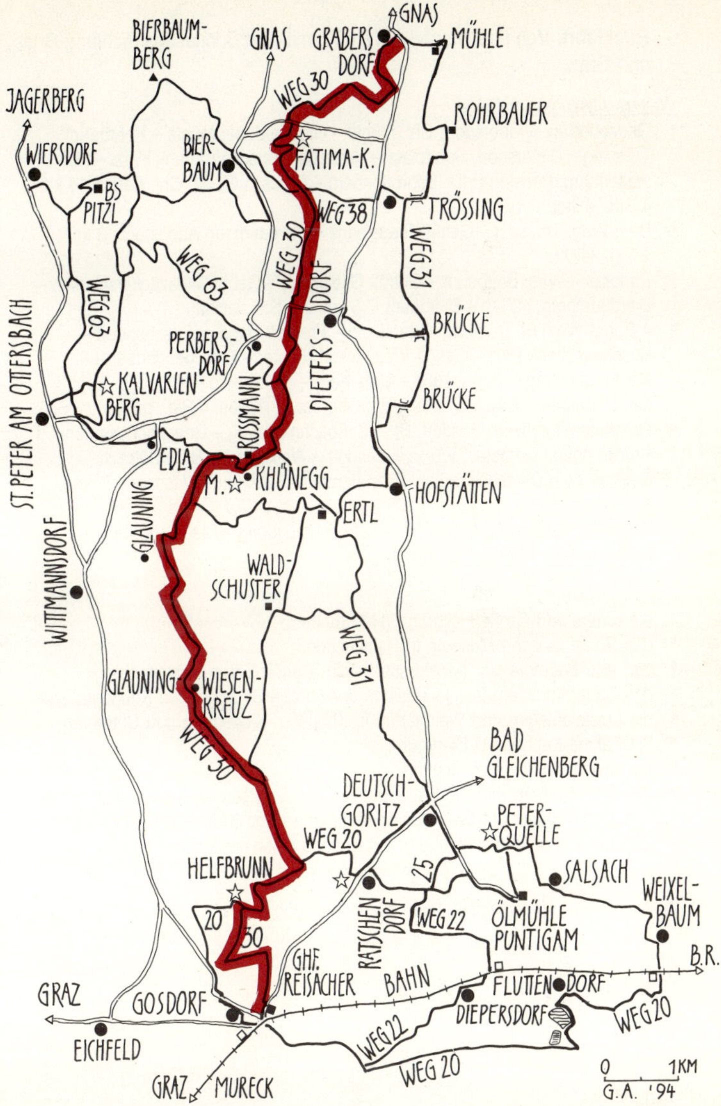
GNAS
GRABERSDORF
MÜHLE
BIERBAUMBERG
GNAS
WEG 30
JAGERBERG
ROHRBAUER
WIERSDORF
BIERBAUM
FATIMA-K.
BS PITZL
TRÖSSING
WEG 38
WEG 31
WEG 63
WEG 30
WEG 63
DIETERSDORF
BRÜCKE
PERBERSDORF
ST. PETER AM OTTERSBACH
KALVARIENBERG
ROSSMANN
BRÜCKE
EDLA
M.
KHÜNEGG
HOFSTÄTTEN
GLAUNING
ERTL
WITTMANNSDORF
WALDSCHUSTER
WEG 31
GLAUNING
WIESENKREUZ
WEG 30
BAD GLEICHENBERG
DEUTSCH-GORITZ
PETERQUELLE
WEG 20
25
SALSACH
HELFBRUNN
WEIXELBAUM
RATSCHENDORF
WEG 22
ÖLMÜHLE PUNTIGAM
20
30
GHF. REISACHER
BAHN
B.R.
GRAZ
GOSDORF
FLUTTENDORF
DIEPERSDORF
WEG 20
EICHFELD
WEG 22
WEG 20
0
1KM
G.A. '94
GRAZ
MURECK

Rückfahrt: Von Grabersdorf (VTZ 608) mit dem Bundesbus Richtung Gnas und Graz.

Weitere Ausflugsvorschläge:

- Gnastal-Weg: Grabersdorf, Ghf. Mühle – Grabersdorfer Mühle – Rohrbauer – Trössing – Dietersdorf, Sportplatz – Hofstätten, Buschenschank Hatzl – Hofstättenberg, Pension Ertl – Schröttenberg – Deutsch Goritz, Ghf. Bader; 14 km, 4 Std., mittel.
- Berg-Weg: Trössing – Gehöft Riegelhans – Bierbaum am Auersbach; 3 km, 1 Std., leicht.
- Panorama-Weg: Bierbaum – Gehöft Gsellmann – Gehöft Woazackerschuster – Bierbaumberg, 426 m – Bierbaum; 7,5 km, $2^1/_4$ Std., leicht.
- 4-Berge-Weg: St. Peter am Ottersbach – Freizeitanlage – Entschendorf – Buschenschank Pitzl – Gehöft Woazackerschuster – Entschendorfberg – Perbersdorfberg – Perbersdorf – Unterberg – Niederberg – Khünegg, Gh. Roßmann – Edla – St. Peter am Ottersbach; 13 km, 4 Std., mittel.
- Gosdorfer Rundweg: Gosdorf, Bf. – Saßbachmündung – Gnasbachmündung, Brücke nahe Grenzstein V/9 – Fluttendorf – Weixelbaum, Bf. – Salsach – Peterquelle – Deutsch Goritz – Ratschendorf – Helfbrunn – Gosdorf; 22 km, $5^1/_2$ Std., mittel.
- Diepersdorfer Weg: Gosdorf, Bf. – Saßbachmündung – Diepersdorf, Bf. – Ratschendorf; 7 km, 2 Std., leicht.

Erlebnispunkte:

- die Kirche und Grotte Helfbrunn (Heilbrunnen);
- das Römerzeitliche Museum in Ratschendorf;
- die „Alte Baumpresse" (Mostpresse) beim Gehöft Ertl in Schröttenberg;
- das Bauernmuseum Berglerkeusche der Familie Strohmeier in Khünegg;
- die Obstplantagen und Weingärten in Khünegg, Niederberg und Unterberg;
- die Fatima-Kapelle bei Bierbaum;
- die Therme in Bad Radkersburg;
- der Kalvarienberg und die Freizeitanlage von St. Peter am Ottersbach;
- Urlaub am Bauernhof bei Familie Reichmann vulgo Krottmoar in Khünegg;
- Pension Ertl am Hofstättenberg, mit lustigen Gästeausflügen.

Einkehrstätten:

Zahlreiche *Buschenschenken* und *Gasthöfe* entlang aller Wander- und Radstrecken.

38 Radkersburger Teich- und Hügelland: Teil Mitte

Ottersbachweg: Gosdorf, Bf., 234 m – Dorfkapelle – Ottersbachbrücke – Gosdorfer Au – Niederlmühle – Au – Wittmannsdorf – Unterrosenberg, ca. 320 m – St. Peter am Ottersbach, 271 m

Distanz 13 km, Gehzeit 3½ Std., leicht; markiert.

Wanderkarte „Radkersburger Teich- und Hügelland".

Rund um St. Peter am Ottersbach läßt sich im Sinne eines sanften Tourismus viel Gutes erleben, was den Kopf ebenso berührt wie die Füße. Denn die Region „Radkersburger Teich- und Hügelland" hält ganzjährig gültige Einladungen bereit zum Wandern auf gut steirisch.
Das heißt, Gäste kommen bei ihren Ausflügen nicht nur weit herum, sondern lernen gleichzeitig viele Köstlichkeiten aus Küche und Keller kennen.
Unter dem Markenzeichen „Gutes vom Bauernhof" werden ab Hof Kernöl, Knabberkerne, Geselchtes, Brot, Honig und natürlich viele Sorten besten Weines verkauft: Die Direktvermarktung blüht Hand in Hand mit dem Ausflugstourismus.
So kann sich eine Wanderung auf dem Weg Nr. RA 50 am Ottersbach entlang, also von Gosdorf herauf durch das Ottersbachtal nach St. Peter, wie ein Ausflug zu Bacchus und Lukullus steigern: Denn am Rosenberg sollte kein Ausflugsgast vorbeigehen. Zu schön ist der Rundblick über die Rebhänge, zu verlockend sind die schattenkühlen Veranden und Lauben – und Gastlichkeit wohnt in jedem Haus.
Folglich kann es leicht vorkommen, daß Wandergäste nicht nur Gutes vom Bauernhof erstehen, sondern sich vielleicht sogar ein paar Tage Urlaub am Bauernhof gönnen. Bei so viel „Standortfestigkeit" lassen sich die Erlebnispunkte in der Region Radkersburger Teich- und Hügelland noch besser kennenlernen.

Anfahrt: Mit der Grenzlandbahn nach Weitersfeld, Mureck und Gosdorf. VTZ 610, VTZ 709. Die übrigen Orte sind mit dem Bundesbus erreichbar. VTZ 609, VTZ 610.

Pkw-Zufahrt von der A 9, Pyhrnautobahn, Abfahrten Vogau oder Gersdorf.

Rückfahrt: wie Anfahrt bzw. mit Bundesbus von allen Orten, die nördlich der ÖBB-Grenzlandbahn liegen.

Weitere Ausflugsvorschläge:

- Großer Teichweg: Mureck, Bf. – Biosprit-Anlage – Eichfeld – Schwabenteich – Sixt-Mühle – Schloß Brunnsee – Hainsdorf – Prillinghof – Mureck, Bf.; 16 km, 4 Std., mittel.
- Kleiner Teichweg: Gosdorf, Bf. – Dorfkapelle – Ottersbachbrücke – Langteich – Straßenteich – Kapelle in Unterhart – Langteich – Gosdorf; 11,5 km, 3 Std., leicht.
- Schloßweg: St. Peter am Ottersbach – Jaun – Unterrosenberg – Weinburger Wald – Schloß Weinburg; 8 km, 2 Std., leicht.
- Rosenberger Weinweg: St. Peter – Jaun – Obst- und Weinbau Ploder – Gehöft Liebmann – Buschenschank Greiner – Fischteich – Oberrosenberg, Rüsthaus, Picknickplatz – Mettersdorfberg – St. Peter; 10 km, 3 Std., leicht.
- Eichriegel-Weg: St. Peter am Ottersbach – Entschendorf – Wiersdorf – Eichriegel, 405 m – Mettersdorfberg – St. Peter; 10 km, 3 Std., leicht (mit Verlängerung über Wiersdorfberg 12 km, 3½ Std.).
- Weitersfeld, Bf. – Fährenweg – Mur-Grenzweg bis Röcksee – Seerestaurant – Seeweg – Gosdorf, Bf.; 10 km, 2½ Std., leicht.
- Unterer Saßtalweg: Weitersfeld, Bf. – Pichla – Schloß Weinburg; 6 km, 1½ Std., leicht.
- Saßtalkammweg: Weinburg – Schloß – Oberrosenberg – Mettersdorfberg – Abstieg auf dem Eichriegelweg bzw. Weinweg nach St. Peter am Ottersbach; 9 km, 2½ Std., leicht.

Erlebnispunkte:

- die Aulandschaft entlang des Ottersbaches;
- das Weinbaugebiet in Unter- und Oberrosenberg;
- Urlaub am Bauernhof, bei Liebmann vulgo Holzjokl, in Unterrosenberg;
- der Picknickplatz in Oberrosenberg;
- die Freizeitanlage St. Peter am Ottersbach;
- der Kalvarienberg über St. Peter am Ottersbach;
- der Röcksee bei Gosdorf;
- die Stadt Mureck mit dem Erlebnisbad;
- die Murfähre Weitersfeld;
- das Schloß Weinburg und die Tausendjährige Eiche;
- das Schloß Brunnsee, der Park und die Schloßteiche;
- die Teiche bei Unterhart und bei der Sixtmühle u. v. m.

Einkehrstätten:

Zahlreiche *Buschenschenken* und *Gasthöfe* entlang aller Wander- und Radstrecken.

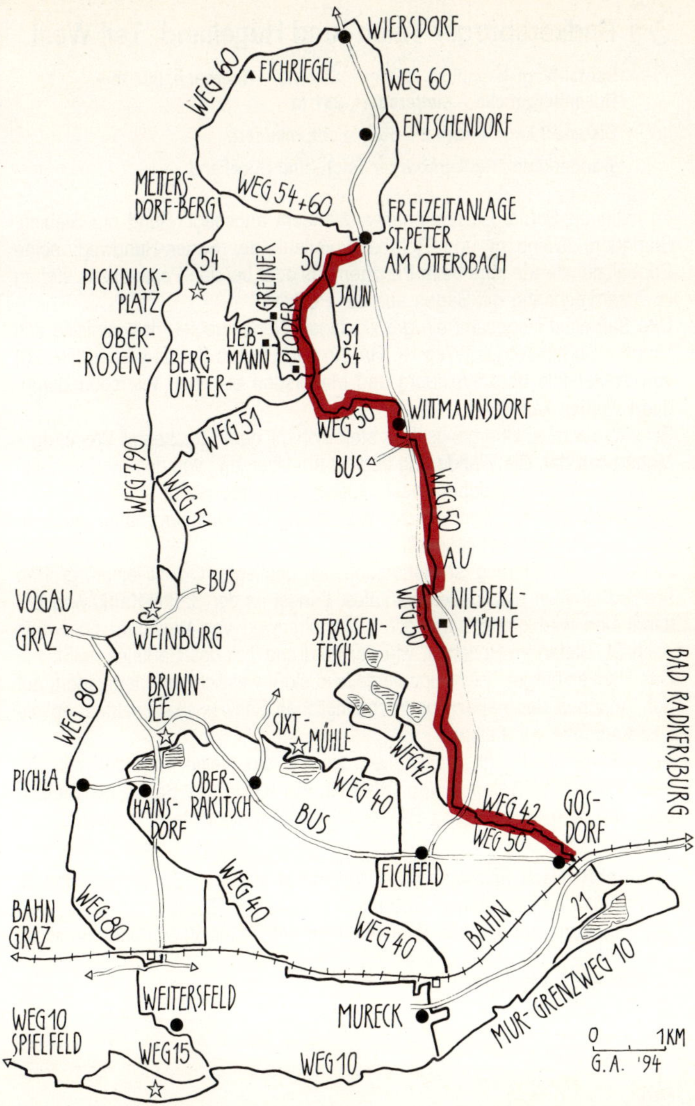

WIERSDORF
EICHRIEGEL
WEG 60
WEG 60
ENTSCHENDORF
METTERS-DORF-BERG
WEG 54+60
FREIZEITANLAGE ST. PETER AM OTTERSBACH
54
50
GREINER
PICKNICK-PLATZ
JAUN
PLODER
LIEB-MANN
51
54
OBER-ROSEN-BERG UNTER-
WITTMANNSDORF
WEG 50
WEG 51
BUS
WEG 790
WEG 51
WEG 50
AU
BUS
NIEDERL-MÜHLE
WEG 50
VOGAU
GRAZ
WEINBURG
STRASSEN-TEICH
BAD RADKERSBURG
BRUNN-SEE
WEG 80
SIXT-MÜHLE
WEG 42
PICHLA
HAINS-DORF
OBER-RAKITSCH
WEG 40
BUS
WEG 42
GOS-DORF
WEG 50
EICHFELD
WEG 80
WEG 40
BAHN GRAZ
WEG 40
BAHN
21
MUR-GRENZWEG 10
WEITERSFELD
MURECK
WEG 10 SPIELFELD
WEG 15
WEG 10
0
1 KM
G. A. '94

39 Radkersburger Teich- und Hügelland: Teil West

Saßtal-Weg: Weinburg, 261 m – Siebing – Rohrbach, 307 m – Rosenbergquelle – Mettersdorf, 281 m

Distanz 9 km, Gehzeit 2½ Std., leicht; markiert.

Wanderkarte „Radkersburger Teich- und Hügelland“.

Im mittleren Saßtal ist sagenhaftes Wandern angesagt: Rund um Siebing, Stangdorf, Weinburg und Rohrbach verläuft der Sagen-Rundweg; seine Erlebnispunkte wie jene beim Punzgerhaus oder bei den Pestkreuzen stehen in Zusammenhang mit Sagen aus der Pestzeit.
Das Saßtal ist insgesamt ein großflächiges Wandergebiet, das mit Hilfe des Unteren Saßtal-Weges (Weg Nr. RA 80) und Oberen Saßtal-Weges (RA 70) von Weitersfeld über Weinburg und Mettersdorf bis nach Wiersdorf durchquert werden kann.
Ein interessantes Übergangsstück stellt sich mit dem Streckenteil Weinburg – Mettersdorf dar: Die Wanderung beginnt am Übergang von den großen Maisäckern in das von waldbedeckten Hügeln gesäumte Saßtal.
Ausgangspunkt für diese kurze Wanderung ist Weinburg; aber auch in Siebing kann man „einsteigen“.
Ziel dieser Wanderung ist Mettersdorf; ein gepflegter Ort mit einem großen Freibad inmitten des breiten Saßtales. Längst ist der Saßtal-Kammweg bekannt und wird gerne begangen: als Höhenweg von Weinburg nordwärts nach St. Stefan im Rosental, wie der nördliche Teil des Saßtales heißt.
Das Radkersburger Teich- und Hügelland stößt westlich von Mettersdorf, auf den Anhöhen des nahezu undurchdringlichen Schweinsbachwaldes, an die Bezirksgrenze von Leibnitz.
Auch Perbersdorf liegt „grenznahe“, doch ist das kleine Angerdorf mitsamt Lipsch über den 3-Dörfer-Weg (Weg Nr. RA 83) in das Saßtal bei Siebing bzw. mit dem Murfeld-Weg RA 90 an die ÖBB-Haltestelle Schwarza verbunden.

Anfahrt: Nach Schwarza oder Weitersfeld mit der ÖBB-Grenzlandbahn. VTZ 610. In alle übrigen Orte mit Bundesbus. VTZ 609.
Pkw-Zufahrt auf der A 9, Pyhrnautobahn, Abfahrten Vogau oder Gersdorf.

Rückfahrt: wie Anfahrt.

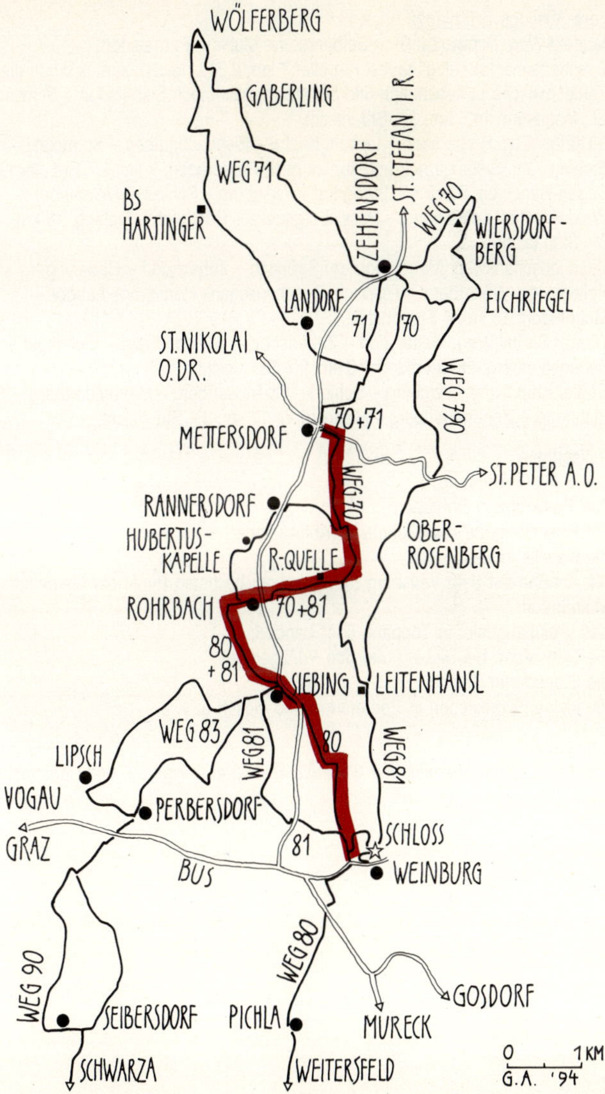
WÖLFERBERG
GABERLING
WEG 71
BS
HARTINGER
ZEHENSDORF
ST. STEFAN I.R.
WEG 70
WIERSDORF-
BERG
EICHRIEGEL
LANDORF
71
70
ST. NIKOLAI
O. DR.
WEG 790
METTERSDORF
70+71
ST. PETER A. O.
WEG 70
RANNERSDORF
HUBERTUS-
KAPELLE
R: QUELLE
OBER-
ROSENBERG
ROHRBACH
70+81
80
+ 81
SIEBING
LEITENHANSL
WEG 83
WEG 81
80
WEG 81
LIPSCH
VOGAU
PERBERSDORF
GRAZ
81
SCHLOSS
BUS
WEINBURG
WEG 80
WEG 90
GOSDORF
SEIBERSDORF
PICHLA
MURECK
SCHWARZA
WEITERSFELD
0
1 KM
G.A. '94

Weitere Ausflugsvorschläge:

- Murfeld-Weg: Schwarza, Bf. – Seibersdorf – Mühle – Perbersdorf, Buschenschank Schlögl nächst Kapelle (7 km, 2 Std., leicht); zurück durch die Felder zwischen Wiesenbach und Schwarzaubach nach Seibersdorf – Schwarza, Bf.; insgesamt 14,5 km; $3^3/_4$ Std., leicht.
- 3-Dörfer-Weg: Perbersdorf – Lipsch, Kirche – Eichbachgraben – Sportplatz – Siebing, Ghf. Siebingerhof, und zurück nach Perbersdorf; 9 km, $2^1/_2$ Std., leicht.
- Sagen-Rundweg: Siebing – Stangdorf – Weinburg – Schloß – Weinburger Wald – Gehöft Leitenhansl – Rosenbergquelle – Rohrbach – Siebing; 14 km, $3^1/_2$ Std., leicht.
- Buschenschankweg: Mettersdorf am Saßbach – Zehensdorf – Gaberling – Pöllerberg – Wölferberg – Töppach, Buschenschank Hartinger – Landorf – Mettersdorf; 15 km, 4 Std., mittel.
- Oberer Saßtal-Weg: Mettersdorf – Zehensdorf – Wiersdorfberg – Eichriegel – Zehensdorfberg – Mettersdorf; 10 km, $2^1/_2$ Std., leicht.
- Saßtal-Kammweg: Weinburg – Schloß – Oberrosenberg – Mettersdorfberg – Eichriegel – Zehensdorfberg – Mettersdorf; 12 km, $3^1/_2$ Std., leicht.

Erlebnispunkte:

- das Schloß Weinburg;
- das Pestkreuz in Rohrbach;
- die Rosenbergquelle in Rohrbach (Abfüllanlage);
- die Kapelle in Zehensdorf;
- die Anhöhe auf dem Veitsberg (397 m), dem höchsten Punkt der Gemeinde Mettersdorf;
- das Weinbaugebiet in Töppach über Landorf;
- die Gänsefarm bei Siebing und das Punzgerhaus;
- die Stangdorfer Teiche;
- die kleinen Dorfkirchen in Perbersdorf und Lipsch u. v. a.

Einkehrstätten:

Zahlreiche *Buschenschenken* und *Gasthöfe* entlang aller Wander- und Radstrecken.

40 Radkersburger Teich- und Hügelland: Teil Süd

Mur-Grenzweg: Spielfeld-Straß, Bf., 248 m – Murbrücke – Autobahn-Unterführung – Wisiak-Mühle – Grieß – Grenzstein VII/24 – Hofstättermühle (Lichendorfer Mühle) – Fähre Weitersfeld – Gehöft Poklitsch – Schwarzaubrücke, Wegkreuz – Grenzstein VI/35 – Grenzstein VI/26 – Schleuse (Abzweigung in die Stadt Mureck) – Murbrücke, Zollamt – ehem. Krobath-Mühle – Murbauleitung (Abzweigung Seeweg) – Saßbachmündung – Gosdorf, Bf.

Distanz 18 km, Gehzeit 4½ Std., mittel; markiert.

Wanderkarte „Radkersburger Teich- und Hügelland".

Wer alle 29 Wanderwege, die auf der Regionskarte „Radkersburger Teich- und Hügelland" eingetragen sind, aufsucht, legt insgesamt mindestens 300 km zurück.

Es gibt also guten Anlaß für eine längere Zwischenrast, bevor auf dem Mur-Grenzweg Nr. RA 10 wieder zum Schritt ausgeholt wird.

Das Augelände entlang der Mur wurde in weiten Abschnitten durchforstet bzw. gerodet, so daß der Wanderweg die meiste Zeit knapp am linken Ufer der Mur bzw. auf der Dammkrone entlangführt.

Um so eindrucksvoller sind die urwüchsig verbliebenen Abschnitte: Mächtige Weidenbäume, umrankt von Lianen und Efeu, trennen wie eine grüne Mauer die Äcker und Wiesen vom Ufer der Mur.

Wenn im Frühjahr unzählige Schneeglöckchen einen blütenweißen Teppich in den Auwald legen, beginnt die Wanderzeit.

Ähnliches gilt für den Grenzland-Bahnweg RA 11: Er führt von Gosdorf und Mureck westwärts zum Bahnhof in Spielfeld.

Anfahrt: Mit allen Zügen nach Spielfeld-Straß. VTZ 511.
Pkw-Zufahrt über A 9, Pyhrnautobahn, Abfahrt Vogau oder Gersdorf.

Rückfahrt: Von Gosdorf, Mureck, Weitersfeld, Lichendorf oder Schwarza mit der Grenzlandbahn. VTZ 709 bzw. VTZ 610.

Weitere Ausflugsvorschläge:

- Grenzland-Bahnweg: Gosdorf, Bf. – Gemeindeamt – Abzweigung beim Schild „Peterquelle" – Mureck, Bf. – Hohenrainstraße – Bahnübersetzung – Friedhofsweg – ab der nächsten Bahnübersetzung stets rechts vom Bahnkörper auf Flurwegen zu den Bahnhöfen Weitersfeld, Lichendorf und Schwarza; ab Schwarza Asphaltwege: Unterschwarza – Oberschwarza – Autobahn-Unterführung – Gersdorf, Buschenschank Schober – Murbrücke – Spielfeld-Straß, Bf.; 15 km, 4 Std., leicht.

- Lichendorf, Bf. – Lichendorf, Ort – Mühlen-Weg zur Hofstättermühle (Lichendorfer Mühle) – Fähre Weitersfeld (Jausenstation) – Gehöft Poklitsch – Weitersfeld, Ort – Buschenschank Rohrbacher – Gasthaus Neddermeyer – Weitersfeld, Bf.; 7,5 km, 2 Std., leicht. (Streckenteil vom Bahnhof Lichendorf bis zur Hofstättermühle derzeit nicht markiert.)
- Mureck, Bf. – Rathaus – Bad – Schleuse – Mur-Grenzweg – Fährenweg – Weitersfeld, Bf.; 7 km, 2 Std., leicht.

<u>Erlebnispunkte:</u>
- das Murstauwerk nahe der Wisiakmühle;
- die Murfähre Weitersfeld;
- die Mühlgangschleuse am Mur-Grenzweg;
- das Erlebnisbad der Stadt Mureck;
- der Grenzübergang Mureck;
- das Freizeitareal Röcksee;
- die Aulandschaften entlang der Mur;
- die Schwäne in Gosdorf;
- der Schwabenteich u. v. a.

<u>Einkehrstätten:</u>
Zahlreiche *Buschenschenken* und *Gasthöfe* entlang aller Wander- und Radstrecken.

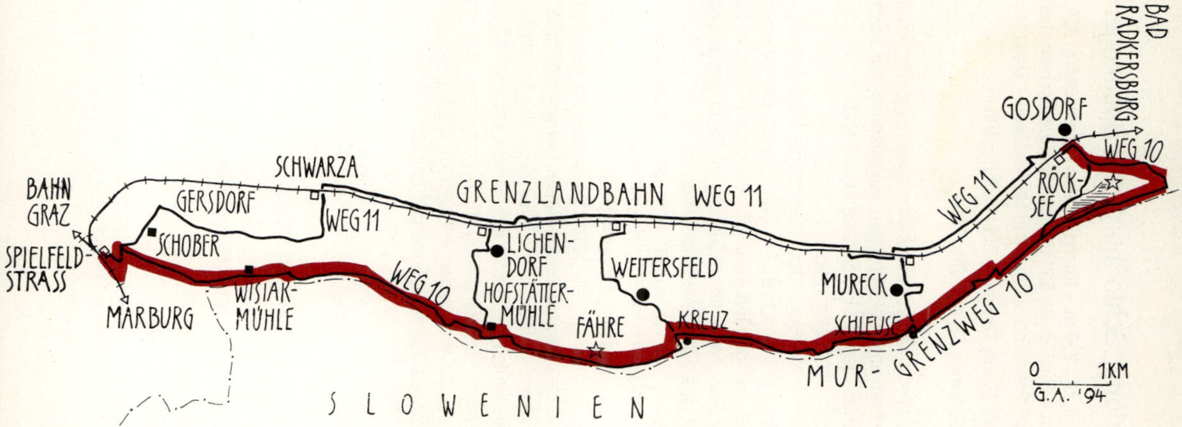
BAD RADKERSBURG
GOSDORF
WEG 10
RÖCK-SEE
WEG 11
SCHWARZA
GRENZLANDBAHN WEG 11
BAHN GRAZ
GERSDORF
WEG 11
SCHOBER
SPIELFELD-STRASS
LICHEN-DORF
WEITERSFELD
MURECK
WISIAK-MÜHLE
WEG 10
HOFSTÄTTER-MÜHLE
FÄHRE
KREUZ
SCHLEUSE
MARBURG
MUR-GRENZWEG 10
0 1KM
G.A. '94
SLOWENIEN

41 Wildoner Schloßberg und Buchkogel

Wildon, Bf., 296 m – Kirche Wildon – Schloßberg, 450 m – Unterhaus, 360 m – Buchkogel, 550 m – Bockberg, Buschenschank Jöbstl – Schloß Freybühel – Buschenschank Jöbstl – Unterhaus – Wildon, Bf.

Distanz 10 km, Gehzeit 3 Std., leicht; markiert.

Wanderkarten FB 411, ÖK 190.

Bei Wildon, wo die Kainach in die Mur mündet, nähern sich die Ausläufer des Weststeirischen und Oststeirischen Hügellandes am nächsten. Im engen Durchlaßbereich liegen Mur, Südbahntrasse und der langgestreckte Ort eng aneinandergerückt beisammen.

Wer vom Bahnhof Wildon der Hauptstraße folgt, bemerkt ungefähr in der Ortsmitte das Straßenschild „Am Schloßberg". Der Anstieg quert zur Festwiese hinaus und gewährt einen Überblick auf Wildon und gegen Norden in das Grazer Feld. Nach einer Querung im Wald gegen Osten erreicht man einen Sattel, aus dem steile Serpentinen an die nahen Ruinenmauern heranführen: Herrand von Wildon war einer der Besitzer dieser Burg. Die ausgedehnte Wehranlage erstreckte sich einmal vom Ost- bis zum Westgipfel; dort steht noch der „Heidenturm", auch Blutturm oder Römerturm genannt.

Von diesem Turm steigt man gegen Südwesten ab; bei einem Steinbruch mit Höhle gibt es interessante fossile Funde. Der nun erreichte Sattel bei Unterhaus birgt römische Geschichte: Weil der Talboden entlang der Mur einst sumpfig war, bauten die Römer ihre Straße just über diesen Sattel.

Wir aber setzen die Wanderung im Uhrzeigersinn fort und ersteigen den Buchkogel von Nordosten her. Auf seinem Waldgipfel war im Jahr 1931 ein rund 45 m hohes Vermessungssignal errichtet worden. Dies erfahren Gäste bei einem Geplauder vom Buschenschankwirt Jöbstl vulgo Bockmoar.

Wer die Wanderung auf dem geschichtlich interessanten Boden weiter ausdehnen will, folgt der Wegtafel Richtung Schloß Freybühel, oder man überquert den Buchkogel, um an dessen Südseite Richtung St. Margarethen abzusteigen und vom Bahnhof Lebring nach Graz zurückzufahren.

Anfahrt: Mit ÖBB-Regionalzügen nach Wildon oder Lebring. VTZ 307. Pkw-Zufahrt zum Buschenschank Jöbstl von Wildon oder Kehlsdorf.

Rückfahrt: wie Anfahrt.

Weitere Ausflugsvorschläge:

- Rund um den Buchkogel: Buschenschank Jöbstl – Buchkogel – Unterhaus – Schießstätte – Buschenschank Jöbstl; 4 km, 1¼ Std., leicht.

- Buschenschank Jöbstl – Schloß Freybühel, hin und zurück auf gleichem Weg; 2,5 km, 40 Minuten, leicht.
- Bahnhof Wildon – Volksschule – Unterhaus – Schießstätte – Buschenschank Jöbstl – Buchkogel – Grabenbauer – St. Margarethen – Lebring, Bf.; 8 km, 2½ Std., leicht.
- Rundweg: Bahnhof Lebring – St. Margarethen – Lebring, Bf.; 10 km, 3 Std., leicht.

<u>Erlebnispunkte:</u>
- die Pfarrkirche Wildon, barockisiert 1672–1676;
- die Mauerreste des Hungerturms auf dem Wildoner Schloßberg;
- die Höhle am Schloßberg;
- das Schloß Freybühel.

<u>Einkehrstätten:</u>
Buschenschank Jöbstl in Bockberg am Wildoner Buchkogel.

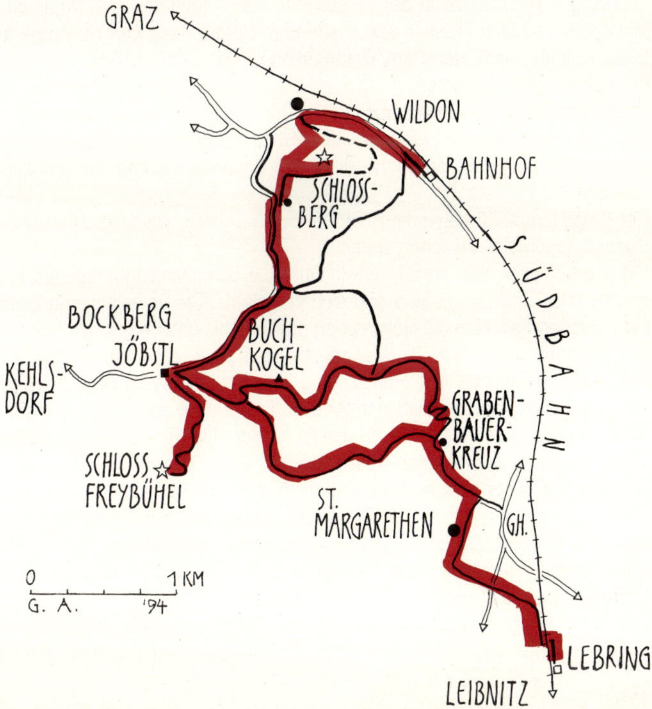

42 Ehrenrunde vor dem Demmerkogel

Volksschule Höch, 535 m, bzw. Ghf. Sausaler Hof – Buschenschank Schuster – Tischlerei Linder – Höchwirt – Demmerkogelwarte, 671 m – Höchwirt – Höcher Kapelle – Weingut Hirschmugl – Kapelle in Altenberg, 410 m – Fresinggraben – Brudersegg, Buschenschank Adam – Buschenschank Hirschmugl – Höch

Distanz 8 km, Gehzeit $2^1/_2$ Std., leicht; markiert, Wanderwege 2 und 3.

Wanderkarten FB 411, ÖK 190, FVV-Wanderkarte „Kitzeck – Sausal", mit Wegnummern und Wegbeschreibungen.

Wer meint, im Sausal rühre sich der Pulszähler nicht, braucht nur einen entsprechenden Stil der Anreise zu wählen, z. B. mit folgender Berg-und-Tal-Fahrt mit dem Rad von Graz: Seiersberg – Unterpremstätten – Dobl – Tobisegg – Wetzelsdorf in der Weststeiermark – Mettersdorf – Kraubath - Michlgleinz, sodann in einer abschließenden Bergwertung von St. Andrä im Sausal hinauf nach Höch am Demmerkogel. Das sind ab Graz immerhin 60 „pulsierende" Kilometer!

Unabhängig vom jeweils benutzten Reisemittel beginnt unsere „Ehrenrunde vor dem Demmerkogel" in jedem Fall in Höch bei der Volksschule, motiviert von der Hoffnung, daß die Sonne weiß, daß wir ihretwegen an der Sonnseite wandern.

Der Weg Nummer 2 verbindet Höch mit dem Höchwirt, wo der Schlüssel zur Demmerkogelwarte verliehen wird.

Die „Bergetappe" führt vom Höchwirt über die Schmetterlingwiese zum hölzernen Aussichtsturm; er versteckt sich vergebens: Die hohe Antenne verrät ihn auf jeden Fall. Nun die Holztreppen aufwärts bis unter das Dach und von der Plattform den Blick hinauswerfend: weit über das Sausal, Sulmtal, Saggautal, zu Koralpe und Remschnigg. Der Schlüssel wird beim Höchwirt zurückgegeben. Nun verläuft der Weg südwärts, fast eben, zum Sausaler Schlößl, entlang den bis zu 100% steilen Rieden. Die 20% steile Bergstraße führt bergab zu jener Marienkapelle, wo bei einer Sitzbank der Weg Nr. 3 einmündet. Rechts geht es kurz grabeneinwärts; im Fresinggraben wird ein Bächlein überquert, danach ein Mischwald erstiegen und in Brudersegg vielleicht bei A wie Adam und B wie Buschenschank zugekehrt.

26% Steigung beruhigen den Verkehr auf der Straße, die zum Gerngroß hinaufführt.

Wunderschön ist der Ausblick westwärts zur Theresienkapelle; ein Prachtidyll bietet hingegen das Gehöft Perstling; Weinstil zelebriert Hausherr Hirsch-

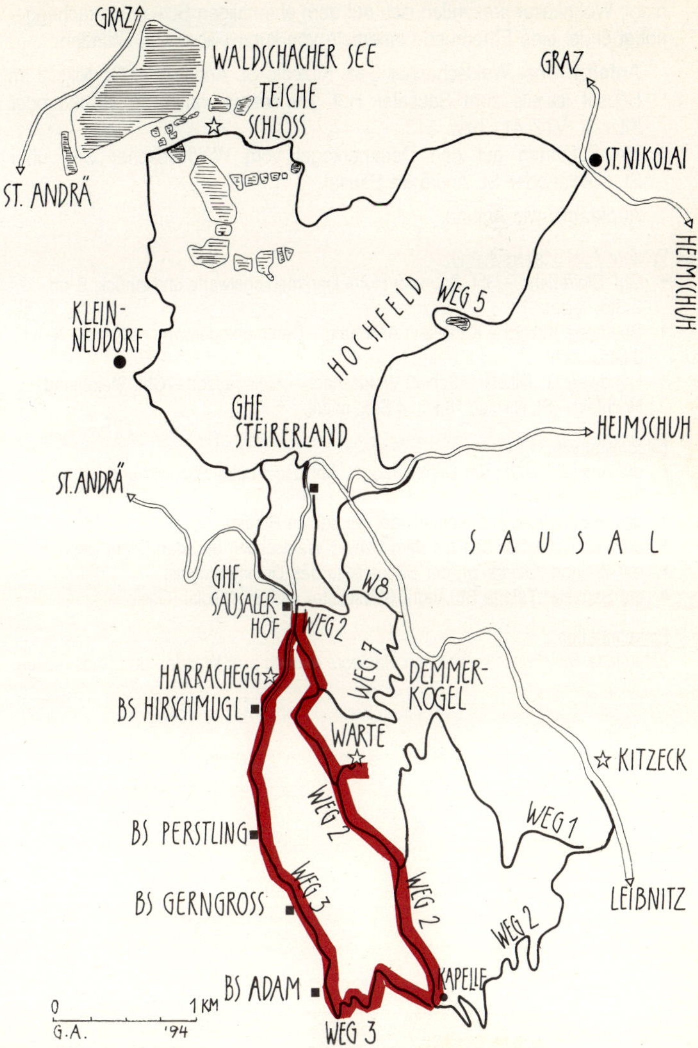

GRAZ
WALDSCHACHER SEE
TEICHE
SCHLOSS
ST. ANDRÄ
GRAZ
ST. NIKOLAI
HEIMSCHUH
HOCHFELD
WEG 5
KLEIN-
NEUDORF
GHF.
STEIRERLAND
HEIMSCHUH
ST. ANDRÄ
SAUSAL
GHF.
SAUSALER-
HOF
W8
WEG 2
WEG 7
HARRACHEGG
BS HIRSCHMUGL
DEMMER-
KOGEL
WARTE
KITZECK
WEG 2
WEG 1
BS PERSTLING
WEG 3
BS GERNGROSS
WEG 2
WEG 2
LEIBNITZ
KAPELLE
BS ADAM
0
1 KM
G.A.
'94
WEG 3

mugl; Wohnkultur präsentiert sich auf dem ehemaligen Schloß Harrachegg – nobel endet eine Ehrenrunde innerhalb von kurzweiligen 2½ Stunden.

Anfahrt: Über Waldschacher See, Kitzeck, St. Andrä oder St. Nikolai im Sausal jeweils zum Sausaler Hof. Bundesbus nach St. Nikolai oder Kitzeck. VTZ 411 bzw. 513.
Pkw-Zufahrten auf den Demmerkogel vom Waldschacher See über St. Nikolai oder St. Andrä im Sausal.

Rückfahrt: wie Anfahrt.

Weitere Ausflugsvorschläge:

- Ghf. Steirerland – Ghf. Sausaler Hof – Demmerkogelwarte und zurück; 6 km, 2 Std., leicht.
- Rundweg: Kitzeck – Kapelle in Altenberg – Demmerkogelwarte – Kitzeck; 10 km, 3 Std., leicht.
- Rundweg: St. Nikolai – Schloß Waldschach – Kleinneudorf – Ghf. Steirerland – Hochfeld – St. Nikolai; 13 km, 4 Std., mittel.

Erlebnispunkte:

- die Aussichtswarte am Demmerkogel, Schlüssel beim Höchwirt und bei der Tischlerei Linder;
- das Weinbaugebiet Demmerkogel mit seinen Rieden;
- der Waldschacher See mit dem Schloß Waldschach und den Schloßteichen;
- der Weinort Kitzeck, an der Südostseite des Demmerkogels;
- die Sausaler Talorte St. Andrä (Westseite) und St. Nikolai (Ostseite).

Einkehrstätten:
Zahlreiche *Buschenschenken* und *Gasthöfe* entlang aller Wander- und Radstrecken.

Rast am Waldschacher See bei der Anfahrt zum Demmerkogel ➡

43 Heiligengeistklamm und Remschnigg

Gh. Spitzmühle, 393 m – Grenzübergang Schloßberg – Gehöft Dobay – Grenzgehöft Krainz – Gehöft Körbler vlg. Kuri – Bauernhof und Gh. Waucher, 890 m – Heiligengeistklamm – Gh. Spitzmühle. Grenzübertritt nach Slowenien nur mit gültigem Reisedokument!

Distanz 9 km, 500 Hm, Gehzeit 3 Std., mittel; bezeichnet.

Wanderkarten FB 411, ÖK 207.

Die klassische Empfehlung gilt nach wie vor: „Leutschach eignet sich vorzüglich als Ausgangspunkt zu Bergwanderungen auf den viele schöne Aussichtspunkte enthaltenden Poßruckkamm."
Dieses Lob aus den Jahren um 1880 konnte Jahrzehnte später nicht so leicht nachvollzogen werden: Die seit 10. September 1919 wirksam gewordene Staatsgrenze hat auch den Remschnigg, auf seinem Scheitel, in zwei Welten getrennt: Die Nordseite gehört zu Österreich, die Südseite nunmehr Slowenien.
Der gut markierte Wanderweg von der Spitzmühle bei Schloßberg – südlich von Leutschach – zur Wallfahrtskirche Sveti Duh, dem ehemaligen Heiligengeist, erschließt das Grenzland Schritt um Schritt.
Das Gefühl neuer Wegefreiheit war um 1984 endlich spürbar geworden. Ein bilaterales Spezialabkommen – Slowenien hat es später von Jugoslawien übernommen – gewährt derzeit österreichischen Touristen das freie Gehrecht auf allen dies- und jenseits der Staatsgrenze verlaufenden Wanderwegen. Die oft über lange Strecken parallel ausgetretenen Pfade sind in manchen Abschnitten bloß durch Grenzsteine voneinander getrennt und führen über den Remschnigg und Kapunerkogel Richtung Radlpaß und Soboth. Insgesamt gilt dieses speziell verbriefte freie Wegerecht entlang der gesamten slowenisch-österreichischen Staatsgrenze zwischen Bad Radkersburg und der Dreiländerecke bei Thörl-Maglern. Eine Wanderung wie z. B. nach Sveti Duh/Heiligengeist kann daher auch tiefer auf slowenisches Gebiet ausgedehnt werden.
Interessant ist ebenso ein anderer Umstand: Auch auf österreichischer Seite haben Bauernhöfe, wie z. B. das Gehöft Waucher, schwierigste Zeiten überdauert. Beim Waucher sollen die Mauern und Gewölbe rund 800 Jahre alt sein; auf 650 bis 700 Jahre wurde das Alter einer Riesenlinde geschätzt, die, bevor sie 1978 abbrannte, dem Haus Schatten spendete, erzählt die Besitzerin nicht ohne Wehmut.
Der Wanderweg vom Waucher führt entlang eines tiefen Grabens, die

Heiligengeistklamm entlang, hinunter zur Spitzmühle. Wer trittsicher ist, dem sei die Variante „schwer" empfohlen; andere Klammgeher werden mit der Variante „leicht" zufrieden sein.

Anfahrt: Bundesbus von Graz nach Arnfels, VTZ 613, und Leutschach, VTZ 612.
Pkw-Zufahrt über Gamlitz, Arnfels, Leutschach und Schloßberg zum Gh. Spitzmühle oder Auffahrt zu den Gasthöfen Moser und Waucher; von Leutschach zum Gh. Pronintsch.

Rückfahrt: wie Anfahrt.

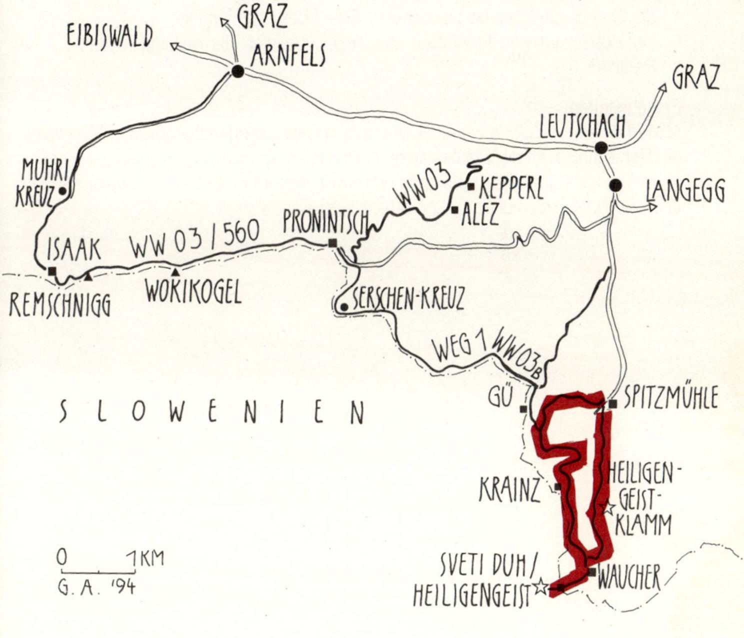

Weitere Ausflugsvorschläge:

- Gh. Waucher – Grenzübergang Großwalz – Wallfahrtskirchlein Sveti Duh/ Heiligengeist; hin und zurück 1 Std., leicht.
- Gh. Spitzmühle – Grenzübergang Schloßberg – Weitwanderweg 03b entlang der Staatsgrenze – Serschenkreuz – Gh. Pronintsch – WW 03 über Gehöfte Alez und Kepperl nach Leutschach; 11 km, $3^1/_2$ Std., mittel.
- Leutschach – Maltschacher Wiese – Gehöfte Kepperl und Alez – Gh. Pronintsch – entlang der Staatsgrenze – Wokikogel – Remschnigg – Gehöft Isaak – Gehöft Muhri – Arnfels; 14 km, $4^1/_2$ Std., mittel.

Erlebnispunkte:

- das Kirchlein Sveti Duh; der Grenzübergang Großwalz, geöffnet Mitte März bis Mitte November täglich 7–20 Uhr, im Winter jeden zweiten Tag 8–17 Uhr;
- die frei begehbare Heiligengeistklamm in Schloßberg;
- die Grenzland-Weinorte Leutschach, Schloßberg und Arnfels;
- der Höhenweg zum Pronintsch und weiter über den Remschnigg Richtung Radlpaß.

Einkehrstätten:

Moserhof, an der Zufahrt von Schloßberg zum Grenzübergang Großwalz; *Pronintsch*, am Remschnigg, an der Staatsgrenze; *Spitzwirt*, am Eingang zur Heiligengeistklamm; *Waucher*, nahe dem Grenzübergang Großwalz; weiters zahlreiche *Buschenschenken* und *Gasthöfe* in Schloßberg, Leutschach und Arnfels.

Das Kirchlein St. Leonhard in der Eben ➡

44 Grenzland um Eibiswald

Eibiswald, Kirchplatz, 361 m – Waldlehrpfad – Buschenschank Woch – Gh. Wutschning – Grenzkirche St. Pongratzen (St. Pankratius, Slowenien) – Kapunerhütte, 1003 m – Gehöft Pratter – Sterglegg – Marktplatz Eibiswald
Die Staatsgrenze darf von österreichischen Touristen beliebig überquert werden, aber nur mit einem gültigen Reisedokument!

Distanz 19 km, 650 Hm, Gehzeit 5½ Std., mittel; markiert.

Wanderkarten FB 411, ÖK 206; Regionswanderkarte „Weststeirisches Grenzland" mit Wegnummern und Wegbeschreibungen.

Die elf Gemeinden Eibiswald, Soboth, Aibl, Großradl, Wielfresen, Wies, Pölfing-Brunn, Wernersdorf, Sulmeck-Greith, St. Oswald ob Eibiswald und Pitschgau haben sich in der „Region Weststeirisches Grenzland an der Schilcherstraße" zusammengeschlossen. Dieses 450 km² große Gebiet liegt im Zollgrenzbezirk und reicht von der Staatsgrenze am Kapunerkogel und Radlpaß westwärts bis zur steirisch-kärntnerischen Landesgrenze am Koglereck sowie nordwärts bis nahe Deutschlandsberg.
Jede der elf Gemeinden hat ihren eigenen beschilderten Rundweg; alle diese örtlichen Rundwege sind an die überregionalen Wanderwege angebunden.
Im Jahr 1986 haben Mitglieder der Berg- und Naturwacht, Ortsgruppe Eibiswald, den Waldlehrpfad in St. Pongratzen eingerichtet. Bei den geführten Wanderungen durch die 32 km² große Gemeinde Großradl wird der Waldlehrpfad immer wieder eingebunden, so wie bei der hier vorgeschlagenen Rundwanderung, die in Eibiswald begonnen wird.
Vom Grenzlandmarkt Eibiswald strahlen auch viele kulturelle Impulse aus. Mit dem Nord-Süd-Weitwanderweg 05, dem Mariazeller Weg 06 und dem Südalpen-Weitwanderweg 03 entstand ein wichtiger Kreuzungspunkt. Eibiswald hat dank der Weitwandertreffen einen großen Namen.
Berührend ist auch ein Besuch in St. Lorenzen, bei der Wallfahrtskirche St. Leonhard in der Eben; die Restaurierungsarbeiten wurden am 9. September 1984 mit einem grenzüberschreitenden Kirchweihfest abgeschlossen, denn die Mahrenberger (Mahrenberg im Drautal, seit dem Jahr 1919 Radlje) haben viel zur Sanierung der Kirche beigetragen. Daß das kostbare sakrale Bauwerk 1919 auf steirischem Boden verblieb und nicht infolge einer geradlinigen Grenzziehung fremdem Staatsgebiet zufiel, wird als eine „Sternstunde" gewertet. Der Dank an jene großartige Frau ist beim Kriegerdenkmal St. Lorenzen festgeschrieben.

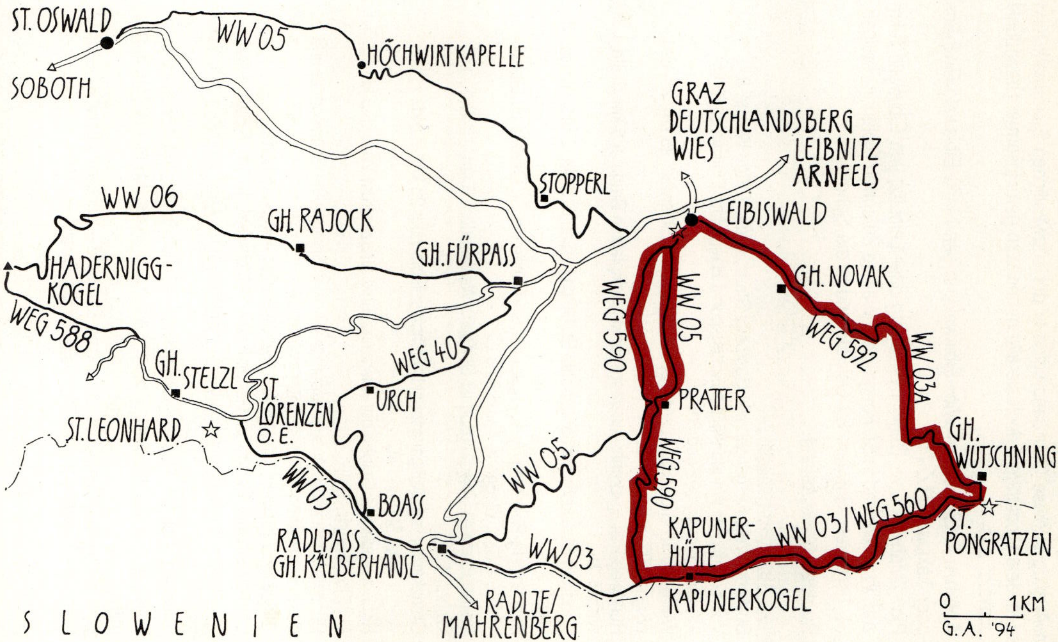
ST. OSWALD
SOBOTH
WW 05
HÖCHWIRTKAPELLE
GRAZ
DEUTSCHLANDSBERG
WIES
LEIBNITZ
ARNFELS
STOPPERL
EIBISWALD
WW 06
GH. RAJOCK
GH. FÜRPASS
HADERNIGG-
KOGEL
GH. NOVAK
WEG 588
WEG 590
WW 05
WEG 592
WW 03A
WEG 40
GH.
STELZL
ST.
LORENZEN
O. E.
URCH
PRATTER
ST. LEONHARD
GH.
WUTSCHNING
WW 05
WEG 590
WW 03
BOASS
KAPUNER-
HÜTTE
WW 03 / WEG 560
ST.
PONGRATZEN
RADLPASS
GH. KÄLBERHANSL
WW 03
RADLJE/
MAHRENBERG
KAPUNERKOGEL
0 1 KM
G. A. '94
S L O W E N I E N

Ein Ausflug in diese Grenzlandregion in der südwestlichen Steiermark führt also in viele Richtungen, doch sie alle gehen vom gemeinsamen Brennpunkt „Eibiswald“ aus.

Anfahrt: GKB-Bahnhof Wies-Eibiswald, in den Markt Eibiswald GKB-Bus oder Taxibus. VTZ 710.
Pkw-Zufahrten über Deutschlandsberg oder Leibnitz; von Eibiswald 6 km zum Waldlehrpfad in St. Pongratzen. Weitere Zufahrten Richtung Radlpaß, St. Lorenzen, Rotwein, St. Ostwald und in die Soboth.

Rückfahrt: wie Anfahrt.

Weitere Ausflugsvorschläge:

- St.-Anna-Weg: Ausgangspunkt Gasthaus Strutz; 2 km, 1 Std., Wegnr. 8.
- Volkskundlicher Wanderweg: Ausgangspunkt Hauptplatz Eibiswald; 10 km, $2^1/_2$ Std., Wegnr. 592 und 505.
- Waldlehrpfad Großradl: Ausgangspunkt Kirchplatz Eibiswald; 25 km, $7^1/_2$ Std., Wegnr. 592, 560 und 40.
- Rundweg Pölfing-Brunn: Ausgangspunkt Marktplatz in Brunn; 9,5 km, 3 Std., Wegnr. 7.
- Rundweg St. Ulrich: Ausgangspunkt St. Ulrich in Greith; 8 km, 2 Std., Wegnr. 8 und 9.
- Buchenberg-Rundweg: Ausgangspunkt Gemeindeamt St. Oswald ob Eibiswald; 14 km, 4 Std., Wegnr. 3, 4 und 505.
- Sulmklammweg: Ausgangspunkt Dorfplatz Wernersdorf; 6 km, $1^1/_2$ Std., Wegnr. 1.
- Grenzkammweg: Ausgangspunkt Kirchplatz Eibiswald; 23 km, 7 Std., Wegnr. 592, 560 und 40.
- Höhenwanderung Gaißeregg: Ausgangspunkt Ortszentrum Wies; 5,5 km, $1^1/_2$ Std., Wegnr. 1.
- Rundweg Pitschgau: Ausgangspunkte Gasthof Gigerl vulgo Schwendner und Gasthaus Pucher; 11 km, $3^1/_2$ Std., Wegnr. 6.
- Rundweg: Eibiswald, Marktplatz – Gehöft Pratter – Kapunerhütte – Gh. Kälberhansl, Radlpaß – Gehöft Pratter – Eibiswald; 18 km, 5 Std., mittel.
- Eibiswald – Radlpaß – Gehöft Boass – Gehöft Urch – Gh. Fürpaß; 14 km, 4 Std., mittel.
- Rundweg: Aibl, Gh. Fürpaß – Gehöft Urch – Gehöft Boass – St. Lorenzen ob Eibiswald – Haderniggkogel, 1184 m – Aibl, Gh. Rajock; 20 km, 800 Hm, 6 Std., mittel.
- Eine Wanderung bergab: St. Oswald ob Eibiswald – Höchwirtkapelle – Gehöft Stopperl – Weitwanderstein Eibiswald – Markt Eibiswald; 10 km, $2^1/_2$ Std., leicht.

Erlebnispunkte:

- der Markt Eibiswald mit dem Weitwanderstein, Kloepfer-Museum und Kulturzentrum Lerchhaus;
- der Waldlehrpfad und Alpengarten in St. Pongratzen;
- der Aussichtspunkt beim Zinnesbauern;
- das Wallfahrtskirchlein St. Pongratzen (Slowenien);
- die Kapunerhütte mit Rastplatz und frei zugänglichem Unterstandsraum;
- die Wallfahrtskirche St. Leonhard in der Eben, unweit von St. Lorenzen;
- St. Oswald ob Eibiswald und seine Umgebung.

Einkehrstätten:

Almwirt, Johann und Maria Legat, in St. Pongratzen; *Wutschning,* Erika Legat, in St. Pongratzen; *Buschenschank Woch/Marauli,* in Kornriegl; *Pratter* vulgo Hofjager, in Oberlatein; *Gigerl,* in Wuggitz, am Wanderweg von Oberhaag zum Gh. Wutschning; *Jausenstation Weiß* vulgo Novak, in Sterglegg; weiters zahlreiche *Buschenschenken* und *Gasthöfe* in Eibiswald und Umgebung.

45 Soboth, Dreieckkogel und Soboth-Stausee

Soboth, 1065 m – Gh. Lindner – Loinig-Jagdhütte, 1358 m – Dreieckebene, Almhütte – Dreieckkogel, 1528 m – Dreieckebene – Gh. Urch – Seeweg – Gh. Lindner – Soboth

Distanz 14 km, 470 Hm, Gehzeit 4 Std., mittel; bezeichnet.

Wanderkarten FB 411, ÖK 205 und 206, Regionswanderkarte „Weststeirisches Grenzland", mit Wegnummern und Wegbeschreibungen.

Eine Bilderbuchlandschaft im Südwesten der Steiermark weckt Aufbruchstimmung in Spaziergängern und Wanderern. Außerdem ist Freizeitlärm in diesem Steirereck ein Fremdwort; vielmehr dämmert würdevolle Ruhe über den wie unendlich scheinenden Bergwäldern rund um Soboth.
Ein paar Begriffe erleichtern die Orientierung: Im Norden liegt der Koralpenspeik, südlich von Soboth verläuft die Staatsgrenze zu Slowenien, im Westen verbindet der Lavanttaler Höhenweg die Paßhöhe Koglereck mit dem Gasthaus Brandl; und an der ostseitigen Auffahrt zur Soboth liegt der Grenzlandmarkt Eibiswald.
Von Eibiswald nach Soboth sind es 12 km; diese Strecke kann auch auf dem Grenzland-Höhenweg Nr. 560 überwunden werden. Derselbe Wanderweg verbindet Soboth und Dreieckkogel, wobei zu beachten ist, daß der Verlauf des Weges Nr. 560 um das Jahr 1991 geändert wurde und deshalb im Abschnitt Loinighütte – Dreieckalm mit der ÖK-Wanderkarte noch nicht übereinstimmt!
Ab der Loinighütte folgt man nunmehr, nach Überqueren der ÖMV-Pipelinetrasse, einem Waldweg und anschließend Forstwegen. Die Forststraße ab der Kreuzung bei Punkt 1362 (ÖK, Blatt 205) leitet an der Ostseite des Narrenfelsen zu den großen Weideflächen am Dreieck. Die ebenen Wiesen vereinen sich bei der Dreieckalm mit dem sanft geneigten Hang des 1528 Meter hohen Dreieckkogels; Gehzeit vom Gasthaus Lindner ungefähr zwei Stunden.
Der Dreieckkogel vermittelt eine unerwartet weitreichende Aussicht und außerdem reizvolle Blickwinkel, wie in Richtung Demmerkogel oder gar zu den Steiner Alpen. Natürlich bleibt der Blick eine Zeitlang ebenso an den „Goldhauben" haften: Die Radarstationen stehen auf dem vier Gehstunden entfernten Großen Speikkogel.
Im Sattel, also in der Dreieckebene, sind die beiden Almhütten und die Kapelle liebliche Motive.
Aus diesem Sattel führt eine Forststraße, gesäumt von Telefonmasten, west-

wärts bergab, zum Gasthaus Urch. Folgt man dieser Richtung und vom Urch dem „Seeweg“ in Richtung Gasthaus Lindner, dann ergibt sich ein rund 14 km langer Rundweg.
Spaziergänger begnügen sich oft und gern allein mit dem 6 km langen Seeweg: Vom Gasthaus Lindner zum Gasthaus Urch und zurück rund drei Stunden Gehzeit.
Wer aber inmitten des riesigen Waldlandes in rund 1000 m Höhe, spazieren und/oder (sonnen)baden will, fährt von Soboth noch 3,5 km westwärts, zum großen Stausee Soboth: Seit dem heißen Sommer 1994 ein ebenso heißer Ausflugstip!
Wie immer der Ausflug gestaltet wird: Für einen abschließenden Bummel durch den Ort Soboth soll ausreichend Zeit bleiben.

Anfahrt: GKB-Buslinie Wies – Eibiswald – Soboth. VTZ 902.

Pkw-Zufahrt von Eibiswald auf der Bundesstraße Richtung Lavamünd nach Soboth und zum Stausee.

Rückfahrt: wie Anfahrt.

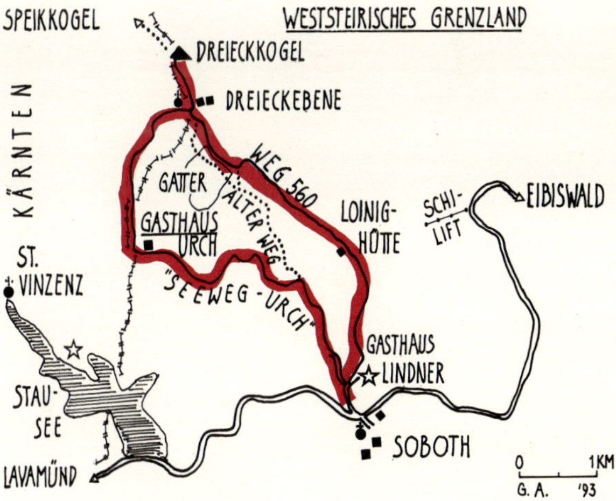

Weitere Ausflugsvorschläge:

- Kalvarienweg zur kleinen Kirche St. Leonhard, nahe dem Stausee Soboth; vom Parkplatz an der Bundesstraße hin und zurück $^1/_2$ Std.
- Rundweg um den Stausee; 8 km, 2 Std., leicht.
- Soboth – Dreieckkogel – Großer Speikkogel, 2140 m – Koralpenhaus; 18 km, 1100 Hm, $5^1/_2$ Std., anspruchsvolle Bergwanderung.

Erlebnispunkte:

- der Grenzlandort Soboth;
- die Kapelle bei den Dreieckalmhütten und der Dreieckkogel;
- der rund 870 Hektar große Soboth-Stausee; mitten durch den See verläuft die steirisch-kärntnerische Landesgrenze;
- der kleine Ort St. Vinzenz am Nordende des Stausees.

Einkehrstätten:

Almhof/Deutsches Grenzland, im Ort Soboth; *Dreieckalmhütte,* im Sattel südlich vom Dreieckkogel; *Jausenstation,* am Soboth-Stausee; *Lindner,* oberhalb des Ortes Soboth; *Messner,* im Ort Soboth; *Urch,* zwischen Lindner, Soboth-Stausee und Dreieckalm.

46 Deutschlandsberg, Hollenegg und Umgebung

Hollenegg, Bf., 386 m – Schloß Hollenegg, 456 m – Patrizikirche, 460 m – St. Wolfgang, 767 m – Gh. Gregorhansl, 725 m – Bierhalle – Deutschlandsberg, Bf., 368 m

Distanz 9 km, Gehzeit 2½ Std., leicht; markiert.

Wanderkarten FB 411, ÖK 189. Regionskarte Rad- und Wanderwege „Sulmtal/Koralpe"; Alpenvereins-Koralpen-Wanderkarte; Informations- und Wanderkarte der Gemeinde Hollenegg.

Die Umgebung von Deutschlandsberg bietet erste Ausflugsziele im Frühjahr. Eines der Ziele kann das Wolfgangikircherl sein; es gehört zur Pfarre Hollenegg. Deren Kirche wiederum steht im zweiten Hof des Schlosses Hollenegg. Einer jener Marmorgrabsteine, die den Rittern von Hollenegg gewidmet sind, erinnert an Abel von Hollenegg, der 1529, als Wien von den Türken belagert wurde, bei der erfolgreichen Verteidigung mitwirkte.
Daß ausgerechnet die friedvolle Gegend nahe St. Wolfgang „Warnblick" heißt, paßt zur langen Liste kurioser Ortsnamen, wie sie auch in der Weststeiermark zu finden sind.
Bei der Wanderung ab der GKB-Haltestelle Hollenegg spaziert man zunächst zum nahen Teich und gelangt an ihm zur Bundesstraße (B 76), die man überquert. Ein schmaler Steig führt nun im Wald aufwärts zur Schloßmauer und nahen Taverne.
Sobald man den Höhenrücken erreicht hat, überblickt man weite Obstgärten und folgt einer Flurstraße zur Taverne. Danach folgt der Übergang nach St. Wolfgang und zum Wolfgangikircherl in Kruckenberg. Der anschließende Mariazeller Weg 06 führt durch „Warnblick" bis zur Bierhalle und mitten in die Bezirksstadt Deutschlandsberg.

Anfahrt: Mit GKB-Zügen nach Deutschlandsberg oder Hollenegg. VTZ 514 bzw. VTZ 614.
Pkw-Zufahrt zum Schloß über Deutschlandsberg.

Rückfahrt: wie Anfahrt bzw. vom GKB-Bf. Schwanberg. VTZ 614.

Weitere Ausflugsvorschläge:

- Rundweg: Bahnhof Deutschlandsberg – Rathausgasse – Obere Mühlgasse – Eisenbahnübersetzung – Leibenfeld, Fuchswirt – Patrizikirche – Schloß Hollenegg – Leibenfelder Teiche – Hollenegger Straße – Deutschlandsberg, Bf.; 10 km, 3 Std., leicht.

- Rundweg: Deutschlandsberg – Bierhalle – Warnblick – St. Wolfgang – Bierhalle – Deutschlandsberg; 8 km, 2 1/4 Std., leicht.
- Rundweg: Deutschlandsberg – Bierhalle – Klause – Burg Landsberg – Schloßweg – Bahnübersetzung Freilandstraße – Deutschlandsberg; 5 km, 1 1/2 Std., leicht.
- Rundweg: Deutschlandsberg – Bahnübersetzung Freilandstraße – Mittereggstraße – Am Scheidsberg – Laßnitzbrücke – Klause – Bierhalle – Deutschlandsberg; 6,5 km, 2 Std., leicht.
- Weitwanderweg 06, Abschnitt im Mariazeller Weg: Deutschlandsberg – Bierhalle – Gregorhanslwirt – Grünberg – Mainsdorf – Gh. Stegweber – Großgraden – Schloß Schwanberg – Markt Schwanberg – Kerschbaum – Schwanberg, Bf.; 17 km, 5 Std., mittel.

Erlebnispunkte:

- die Bezirksstadt Deutschlandsberg mit Hauptplatz und Burg Landsberg;
- der Wanderweg entlang der Laßnitz durch die Klause;
- der Hollenegger Waldlehrpfad mit den vier großen Stationen;
- der Hollenegger Bauerngarten nahe der Taverne;
- das Schloß Hollenegg, Besichtigung nur gegen Voranmeldung in der Liechtensteinschen Forstdirektion Deutschlandsberg;
- die Patrizikirche in Hollenegg;
- die Wolfgangikirche, Eintrittsbestätigung beim Pfarramt Hollenegg, Schlüssel beim Gh. Soinegg (Gregorhanslwirt, Montag Ruhetag);
- der Markt Schwanberg mit dem Kloster-Moorbad;
- der „Erste Ameisenlehrpfad in der Steiermark“ auf den Grundstücken der Familien Tomberger und Kolleritsch am Haderberg in Aichegg, nördlich von Schwanberg, Führungen nach Voranmeldung.

Einkehrstätten:

Burghotel, über Deutschlandsberg; *Gregorhanslwirt/Soinegg,* nahe dem Wolfgangikircherl; *Zur Taverne,* nahe dem Schloß Hollenegg und der Patrizikirche; weiters viele *Buschenschenken* und *Gasthöfe* entlang aller Wander- und Radstrecken.

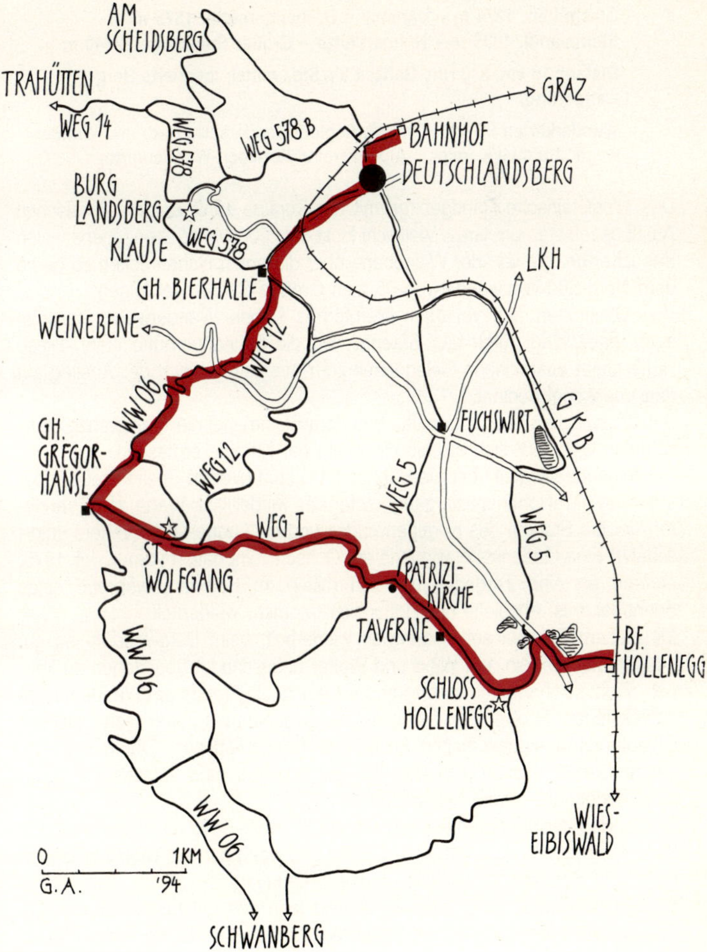
AM SCHEIDSBERG
TRAHÜTTEN
WEG 14
WEG 578
WEG 578 B
GRAZ
BAHNHOF
DEUTSCHLANDSBERG
BURG LANDSBERG
WEG 578
KLAUSE
GH. BIERHALLE
LKH
WEINEBENE
WEG 12
WW 06
GH. GREGOR-HANSL
FUCHSWIRT
GKB
WEG 12
WEG 5
WEG I
WEG 5
ST. WOLFGANG
PATRIZI-KIRCHE
TAVERNE
BF. HOLLENEGG
WW 06
SCHLOSS HOLLENEGG
WW 06
WIES-EIBISWALD
0
1KM
G.A.
'94
SCHWANBERG

47 Weinebene und Koralpe

Glashütten, 1274 m – Bärental – Grünangerhütte, 1575 m – Steinmandl, 1835 m – Hühnerstütze – Großer Speikkogel, 2140 m

Distanz 10 km, 870 Hm, Gehzeit 3½ Std., mittel; markierte Bergwanderung.

Wanderkarten FB 411, ÖK 188. Regionswanderkarte Rad- und Wanderwege „Sulmtal/Koralpe“; Alpenvereins-Koralpen-Wanderkarte.

Das Weststeirische Randgebirge mit der Koralpe zählt zu den klassischen Ausflugsgebieten um Graz. Vielleicht lockt die 2000-Meter-Grenze jene vielen Besucher an, die von der Weinebene über die freien Höhenrücken so gerne dem Nord-Süd-Weitwanderweg 05 zum Großen Speikkogel folgen.

Von Glashütten aus verlaufen sternförmig sieben Wanderwege, darunter auch jener Weg durch das Bärental, wo die Grünangerhütte steht. Diese Hütte bietet ausreichend Gelegenheit zum Ausrasten, bevor der Anstieg auf den Looskogel beginnt.

Sobald zwischen Grünangerhütte und dem Steinmandl die Waldgrenze überschritten wird, läßt sich alsbald die Weite der Koralpe ermessen.

Der folgende Wegteil über die Hühnerstütze zum Großen Speikkogel ist aber nur dann ein „Höhenspaziergang“, sofern es windstill ist. Wehe dem Wanderer, der die Stärken des Koralpenwindes und die Launen des Wetters unterschätzt! Eine Gedenktafel wie jene am Ochsenstein, datiert vom 1. Juli 1975, erinnert an eine Tragödie, die sich mitten im Sommer, während eines Schneesturms, abspielte und hoffentlich nie mehr wiederholt!

Mit diesem Beispiel sei eindringlich wiederholt, beim Bergwandern so gut ausgerüstet zu sein, um Wind und Wetter unbeschadet überstehen zu können. Trotz solch ernsten Hintergrundes braucht die Freude am Wandern nicht zurückstehen. Großen Spaß bereiten die sogenannten „Öfen“, jene wie von Gigantenhand hingewürfelten kristallinen Felsformationen. Die meist fotogenen Gebilde lassen sich überdies gut ersteigen und vermitteln – wenn auch bodennah – erste Kletterschritte.

Ein Ausflug zur Koralpe bietet auch Ausblick: Weite Teile der Steiermark und Kärntens liegen sprichwörtlich zu Füßen; und wenn gar der Triglav zu sehen ist, ist die Bergwelt im weitesten Sinne in Ordnung.

So läßt sich unter dem Speik-Gipfelkreuz lang und gut rasten, und in das Tourenbuch übertragen wir die Worte Max Mells: „Bleib Deiner Heimat treu!“

Anfahrt: Mit der GKB-Eisenbahn oder mit GKB-Bussen nach Deutschlandsberg, VTZ 514; oder Schwanberg, VTZ 614. Von Deutschlandsberg verkehren derzeit keine öffentlichen Busse nach Trahütten, Glashütten und auf die Weinebene.

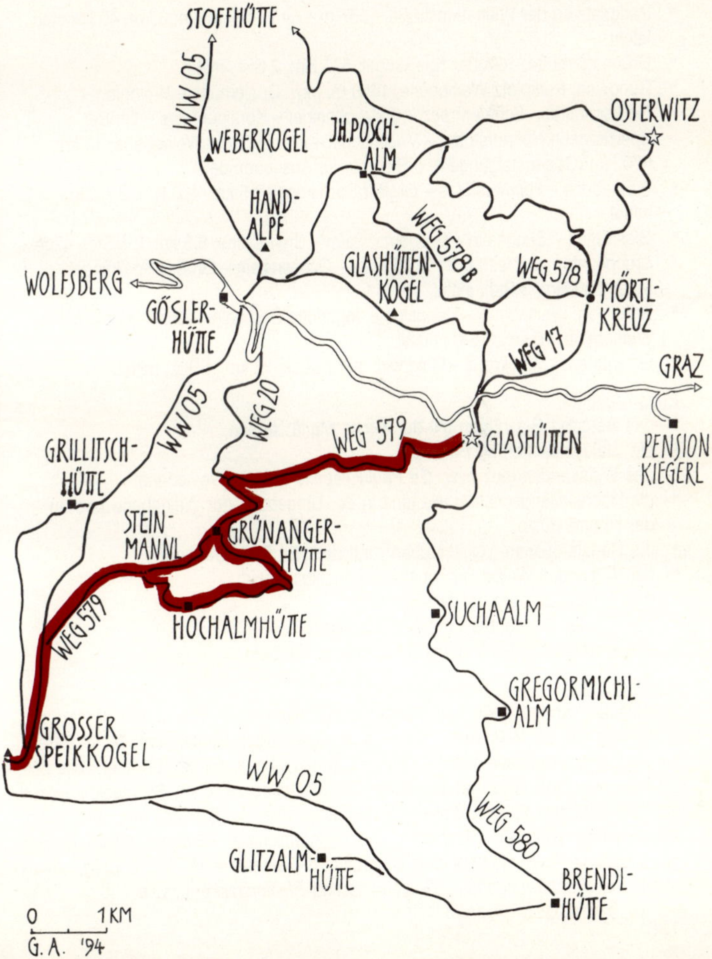

Pkw-Zufahrten von Deutschlandsberg nach Trahütten, Glashütten, zum Parkplatz Grünangerhütte und auf die Weinebene. Von Schwanberg nach St. Anna, zum Schmuckbauerwirt und Parkplatz Brendlhütte.

Rückfahrt: wie Anfahrt.

Weitere Ausflugsvorschläge:

- Parkplatz an der Weinebenstraße, 1537 m – Grünangerhütte; 3 km, 40 Minuten, leicht.
- Grünangerhütte – Großer Speikkogel; 570 Hm, 2 Std., mittel.
- Rundweg: Parkplatz Weinebene, 1668 m, bzw. Göslerhütte – Weinofen – Grillitschhütte – Schäferkreuz – Steinschneider – Koralpenhaus – Großer Speikkogel – Hühnerstütze – Moschkogel – Brandhöhe – Weinebene; 19 km, 670 Hm (Gegensteigungen), 6 Std., nur für Ausdauernde.
- Weinebene – Hühnerstütze – Großer Speikkogel; 7,5 km, 480 Hm, 2½ Std., mittel.
- Glashütten – Suchaalm – Gregormichlalm – Brendlhütte; 8,5 km, 2½ Std., mittel.
- Brendlhütte – Glitzalm oder Glitzfelsen – Ochsenstein – Großer Speikkogel; 9 km, 580 Hm, 3 Std., mittel.
- Rundweg: Weinebene – Handalpe – Jagdhütte Poschalm – Glashüttenkogel – Weinebene; 10 km, 3 Std., mittel.
- Glashütten – Mörtlkreuz – Osterwitz und zurück; 12 km, 4 Std., mittel.

Erlebnispunkte:

- das Bergdorf Glashütten mit der Kirche Mariä Namen;
- die Waldlandschaft im Bärental;
- das Weitwanderkreuz bzw. die Pauluskapelle auf der Weinebene;
- die Hochalmlandschaften wie jene in der Umgebung der Weinebene und an der Hühnerstütze;
- die Radarstationen („Goldhauben") auf dem Großen Speikkogel;
- der Wasserfall Weiße Sulm nahe Schmuckbauerwirt;
- das Schloß Limberg bei Schwanberg;
- das Kloster Schwanberg mit dem Moorbad;
- die Josefikirche, das Wahrzeichen von Schwanberg.

Einkehrstätten:

Brendlhütte, Kontrollstelle am Nord-Süd-Weitwanderweg 05; *Grillitschhütte,* am Höhenweg von der Weinebene zum Großen Speikkogel; *Grünangerhütte,* im Bärental; *Hochalm,* Almwirtschaft am Looskogel; *Koralpenhaus,* auf der Kärntner Seite des Speikkogels; *Parfußwirt,* bei Trahütten; *Schirchleralm,* zwischen Schmuckbauerwirt und Brendlhütte; *Schmuckbauerwirt,* bei St. Anna ob Schwanberg; *Suchaalm,* Almwirtschaft zwischen Glashütten und Gregormichlalm (Gregormichlalm derzeit geschlossen); *Totz,* Gasthof und Bergrettungs-Meldestelle in Schwanberg; *Weinebene,* mit *Naturfreundehaus, Göslerhütte* und *Pfeifferstocker* u. v. a.

Radfahren auf „ABWEGEN“ in Bad Gams
Neue Highlights für Radurlauber

Bad Gams liegt ca. 25 km südwestlich von der Landeshauptstadt Graz entfernt, im Herzen der Schilcherweinstraße, umgeben von Obst- und Weingärten.
Ein besonderes „Zuckerl" ist das **Radtaxi zum Selbstkostenpreis.** Wenn Sie nach einer anstrengenden Radtour oder einer zu intensiv ausgefallenen Rast keine Lust mehr zum Nachhauseradeln haben, werden Sie vom Radtaxi abgeholt.
Eine weitere attraktive Neuigkeit ist die **Radpartnerbörse.** Gleichgesinnte Urlaubsgäste und radbegeisterte Einheimische lernen sich durch die Radpartnerbörse kennen.
Organisierte Radtouren auf **„Abwegen":** Regelmäßig werden interessante Radtouren von ortskundigen Einheimischen auf „Abwegen" organisiert. Von der „Picknick-Radtour" zum Märchensee mit Fischfang und -grill, der „Weinerlebnisradtour" bis zur anstrengenden „Panorama-Mountainbiketour" reicht das Angebot.
Daß die **„radfreundlichen Zimmervermieter"** ihr Angebot auf die Bedürfnisse der Radler abstimmen, ist selbstverständlich. Hotels, Pensionen, Appartement- und Privatzimmervermieter erfüllen alle für Radtouristen erforderlichen Ansprüche. Versperrbarer Radstall, Radreparaturwerkzeug, Radroutenberatung, radgerechte Ernährung sind nur einige Stichwörter, die Radfahrer begeistern sollten.
Wenn Sie jetzt neugierig geworden sind, unter dieser Telefonnummer erfahren Sie mehr: Tel. 03463/3738. TOURISMUSVERBAND, A-8524 Bad Gams 2.

Bad Gams

48 Stainz, Bad Gams und Umgebung

Stainz, Marktplatz, 337 m – Freibad – Neurath – Stainzer Warte, 608 m – Engelweingarten – Stainz

Distanz 7 km, Gehzeit 2 Std., leicht; markiert.

Wanderkarten FB 411, ÖK 189. Wanderatlas „Steirische Rucksackdörfer", mit Wegnummern und Wegbeschreibungen, Blatt 14.

Die Bezeichnung „Erzherzog-Johann-Markt" weist deutlich auf die Rolle hin, die der Steirische Prinz wahrnahm: Erzherzog Johann erwarb im Jahr 1840 das Schloß Stainz – ein ehemaliges Augustiner-Chorherrenstift – und war der erste Bürgermeister des damaligen Landmarktes.

Mit Stainz verbinden sich Ausflugszielbegriffe wie Flascherlzug, Stainzer Warte und Engelweingarten.

Von Stainz aus erstrecken sich – überwiegend westwärts gerichtet – zahlreiche Wanderwege: Wie in einem Zwickel liegen die Wanderziele Rachling, Gamsgebirg, Vocheraberg und Bad Gams.

Rundum läßt sich wandern auf gut steirisch und leben auf dem Lande: die Urkraft des Wassers und des Weines aufsaugen, über Berge und Hügel streifen. Von solchem Leben wie auf dem Lande können Tagesgäste meist bloß träumen, vielleicht ein wenig erschnuppern.

Tiefer dringt naturnahes Erleben erst mit der Zeit ein, die länger dauert als bloß ein paar Besuchsstunden.

Wohnt man jedoch sozusagen Tür an Tür, ist auch ein Halbtagsausflug eine Reise dorthin wert, wo – in Sichtweite zur Koralpe – Schilcher aus der Wildbacher Rebe gekeltert wird.

Der Gesundheit zuliebe werden schließlich alle Sinne mobilisiert, um den vielleicht gar zu träge gewordenen Kreislauf aus ureigenen Kräften in Schwung zu bringen.

Die Höhenunterschiede im kühn klingenden „Gamsgebirg" halten sich in Grenzen nahe der 600-m-Marke; aber die Freude an Bewegung und Umgebung ist grenzenlos.

Bad Gams und Stainz rufen und faxen prompt zurück aus dem Reich der Fleckerlteppiche, Kellerstöckl, Klapotetze, Heilquellen, Holzfässer und Keramik-Manufakturen. Oder wollen Sie an einer der geführten Vollmond- oder Winzerwegwanderungen teilnehmen, wie sie in Bad Gams angeboten werden?

Nicht nur die schmalspurige Stainzer Bahn macht jede Woche ausgiebig Dampf; der „Flascherlzug" – wie die älteste Schmalspurbahn der Steiermark

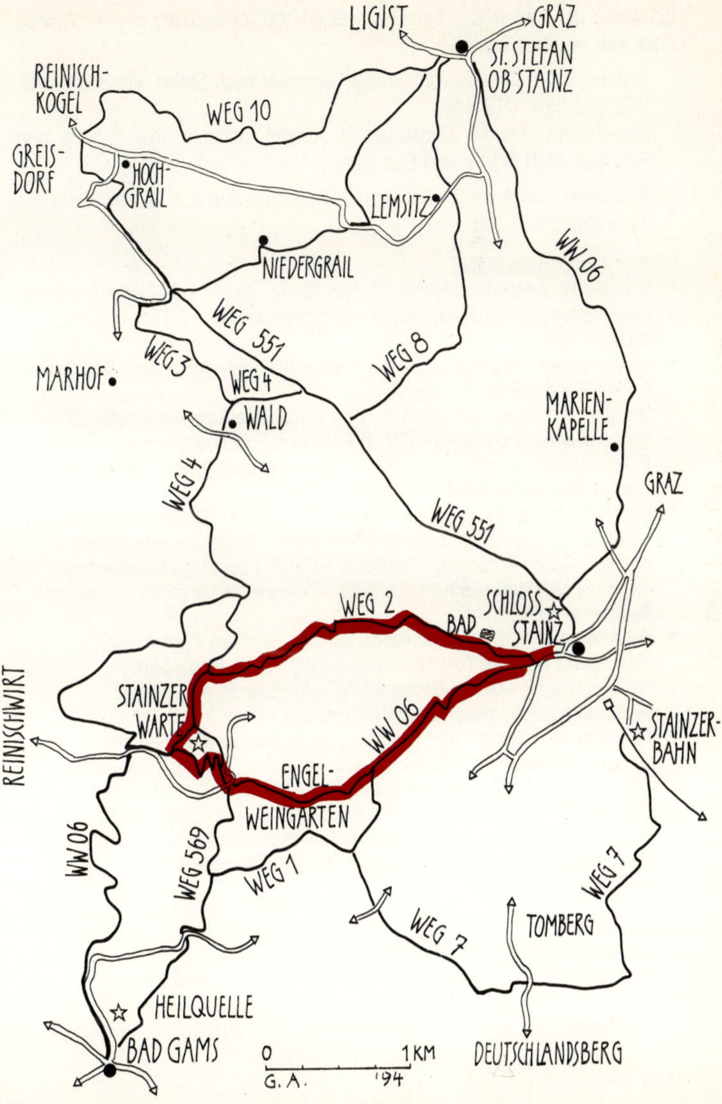

LIGIST
GRAZ
ST. STEFAN OB STAINZ
REINISCH-KOGEL
WEG 10
GREIS-DORF
HOCH-GRAIL
LEMSITZ
NIEDERGRAIL
WW 06
WEG 551
WEG 8
WEG 3
MARHOF
WEG 4
WALD
MARIEN-KAPELLE
WEG 4
GRAZ
WEG 551
WEG 2
SCHLOSS STAINZ
BAD
REINISCHWIRT
STAINZER WARTE
WW 06
STAINZER-BAHN
ENGEL-WEINGARTEN
WW 06
WEG 569
WEG 1
WEG 7
WEG 7
TOMBERG
HEILQUELLE
BAD GAMS
0
1 KM
G. A. '94
DEUTSCHLANDSBERG

landläufig genannt wird – hat 1992 seinen 100. Geburtstag in aller Frische über sich ergehen lassen.

Anfahrt: GKB-Buslinie vom Grazer Griesplatz nach Stainz und Bad Gams. VTZ 308 bzw. VTZ 412.
Pkw-Zufahrt von der Südautobahn, Abfahrt Lieboch; über Schlieb und Rassach nach Stainz und Bad Gams.

Rückfahrt: wie Anfahrt; auch von St. Stefan ob Stainz, VTZ 308; GKB-Bus nach Graz, VTZ 308.

Weitere Ausflugsvorschläge:

- Stainz – Jakob-Rosolenz-Stiege – Schloß Stainz – Schönegg, Forsthaus – Preisberg – Steinreib – Hochgrail, 569 m – St. Stefan ob Stainz; 8,5 km, 2½ Std., leicht.
- Stainz – Engelweingarten – Stainzer Warte – Pölliberg – Mitteregg – Bad Gams; 6,5 km, 2 Std., leicht.
- Weinberg-Rundweg: Bad Gams, Kurpark – Kriegerdenkmal – Vocherawald – Vocheraberg – Gamsgebirg – Gehöft Sonnleitner – Pöllibergkapelle – Gehöft Peter vulgo Gamseggbrocker – Gehöft Kraxner vulgo Schwab – Weingarten Feibel – Bad Gams; 2 Std.
- Winzer-Rundweg: Bad Gams, Kurpark – Wilfenkapelle – Gehöft Klug vulgo Jaga – Gehöft Kleinhapl vulgo Grillerstindl – Wildbach – Triebhof – Schoberbergkapelle – Gehöft Koller vulgo Mostbauer – Gehöft Mally vulgo Schoberstindl – Gehöft Streli – Motikeusche – Kirchsteig – Winzerstube Sengwein – Jutzkogel – Bad Gams; 4 Std.
- Schilcherkeller-Rundweg: Bad Gams, Kurpark – Kurhaus Kipper – Furth – Märchensee – Gehöft Toni Peter vulgo Gregerbauer – Niedergams – Nymphenweiher – Gehöft Deutsch-Maier vulgo Eckschuster – Gehöft Petschnegg vulgo Unterer Ofner – Winzerstube – Kurpark Bad Gams; 2½ Std.
- Rundweg: Bad Gams – Weitwanderweg 06 zur Stainzer Warte – rund um den Engelweingarten – Weg 569 zurück nach Bad Gams; 8 km, 2½ Std., leicht.
- Stainz, Bahnhof – Tomberg – Kothvogelegg – Vocheraberg – rund um den Engelweingarten – Stainzfeld – Hauptplatz Stainz; 10 km, 3 Std., leicht.
- St. Stefan ob Stainz – auf dem Weitwanderweg 06 über den Sechterberg zum Schloß Stainz – Abstieg über die Jakob-Rosolenz-Stiege zum Hauptplatz; 5,5 km, 1½ Std., leicht.

Erlebnispunkte:

- die Orte Stainz, Bad Gams und St. Stefan;
- das Schloß Stainz, mit dem Zugang auf der Jakob-Rosolenz-Stiege;
- der Engelweingarten, geöffnet ab vierter Märzwoche;
- die Stainzer Warte, von März bis November frei zugänglich;

- das Weinbaugebiet von Greisdorf und Hochgrail;
- die Stainzer Bahn bzw. der „Flascherlzug“, Dampfzugbetrieb im Sommer an Wochenenden, Fahrplaninformationen über die Gemeinde Stainz.

Einkehrstätten:
Zahlreiche *Buschenschenken* und *Gasthöfe* entlang aller Wander- und Radstrecken.

49 Reinischkogel und Rosenkogel

Ghf. Klugbauer, 1059 m – Klugveitlkreuz – Kaltenbrunnerkreuz – Reinischkogel, 1463 m

Distanz 5 km, Gehzeit 1½ Std., leicht; markiert.

Wanderkarten FB 411, ÖK 189. Wanderatlas „Steirische Rucksackdörfer“, mit Wegnummern und Wegbeschreibungen, Blatt 11 und 13.

„Nur keine Halbheiten! Wenn's die Steiermark sein soll, dann gleich die Weststeiermark“, weist Reinhard P. Gruber in seinem Schilcher-ABC den Leser kompromißlos die richtige Richtung für dessen nächsten Ausflug.
Wir steigen in die „Klugbauer-Runde über den Reinischkogel“ just dann am liebsten ein, wenn über der Landeshauptstadt Graz eine dicke Nebeldecke liegt, hingegen die Spätsommersonne den Reinischkogel ausleuchtet.
Der Klugbauer erweist sich auch spät im Jahr als idealer Ausgangspunkt: Die klimatisch günstige Lage, das weitläufige Netz markierter Wanderwege, der geringe Aufwand bei der An- und Rückreise sind nur einige der vielen Pluspunkte in unserer „Klugbauer-Runde“, wie wir die folgende Rundwanderung selber bezeichnet haben: Der Wanderweg Nr. 551 führt vom Klugbauer geradewegs zum Gipfelkreuz auf dem Reinischkogel. Für die Runde geht man jedoch bis zum Kaltenbrunnerkreuz zurück und folgt den Parallelwegen Nr. 555/568 zum Randlofen, 1433 m, einer urigen Felsformation inmitten des Hochwaldes, und im weiteren, stets leicht bergab, zum Aiblwirt.
Durch den Aiblwald kehrt man auf dem Weg Nr. 62 zum Klugbauern zurück, wobei man recht flott unterwegs sein muß, um in vier Stunden die Strecke zu bewältigen. Deshalb legen wir bei der Zeitangabe eine gute Stunde drauf. Schließlich soll die Gipfelrast auf dem Reinischkogel nicht zu kurz bemessen sein, und auch sonst gibt es immer wieder Punkte, die Interesse wecken. Zudem verlocken die vielen Wegtafeln, sich nach neuen Zielen umzusehen: so auch Richtung Rosenkogel. Vom Absetzwirt beim Mothiltor, 1240 m, läßt sich der 1362 m hohe Rosenkogel – er wird auch Spitzkogel genannt – rasch ersteigen oder in vielstündiger Wanderung umrunden.
Nach so vielen Wanderstunden wird der Hunger groß sein – folglich werden die beim Klugbauern nach Großmutters Rezepten in Sterzmehl gebratenen Forellen noch einmal so gut schmecken.

Anfahrt: Pkw-Zufahrt über A 2, Südautobahn, Abfahrt Steinberg, oder von der Autobahnabfahrt Lieboch – St. Stefan ob Stainz.

Rückfahrt: wie Anfahrt.

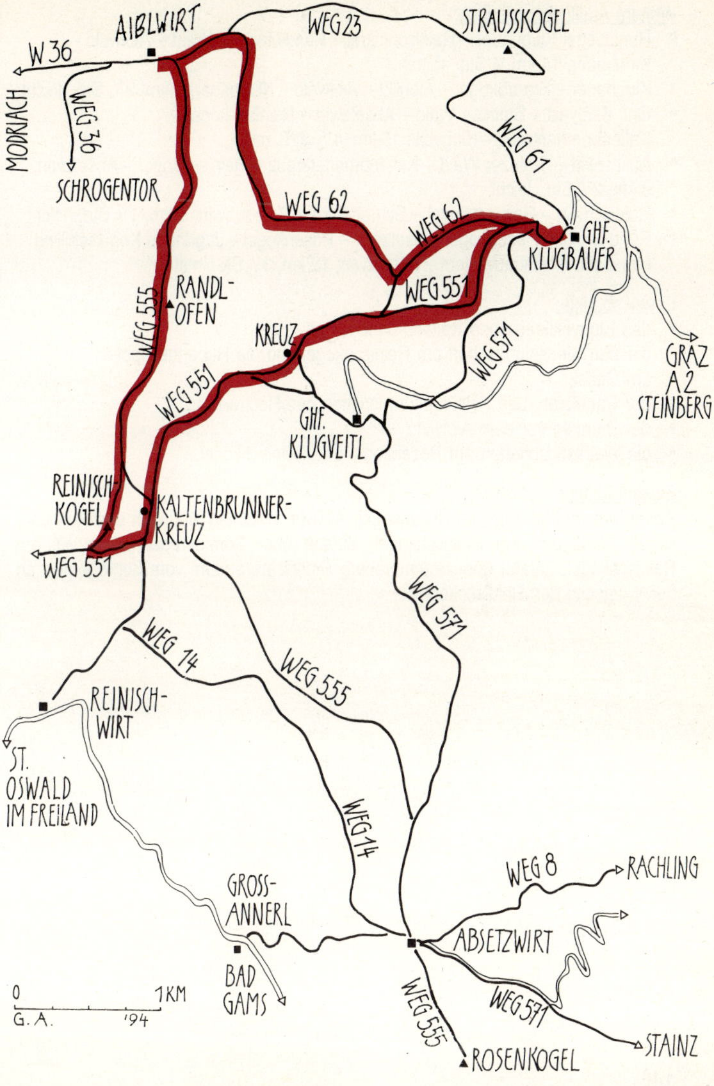

AIBLWIRT
WEG 23
STRAUSSKOGEL
W 36
MODRIACH
WEG 36
SCHROGENTOR
WEG 61
WEG 62
WEG 62
GHF. KLUGBAUER
RANDL-OFEN
WEG 555
WEG 551
KREUZ
WEG 571
GRAZ A 2 STEINBERG
WEG 551
GHF. KLUGVEITL
REINISCH-KOGEL
KALTENBRUNNER-KREUZ
WEG 551
WEG 571
WEG 14
WEG 555
REINISCH-WIRT
ST. OSWALD IM FREILAND
WEG 14
WEG 8
RACHLING
GROSS-ANNERL
ABSETZWIRT
BAD GAMS
WEG 555
WEG 571
STAINZ
ROSENKOGEL
0
1KM
G. A.
'94

Weitere Ausflugsvorschläge:

- Rundwege: Klugbauer – Reinischkogel – Randlofen – Aiblwirt – Aiblwald – Klugbauer; 14 km, 4 Std., mittel.
- Klugbauer – Straußkogel – Aiblwirt – Aiblwald – Klugbauer; 9 km, 2½ Std., leicht.
- Ghf. Klugveitl – Stainzer Wald – Absetzwirt – Reinischkogel – Kaltenbrunnerkreuz – Klugveitl; 15 km, 4½ Std., mittel.
- Absetzwirt – Stainzer Wald – Kaltenbrunnerkreuz – Reinischkogel – Absetzwirt; 9 km, 2½ Std., leicht.
- Reinischwirt – Reinischkogel – Schrogentor – Reinischwirt; 5 km, 1½ Std., leicht.
- Rund um den Rosenkogel: Absetzwirt – Rosenkogel – Jagdhütte Kogelschilling – Mendlalm – Höllbauerntoni – Absetzwirt; 12 km, 3½ Std., mittel.

Erlebnispunkte:

- das Klugveitlkreuz und Kaltenbrunnerkreuz;
- die Bergwiesenlandschaft am Reinischkogel und die Hubertuskapelle am Gipfel;
- der Randlofen, das Felsungetüm inmitten des Hochwaldes;
- der Brunnen vor dem Aiblwirt;
- die Waldlandschaften am Rosenkogel und Reinischkogel.

Einkehrstätten:

Absetzwirt, im Mothiltor, am Rosenkogel; *Aiblwirt,* zwischen Modriach und Reinischkogel; *Klugbauer,* am Reinischkogel, Zufahrt über Sommereben; *Klugveitl;* am Reinischkogel, Zufahrt über Sommereben; *Reinischwirt,* nahe vom Schrogentor, an der Westseite des Reinischkogels.

50 Modriach und Umgebung

Modriach, 1009 m – Gh. Draxler – Modriachwinkel, Gehöft Rössel – Schrogentor, 1255 m – Münzerkogel – Gfällkogel – Großofen, 1473 m – Ochsenkogel – Modriach

Distanz 15 km, 500 Hm, Gehzeit 4½ Std., mittel; markiert.

Wanderkarten FB 411, ÖK 188. Wanderatlas „Steirische Rucksackdörfer" mit Wegnummern und Wegbeschreibungen, Blatt 10 und 11.

Die sechs Gemeinden Edelschrott, Greisdorf, Hirschegg, Ligist, Modriach und St. Martin am Wöllmißberg beweisen Einigkeit und Stärke für den „Rucksacktourismus". Das waldreiche Bergland wie jenes im Modriachwinkel und Packwinkel ist mit einem dichten Wanderwegenetz überzogen; die Markierungen sind aufgefrischt und die Wanderrouten mit vielen Wegweisern ergänzt. Ähnlich frisch herausgeputzt zeigt sich der „Wanderatlas", den es seit Juli 1992 gibt und der ein Netz von Hunderten Kilometern Wanderwegen präsentiert. Vom Schilcherland bei Stainz bis zur Lipizzanerheimat um Piber, vom Rosenkogel bis zu Steinplan und Rappoldkogel, wobei Modriach immer wieder als guter Ausgangspunkt gewählt werden kann.
Nach dem Motto „Niemand soll hungern oder dursten" stellen Bauern und Gastronomen in den weststeirischen Rucksackdörfern all ihre Köstlichkeiten auf den Tisch: Lendbratl, Gselchtes, Speck und Verhackert, Sterz und Milch, Schilcher und Kürbiskernöl, Styria-Beef, Schaffleisch und Forellen. Wenn es sein soll, werden die Köstlichkeiten bereits am frühen Vormittag serviert: Das weststeirische „Fruasti" ist ein deftiges Gabelfrühstück.
Warum werden ausgerechnet an dieser Stelle die weststeirischen Rucksackdörfer in Erinnerung gerufen? Die Idee „Steirische Rucksackdörfer" stammt vom Modriacher Bürgermeister und Volksschuldirektor Josef Archan.
Die eingangs vorgeschlagene Rundwanderung von Modriach in den Modriachwinkel paßt haarscharf in das kulinar(r)isch-touristische Anbot: „Kimm auf a Fruasti nach Modriach!"

Anfahrt: Mit GKB-Bus von Köflach zum Packer Stausee und nach Modriach. VTZ 712. Oder mit GKB-Bus von Deutschlandsberg nach St. Oswald im Freiland. VTZ 615.
Pkw-Zufahrt über A 2, Südautobahn, Abfahrt Modriach; von Modriach (Abzweigungen beim Gh. Ehrensepp) zum Aiblwirt, Draxlerwirt und Hoiswirt. Von Deutschlandsberg Richtung Freiland und Hebalm.

Rückfahrt: wie Anfahrt.

Weitere Ausflugsvorschläge:

- Rundweg: Modriachwinkel, Hoiswirt – Schrogentor – Gehöft Rössel – Gh. Draxler – Hoiswirt; 7 km, 2 Std., leicht.
- Rundweg: Modriach, Gh. Ehrensepp – Jägerwirt – Aiblwirt – Pfennichkapelle – Gh. Ehrensepp; 11 km, 3 Std., leicht.
- Packer Stausee, Strandwirt – Augerlbauer – Hebalm, Ghf. Steinbauer; 7,5 km, 2¼ Std., leicht.
- Packer Stausee, Strandwirt – Jägerwirt; 4 km, 1¼ Std., leicht.
- Rundweg: St. Oswald im Freiland – Klosterwinkel – Reinischwirt – Schrogentor – Freiländeralm – Schwarzkogel – St. Oswald; 14 km, 4 Std., mittel.
- Rundweg: Freiländeralm – Stoffhütte – Freiländeralm; 6 km, 1¾ Std., leicht.
- Rundweg: Aiblwirt – Jägerwirt – Langmannsperre – Aiblwirt; 12 km, je 620 Hm Ab- und Aufstieg; 4 Std.

Erlebnispunkte:

- das Erholungsdorf Modriach und die Bergbauernlandschaft in Modriachwinkel;
- der Steinerne Tisch und Großofen über Modriachwinkel;
- die Erholungslandschaften am Packer Stausee;
- die Mountainbikestrecke auf der Hebalm;
- die Wasserlandschaften bei der Langmann- und Hirzmannsperre.

Einkehrstätten:

Draxlerwirt, in Modriachwinkel, Richtung Schrogentor; *Ehrensepp,* in Modriach, bei der Auffahrt ins Dorf; *Freiländeralm,* an der Landesstraße Freiland – Hebalm; *Hebalm,* mit *Steinbauer* und *Fichtenhof; Hoiswirt,* in Modriachwinkel; *Reinischwirt,* nahe Schrogentor und Reinischkogel; *Stoffhütte,* Zugang von der Freiländeralm und Hebalm.

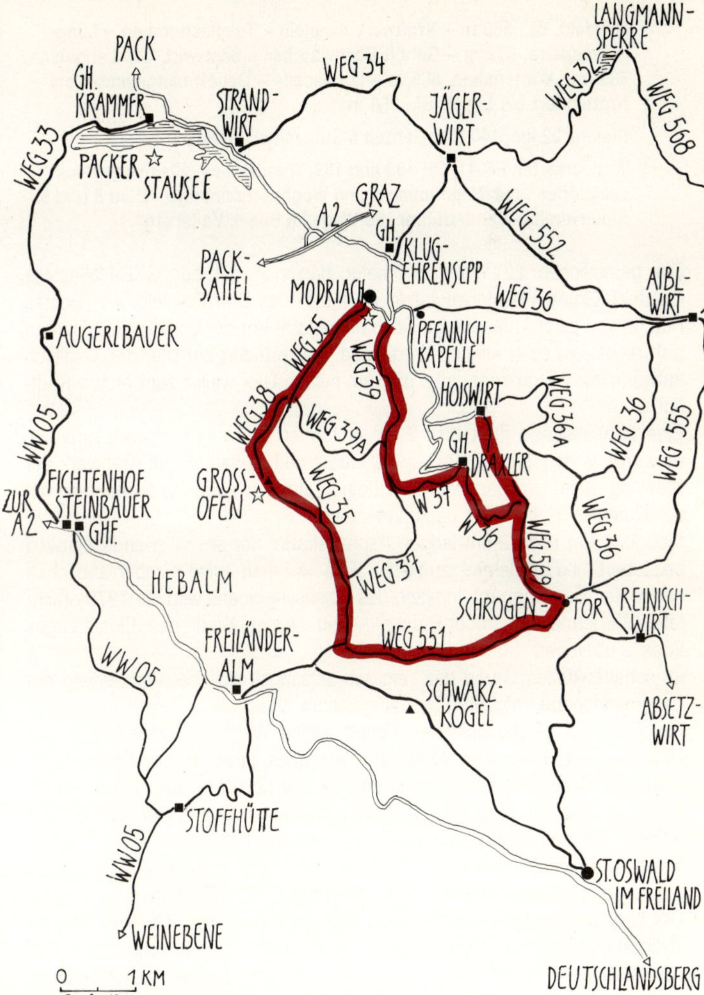
PACK
GH. KRAMMER
STRAND-WIRT
WEG 34
JÄGER-WIRT
LANGMANN-SPERRE
WEG 32
WEG 568
WEG 33
PACKER STAUSEE
GRAZ
A2
WEG 552
GH. KLUG-EHRENSEPP
PACK-SATTEL
MODRIACH
WEG 36
AIBL-WIRT
AUGERLBAUER
PFENNICH-KAPELLE
WEG 35
WEG 39
HOISWIRT
WEG 36A
WEG 38
WEG 39A
WEG 36
WEG 555
WW 05
GH. DRAXLER
GROSS-OFEN
FICHTENHOF
STEINBAUER
GHF.
ZUR A2
WEG 35
W 37
W 36
WEG 569
WEG 36
HEBALM
WEG 37
SCHROGEN-TOR
REINISCH-WIRT
FREILÄNDER-ALM
WEG 551
WW 05
SCHWARZ-KOGEL
ABSETZ-WIRT
STOFFHÜTTE
WW 05
ST. OSWALD IM FREILAND
WEINEBENE
0 1 KM
G.A.'94
DEUTSCHLANDSBERG

51 Teigitsch, Wartenstein und Langmannsperre

Gaisfeld, Bf., 368 m – Kraftwerk Arnstein – Teigitschgraben – Langmannsperre, 632 m – Gehöft Ebenwascher – Saatzwirt, Gh. Langmann, 733 m – Wartenstein, 805 m – Lorikapelle – Gehöft Langmann-Michl – Krottendorf bei Ligist, Bf., 358 m

Distanz 22 km, 440 Hm, Gehzeit 6 Std., mittel; markiert.

Wanderkarten FB 41, ÖK 163 und 189. Wanderatlas „Steirische Rucksackdörfer“, mit Wegnummern und Wegbeschreibungen, Blatt 8 und 9. Alpenvereins-Wanderführer „99 Wege im Bezirk Voitsberg“.

Die gemütlichen 22 Wanderkilometer beginnen bei der GKB-Haltestelle Gaisfeld. Grüne Wanderwegtafeln weisen in das Dorf Gaisfeld, wo „Echtes Kernöl“ von einer Tafel prangt. Doch aufgepaßt! Vor der Dorfkapelle hält man sich rechts, zu einer kleinen Wegkuppe, und wandert am Ufer der Teigitsch aufwärts zur Langmannbrücke und am selben Ufer weiter zum ersten Krafthaus.

Eine Asphaltstraße führt zum 2 km entfernten Steweag-Kraftwerk Arnstein; es wurde in den Jahren 1922–1924 erbaut und ist das älteste Kraftwerk der Steweag. Beim Umspannwerk weist eine Tafel den Weg: Die Markierung mit der Nummer 32 führt zur Langmannsperre.

Man folgt der noch 2 km langen Asphaltstraße; der anschließende Flurweg bezaubert und beklemmt zugleich: Eine wahrhaft urige Grabenlandschaft nimmt den Besucher auf. Inmitten des Teigitschgrabens wird die 1975 errichtete „Bürgermeister-Gruber-Brücke“ – ein solides Werk des Pionierzuges Wies – überquert.

Im schattenkühlen Grund der Teigitsch schlängelt sich der Wanderweg der Langmannsperre entgegen. Das aufgestaute Wasser liegt dunkel, ja geheimnisvoll im tief eingeschnittenen Grund; kleine Wiesenflecken säumen das Ufer. Ein guter Platz zum Verweilen, Faulenzen, ja sogar zum Spielen.

Man geht denselben Weg so weit zurück, bis der Weg Nummer 20 rechts abzweigt: Der Waldweg führt nordseitig bergan und verbindet sich auf der Anhöhe mit der Straße zum gastlichen „Saatzwirt“: Inmitten eines Bauernhofes, unter einem mächtigen Birnbaum, läßt sich in echt steirischem Stil rasten: an grob gezimmerten Holztischen bei kühlem Birnenmost.

Der Nachhauseweg ist kürzer: Man folgt stets dem Weg Nummer 20; ein idyllischer Wiesenrain leitet zu einem verfallenden Rüsthäuschen beim Gehöft Märthans: Welch herrliche Aussicht auf die dunklen weststeirischen Wälder!

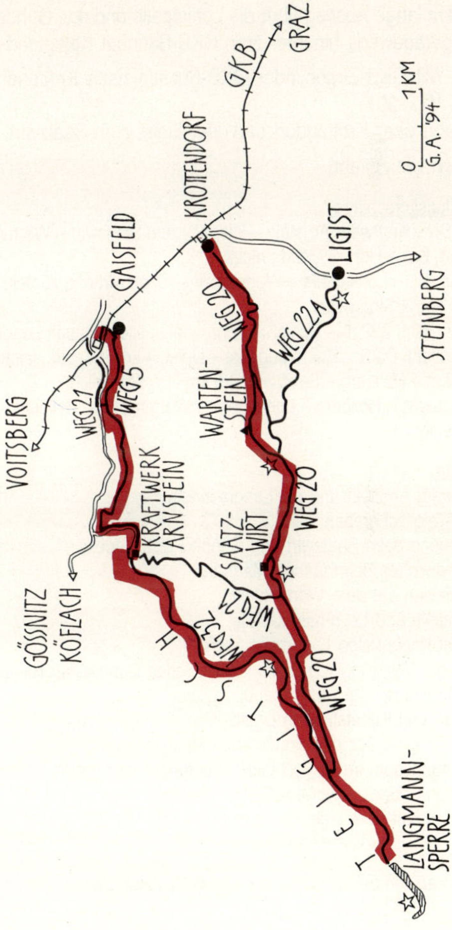
VOITSBERG
GÖSSNITZ
KÖFLACH
WEG 21
WEG 5
GAISFELD
KROTTENDORF
GKB
GRAZ
0
1 KM
G.A. '94
LIGIST
STEINBERG
WEG 22A
WEG 20
WARTEN-
STEIN
KRAFTWERK
ARNSTEIN
SAATZ-
WIRT
WEG 20
WEG 21
WEG 32
WEG 20
TEIGITSCH
LANGMANN-
SPERRE

Ein Wegweiser zeigt zum Waldrand hinauf. Im Wald verfolgt man den Steig zu den Gipfelfelsen: Der 805 m hohe Wartenstein ist wortecht der Höhepunkt dieses Ausflugstages.
Der rund 4 km lange Abstieg über die Lorikapelle und das Gehöft Langmann-Michl führt geradewegs hinunter zum GKB-Bahnhof Kottendorf-Ligist.

Anfahrt: Mit GKB-Zügen oder GKB-Bussen nach Krottendorf-Ligist und Gaisfeld. VTZ 301.
Pkw-Zufahrt über Krottendorf und/oder Ligist zum Saatzwirt.

Rückfahrt: wie Anfahrt.

Weitere Ausflugsvorschläge:

- Gaisfeld, Bf. – Kraftwerk Arnstein – Weg 21 zum Saatzwirt – Wartenstein – Krottendorf, Bf.; 12 km, 3½ Std., mittel.
- Krottendorf, Bf. – Lorikapelle – Wartenstein – Saatzwirt und zurück; hin und zurück 14 km, 4 Std., mittel.
- Rundweg: Ligist, 392 m – Schloß – Lehmannkapelle – Gehöft Langmann-Michl – Buschenschank Pölzl – Ruine Lubgast – Ligist, 4 km, 1¼ Std., leicht.
- Ligist, 392 m – Höllberg – Saatzwirt; 4,5 km, 1½ Std., leicht.
- Rundweg: Ligist – Höllberg – Lorikapelle – Wartenstein – Höllberg – Ligist; 7 km, 2½ Std., leicht.

Erlebnispunkte:

- das Kraftwerk Arnstein und die Langmannsperre;
- der urige Teigitschgraben;
- die Umgebung beim Saatzwirt und Gehöft Pölzl, Kapelle;
- das Rüsthäuschen beim Gehöft Märthans;
- die Gipfelfelsen auf dem Wartenstein;
- die Lorikapelle und Lechmannkapelle;
- das Gehöft Knabl vulgo Langmann-Michl;
- der gepflegte Markt Ligist; mit Marktplatz (jeden Donnerstag Bauernmarkt), Schloß, Burgruine und Taubenkobel;
- die Bauern- und Kunststube in Ligist;
- das Schloß Ligist, Sitz des Souveränen Malteser Ritterordens;
- das Heimatmuseum im Schloß Ligist, Führungen nur gegen Anmeldung im Gemeindeamt oder bei Kurator OSR Unterweger;
- der Waldlehrpfad über Ligist und um die Ruine.

Einkehrstätten:

Eckwirt/Langmann, in der Ortsmitte von Ligist; *Saatzwirt/Langmann,* am Wartenstein.

Aus dem oberen Kainachtal zum Gleinalpenspeik ➡

52 Edelschrott, Hirzmannstausee und Umgebung

Seerundweg: Edelschrott, 793 m – Straße Richtung St. Martin – Gh. Ströhberne Brücke, 714 m – Hirzmannstausee-Nordostufer – Gh. Hirzmann – Hirzmannsperre, Staumauer, 713 m – Hirzmannstausee-Südwestufer – Ströhberne Brücke – Edelschrott

Distanz 10 km, Gehzeit 3 Std., leicht; markiert.

Wanderkarten FB 41, ÖK 162, 163, 188 und 189. Wanderatlas „Steirische Rucksackdörfer" mit Wegnummern und Wegbeschreibungen, Blatt 4, 5, 7 und 8.
Alpenvereins-Wanderführer „99 Wege im Bezirk Voitsberg".

Von Edelschrott und seiner wildreichen Umgebung war schon Erzherzog Johann angetan, leitet sich doch der Ortsname Edelschrott von „Jelenschrott" ab, was so viel wie „Hirschenschlag" bedeutet. Folglich zeigt das Gemeindewappen von Edelschrott ein goldenes Hirschenhaupt.
Erzherzog Johann weilte gerne zur Jagd auf den Großen Hahn (Auerhahn) am Herzogberg. Im Gedenkjahr 1959 wurde in Erinnerung an den „Steirischen Prinzen" nahe dem ehemaligen Jägerwirt ein Bildstock errichtet.
Bei einem Ausflug in die Umgebung von Edelschrott lassen sich Wandern und Baden gut verbinden: Der Hirzmannstausee und der Packer Stausee sind dafür ideale Ziele. Deshalb lohnt es, zunächst beide Stauseen aufzusuchen und mit der Umgebung vertraut zu werden, die von einem dichten Netz markierter Wanderwege durchzogen wird, typisch für die Region der „Steirischen Rucksackdörfer".
Edelschrott, nicht zuletzt auch ein bekanntes Pilz- und Beerengebiet, offeriert sich aber auch für alle, die Lust haben an spaßigen Wettbewerben, wie z. B. bei einer „Sautrog-Regatta". Ein Ausflug soll ja auch nicht so ernst ablaufen wie Alltage in der Stadt.
Günstige Ausgangspunkte für Wanderungen im Raum Edelschrott sind außerdem St. Hemma, der Packer Stausee, die Ströhberne Brücke, aber auch St. Martin am Wöllmißberg.

Anfahrt: Mit GKB-Zügen nach Voitsberg bzw. Köflach; weiter mit GKB-Bus nach Edelschrott. VTZ 501.
Pkw-Zufahrt über A 2, Südautobahn, Abfahrt Mooskirchen, und auf der Packer Bundesstraße über Voitsberg und Köflach.

Rückfahrt: wie Anfahrt.

Weitere Ausflugsvorschläge:

- Rundweg: Edelschrott – Ströhberne Brücke – Gehöft Lippenpeter – rund um den Herzogberg, 1008 m – Gehöft Geidlandrä – Gehöft Ziery – Teigitschbrücke – Edelschrott; 9 km, 3 Std., mittel.
- Edelschrott – Teigitschbrücke – Gehöft Ziery – Gehöft Geidlandrä – Herzogberg – Blochwirt – Packer Stausee, Gh. Neumann; 7,5 km, $2^1/_2$ Std., leicht.
- Rundweg: Ströhberne Brücke – Pfennighube – Kapplerkogel – Laudonkogel – Jägerwirt (kein Gasthaus) – Forsthaus Hahnenschloß – Hörmannkogel – Blochwirt – Herzogberg – Gehöft Geidlandrä – Gehöft Lippenpeter – Ströhberne Brücke; 16 km, $4^1/_2$ Std., mittel.

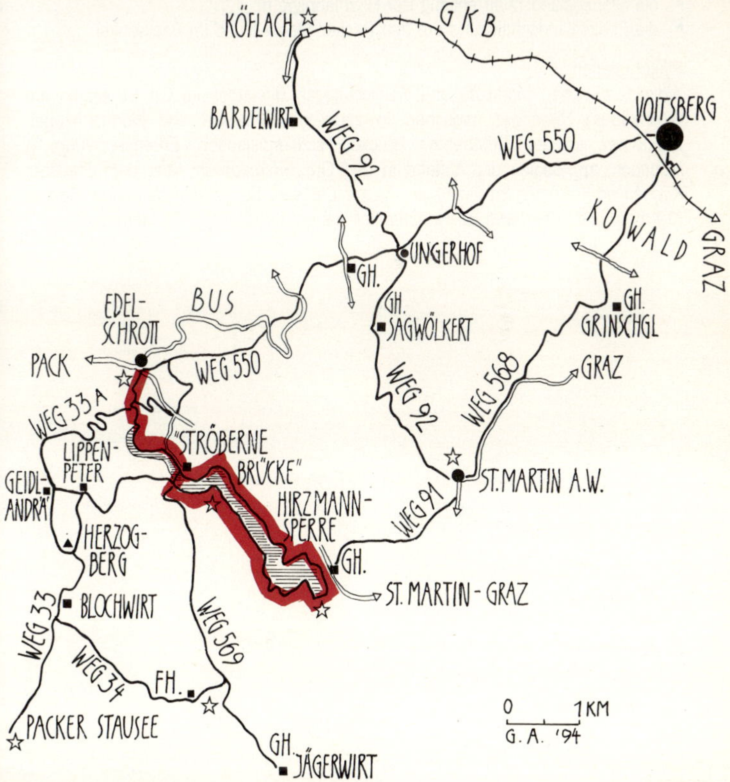

- Voitsberg, Bf., 395 m – Bahnübergang – Kowald – Kreuzung an der Höhenstraße, 514 m – Gh. Grinschgl vlg. Dammbauer, Gößnitzgraben – Gößnitzbachbrücke, 407 m – Gehöft Hohl – Kleinwöllmiß – Straße nach St. Martin am Wöllmißberg, Kirche, 704 m; 7 km, über 400 Hm mit Gegensteigung, 2¼ Std., leicht.
- St. Martin am Wöllmißberg – Gehöft Starchel – Kreuzberg – Gh. Sagwölkert – Gößnitzbachbrücke – Puchbach – Ungerhofkapelle – Weggersiedlung – Pichling, Bardelwirt – Köflach, Bf.; 8 km, 2½ Std., mittel.

Erlebnispunkte:

- die Erholungsorte Edelschrott und St. Martin am Wöllmißberg;
- die Stauseelandschaft entlang der Hirzmannsperre;
- die Freizeitlandschaft rund um den Packer Stausee und im Packwinkel.

Einkehrstätten:

Aiblwirt, zwischen Modriach und Reinischkogel; *Birkenhof*, im Ort St. Martin am Wöllmißberg; *Blochwirt*, zwischen Herzogberg, Pfödlkogel und Hörmannkogel; *Brucknwirt*, an der Ströhbernen Brücke, Hirzmannstausee; *Ehrensepp/Klug*, in Modriach, am Beginn der Auffahrt in den Ort; *Hirzmannwirt*, über dem Stausee; *Kirchenwirt/Krammer*, im Ort Pack; *Packer Stausee: Seegasthof Neumann, Seehof Krammer* und *Strandwirt; St.-Hemma-Hof*, neben der Kirche in St. Hemma.

53 Hirschegger Alpe, Pack und Packer Stausee

Hirschegg, 899 m – Gehöft Seiner – Pongratzwirt/Emil-Stöhr-Hütte – Franzlhütte – Bergkirchlein St. Bartholomä, 1587 m – Saureishütte – Seinerkreuz, 1779 m – Bartholomäalpe – Hirschegger Alpe, 1871 m – Bernsteinhütte, 1559 m – Konrad-Schilifte – Hirschegg

Distanz 18 km, rund 1000 Hm, Gehzeit 5–6 Std., mittel; markiert.

Wanderkarten FB 41, ÖK 162 und 188. Wanderatlas „Steirische Rucksackdörfer", mit Wegnummern und Wegbeschreibungen, Blatt 6, 7 und 10. Alpenvereins-Wanderführer „99 Wege im Bezirk Voitsberg".

Bergwandern auf gut steirisch heißt auch, irgendwann einmal vom Bergdorf Hirschegg, vom Spengerwirt oder überhaupt erst vom Pongratzwirt hinaufzusteigen zu den hohen Almen zwischen Salzstiegel und Packer Höhe.
Für das Bergwandern entlang der Hirschegger Alpe ist jede Jahreszeit recht: Mancher Bergwanderer meint, im Herbst sei es am schönsten. Wir waren auch schon im milden Licht des Frühwinters unterwegs und wanderten dem Viehzaun an der Landesgrenze entlang:
Eine Zeitlang schreitet man auf steirischer Seite aus, dann wieder auf Kärntner Boden – oder umgekehrt; je nach Lücken und Durchlässen im rostenden Stacheldraht.
Die offene Landschaft, die weiten Almen, die scheinbare Unendlichkeit beginnen beim Kirchlein St. Bartholomä, im Aufstieg zum Seinerkreuz, am Ostrücken der Bartholomäalpe.
Auf der Anhöhe des Hauptrückens – am Schnittpunkt von Bartholomäalpe, St. Leonharder Alpe und Hirschegger Alpe – wird der Nord-Süd-Weitwanderweg erreicht, dessen Markierung man bis zur Bernsteinhüte folgt.
Dabei kommt man auch bei den sogenannten „Sieben Heufuhren" vorbei, wie jene Felsgruppe inmitten des Höhenrückens der Hirschegger Alpe genannt wird.
Natürlich läßt sich der lange Weg über die Almen auch abkürzen, indem man vom Bartholomä-Kirchlein oder Seinerkreuz zur Saureishütte abzweigt und von ihr südwärts zu den „Sieben Heufuhren" aufsteigt.
Bei der Bernsteinhütte trennt sich unser Rundweg vom Weitwanderweg 05: Alsbald nimmt der Hochwald seine Besucher auf.
Sobald die Schiwiesen bei den Konradliften erreicht sind, wird der Überblick frei auf Hirschegg und seine weitläufige Umgebung, die beide zahlreiche Ausflugsziele bieten.

Anfahrt: Mit GKB-Zügen nach Köflach, weiter mit GKB-Bus nach Pack und Hirschegg. VTZ 712.

Pkw-Zufahrt über A 2, Südautobahn, Abfahrt Mooskirchen oder Modriach; jeweils über Stampf nach Hirschegg, von Hirschegg zum Pongratzwirt und zur Emil-Stöhr-Hütte.

Rückfahrt: wie Anfahrt.

Weitere Ausflugsvorschläge:

- Rundweg: Pongratzwirt – Saureishütte – Seinerkreuz – Bartholomä-Kirchlein – Pongratzwirt; 10 km, 3 Std., leicht.
- Hirschegg – Konradlifte – Bernsteinhütte – Lahnofen – Knödelhütte, 1390 m – Barbarahaus – Pack, 1116 m; 12 km, 660 Hm, $3^1/_2$ Std., mittel.
- Pack – Gehöft Oberer Schröck – Gehöft Gressenberger – Oberrohrbach – Veitbauermühle am Bärenbach – Bernstein – Gehöft Schmiedjodl – Hirschegg; 7 km, 2 Std., leicht.
- Rundweg: Pack – Knödelhütte – Barbarahaus – Pack; 9 km, $2^1/_2$ Std., leicht.
- Rundweg: Pack – Pöschjoglkogel – Riegl – Packer Stausee, Gh. Krammer – Weg am Stausee-Nordufer – Packwinkel – Autobahnunterführung – Gehöft Augerlbauer, Packwinkel-Schattseite – Weitwanderweg 05 am Kalcherkogel und nach Pack; 12 km, $3^1/_2$ Std., mittel.
- Rundweg: Pack – Barbarahaus – Packsattel – Vier Tore – Augerlbauer – WW 05 am Kalcherkogel nach Pack; 6 km, $1^1/_2$ Std., leicht.
- Rundweg: Packer Stausee, Staumauer/Gh. Neumann – Gh. Blochwirt – Hörmannkogel – Forsthaus Hahnenschloß – Gehöft Brunner – Strandwirt – Uferstraße – Gh. Neumann; 7,5 km, $2^1/_4$ Std., leicht.

Erlebnispunkte:

- die Bergdörfer Hirschegg und Pack;
- das Bergkirchlein St. Bartholomä und das Seinerkreuz auf der Bartholomäalpe;
- die Hochalmlandschaft entlang der Hirschegger Alpe mit der Felsgruppe „Sieben Heufuhren";
- die Erholungslandschaft am Packer Stausee und im Packwinkel.

Einkehrstätten:

Almwirtschaften Saureishütte, Bernsteinhütte und *Knödelhütte,* geöffnet während der Weidezeit bzw. ungefähr von Pfingsten bis Mitte September (je nach Witterung); *Barbarahaus,* oberhalb von Pack und Packer Höhe; *Blochwirt,* zwischen Herzogberg, Pfödlkogel und Hörmannkogel; *Hirschegger Hof,* in der Ortsmitte von Hirschegg; *Kirchenwirt/Krammer,* in der Ortschaft Pack; *Packer Stausee: Krammer, Neumann* und *Strandwirt; Pongratzwirt,* oberhalb von Hirschegg, Richtung Bartholomäalpe; *Spengerwirt,* unterhalb von Hirschegg, Richtung Salzstiegel.

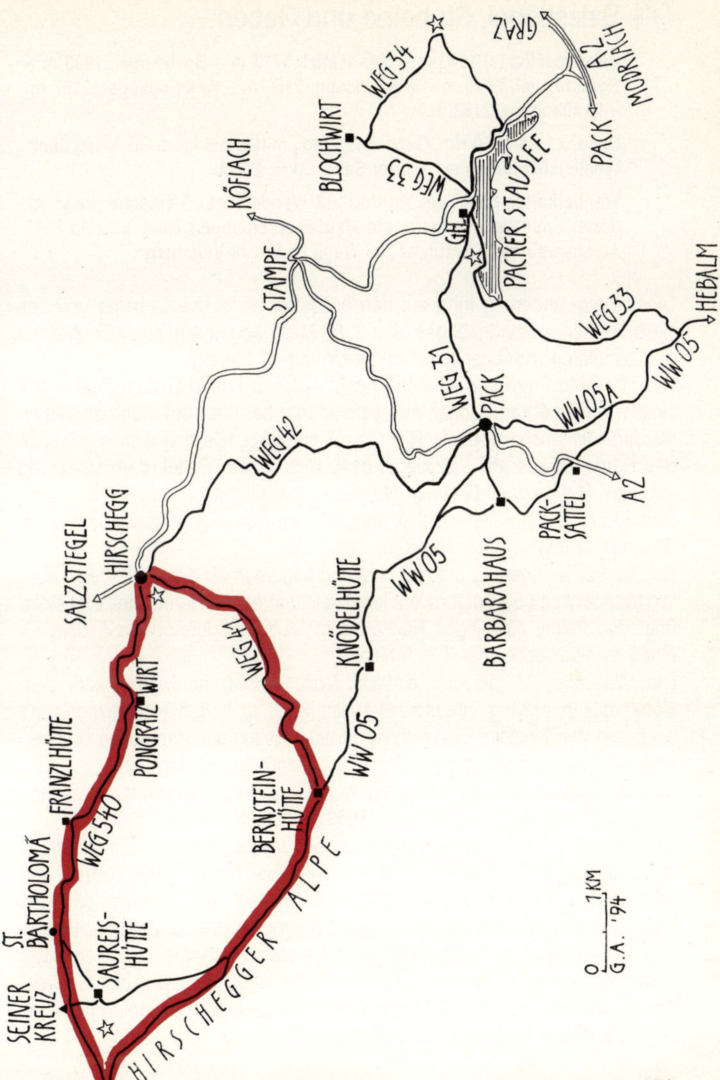
GRAZ
A2
MOOSKIRCH
PACK
WEG 34
BLOCHWIRT
KÖFLACH
WEG 33
PACKER STAUSEE
GH
STAMPF
HEBALM
WEG 33
WEG 31
PACK
WW 05
WW 05A
WEG 42
A2
PACK-
SATTEL
BARBARAHAUS
HIRSCHEGG
SALZSTIEGEL
WW 05
KNÖDELHÜTTE
WEG 41
PONGRATZ WIRT
FRANZLHÜTTE
WW 05
BERNSTEIN-
HÜTTE
WEG 540
ST.
BARTHOLOMÄ
SAUREIS-
HÜTTE
SEINER
KREUZ
HIRSCHEGGER ALPE
0 1 KM
G.A. '94

54 Salzstiegel, Stubalpe und Gaberl

Salzstiegelhaus, 1543 m – Hahnsattel, 1713 m – Speikkogel, 1993 m – Hofalmkogel, 2040 m – Weißenstein, 2160 m – Ameringkogel, 2187 m – Größenberg, 2152 m

Distanz 8 km, 650 Hm, Gehzeit 2¾ Std., mittel; markiert. Rückweg über Weißensteinhütte und Peterer Sattel 6 km, 2 Std.

Wanderkarten FB 41, ÖK 161 und 162. Wanderatlas „Steirische Rucksackdörfer", mit Wegnummern und Wegbeschreibungen, Blatt 3, 6 und 7. Alpenvereinswanderführer „99 Wege im Bezirk Voitsberg".

Diese Bergwanderung führt auf den höchsten Gipfel der Stubalpe und des Weststeirischen Randgebirges, den 2187 Meter hohen Amering. (Er überragt den populären „Koralpenspeik" immerhin um 47 Meter!)
Die markante Form des Ameringkogels – der firstartige Gipfelrücken – fällt weithin auf und kann sogar aus dem Murtal bei Gratkorn wahrgenommen werden. Als Ausgangspunkt Richtung Ameringkogel eignet sich am besten das Berggasthaus am Salzstiegel bzw. Hirschegger Sattel, dem Übergang aus dem Hirschegger Tal nach Norden in das Murtal.
Das Salzstiegelhaus ist eine Kontrollstelle am Nord-Süd-Weitwanderweg im Abschnitt Gaberl – Altes Almhaus – Packalpe.
Bei der Bergwanderung auf den Amering folgt man ab dem Salzstiegel dem Weitwanderweg 05 weniger als 2 km, bis in den nahen Hahnsattel, und steigt über den freien, ostseitigen Rücken zum Stubalm-Speikkogel auf, dem für einen Zweitausender nur 7 m fehlen.
Der Weiterweg ist denkbar einfach: Man wandert nordwärts, stets dem Höhenrücken entlang, überschreitet den 2040 m hohen Hofalmkogel und noch den Weißenstein. Die restliche Strecke dieses ausgesprochen schönen und auch leicht begehbaren Höhenweges liegt zum Greifen nahe.
Das Gipfelkreuz auf dem Amering wurde von Mitgliedern der Steirischen Berg- und Naturwacht im Sommer 1969 aufgestellt.
Der Übergang zum etwas niedrigeren Größenberg bzw. Größing verläuft leicht bergab: Nun überblickt man wie von einer himmelnahen Kanzel den Murboden und das Aichfeld der Region Oberes Murtal, inmitten darinnen liegen die breitgefächerten Siedlungsräume von Knittelfeld, Zeltweg, Fohnsdorf und Judenburg. Über dem Aichfeld stehen im Norden die Berge der Seckauer Tauern, im Westen jedoch liegt der lange Höhenzug der Seetaler Alpen mit dem markanten Zirbitzkogel: „Wandern auf gut steirisch" kennt zumindest beim Gipfelblick keine Grenzen!

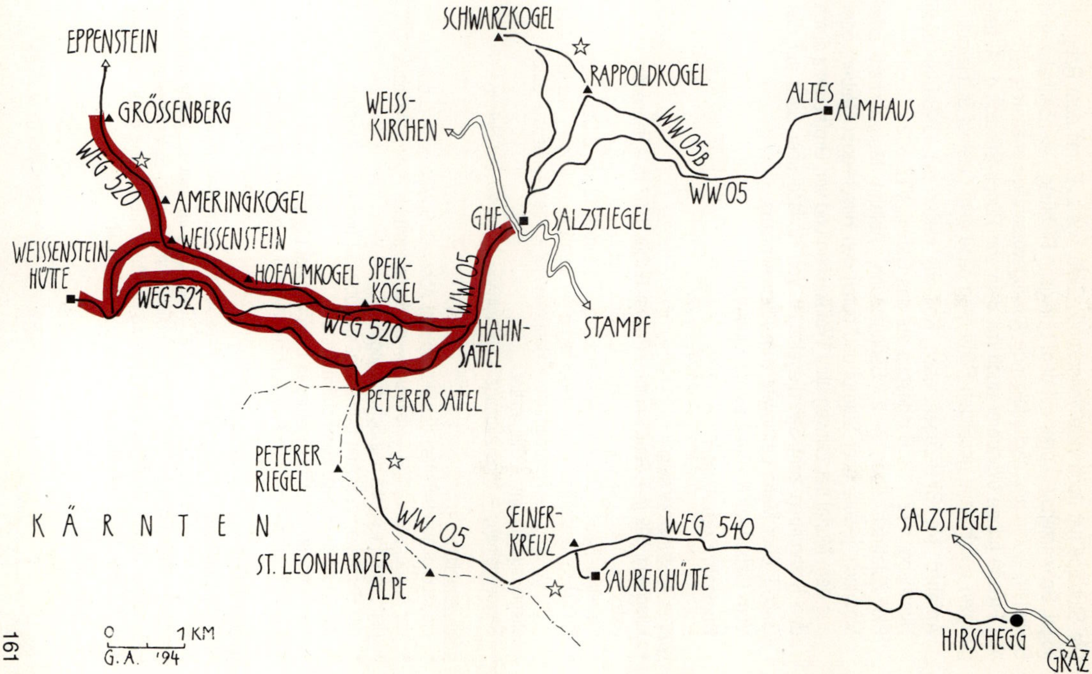
EPPENSTEIN
GRÖSSENBERG
WEG 520
AMERINGKOGEL
WEISSENSTEIN
WEISSENSTEIN-HÜTTE
WEG 521
HOFALMKOGEL
SPEIK-KOGEL
WEG 520
WW 05
HAHN-SATTEL
PETERER SATTEL
GHF
SALZSTIEGEL
WEISS-KIRCHEN
STAMPF
SCHWARZKOGEL
RAPPOLDKOGEL
WW 05B
WW 05
ALTES ALMHAUS
PETERER RIEGEL
KÄRNTEN
WW 05
ST. LEONHARDER ALPE
SEINER-KREUZ
SAUREISHÜTTE
WEG 540
SALZSTIEGEL
HIRSCHEGG
GRAZ
0 1 KM
G.A. '94

Die Stubalpe hat noch viele verlockende Ziele, wie z. B. mit dem Rappoldkogel, Schwarzenstein oder mit dem Übergang Richtung Terenbachalpe und Steinplan, wohin uns nächstfolgende Ausflugsvorschläge entführen.
Viel Freude haben Wanderer auch mit dem von Rudolf Sperlich d. Ä. freigelegten und instand gesetzten Römerweg nahe dem Gasthof Stüblergut.

Anfahrt: Mit GKB-Zügen nach Köflach; weiter mit GKB-Bus nach Hirschegg. VTZ 712. Bundesbus auf das Gaberl. VTZ 502.
Pkw-Zufahrten über A 2, Südautobahn, Abfahrt Mooskirchen oder Modriach, jeweils über Stampf und durch den Hirschegger Graben; oder aus dem Murtal bei Zeltweg über Weißkirchen und von Großfeistritz durch den Kothgraben zum Salzstiegelhaus. Von Köflach über Salla auf das Gaberl; über Maria Lankowitz zum Alten Almhaus.
Vom Gaberl auch zum Gasthof Stüblergut.

Rückfahrt: wie Anfahrt.

Weitere Ausflugsvorschläge:

- Hirschegg, 899 m – Saureishütte – Peterer Riegel, 1967 m – Hahnsattel – Salzstiegelhaus; 15 km, 1070 Hm, 4$^1/_2$ Std., mittel.
- Salzstiegelhaus – Gh. Altes Almhaus; hin und zurück 12 km, 3 Std., leicht.
- Rundweg: Salzstiegelhaus – Jagdsteig unter dem Rappoldkogel - Reimoarhütte – Schwarzkogel – Reimoarhütte – Rappoldkogel – Altes Almhaus – Salzstiegelhaus; 14 km, 4 Std., mittel.
- Salzstiegelhaus – Altes Almhaus – Gaberlhaus; 9 km, 2$^1/_2$ Std., leicht.

Erlebnispunkte:

- die Hochalmlandschaften der Stubalpe im Abschnitt Speikkogel – Größing;
- der ebene, sonnseitige Verbindungsweg Salzstiegelhaus – Altes Almhaus;
- der kleine Felsgipfel des Schwarzkogels;
- der Römerweg zwischen Gaberlstraße, Stüblergut und Altem Almhaus;
- die Rauchkuchl beim Gasthof Stüblergut;
- die geführten Kräuterwanderungen beim Gasthof Lipp;
- die Lipizzanerweide beim Soldatenhaus (Mitte Juni bis Mitte September).

Einkehrstätten:

Almstub'n, nahe der Gaberl-Paßhöhe; *Altes Almhaus,* am Weitwanderweg Gaberl – Salzstiegelhaus; *Gaberlhaus,* auf der Paßhöhe; *Lipp,* am Gaberl, Weitwanderweg Richtung Altes Almhaus; *Plankogel,* nördlich vom Gaberl; *Salzstiegelhaus,* am Hirschegger Sattel; *Stüblergut,* jeden Freitag Rauchkuchl-Grillabend (bitte voranmelden); *Wiedneralm,* unterhalb von Gaberl und Plankogel.

55 St. Hemma, Gößnitz und Umgebung

Edelschrott, 793 m – Gehöft Kogelweber – Gehöft Fleischhackerhubenbauer – Kreuzberg – St. Hemma, 1142 m – Neuhäuselwirt – Hirschegg

Distanz 10 km, 350 Hm, Gehzeit 3 Std., leicht; markiert.

Wanderkarten FB 41, ÖK 162. Wanderatlas „Steirische Rucksackdörfer", mit Wegnummern und Wegbeschreibungen, Blatt 7. Alpenvereinswanderführer „99 Wege im Bezirk Voitsberg".

Zwischen dem Wölkerkogel beim Alten Almhaus und der Packer Bundesstraße bei Edelschrott erstreckt sich in Nord-Süd-Richtung ein Höhenrücken, wie wir ihn schätzen:
Er zeigt dem Besucher – ob Spaziergänger oder Wanderer – Almböden, Felsblöcke, Jung- und Kampfwald, Lärchenhaine, Steckenzäune, Saumpfade, Weidetore, Nadelteppiche, Holzbloche und Erdböden in jenem Mosaik, dessen Formen und Farben niemand besser mischt als die Natur.
Der Wald aber bedeckt wie eine dichtgewebte dunkelgrüne, fast schwarze Decke die weiten Berglehnen in Hirscheggwinkel und Gößnitzwinkel. Aus diesem Dunkel des Waldes leuchten die weißgetünchten Mauern und Pfeiler der kleinen, schindelgedeckten Kirche St. Hemma heraus, so daß die der hl. Hemma geweihte Kirche schon von Edelschrott aus sichtbar ist.
Ein Ausflug, auch wenn er in Edelschrott beginnt, läßt sich noch unterwegs beliebig gestalten:
Zum Beispiel als Rundtour über St. Hemma durch Kreuzberg, wobei man ab dem Neuhäuselwirt dem Weg Nummer 550 folgt und auf ihm nach Edelschrott zurückkehrt.
Eine andere Variante, in Form einer kürzeren Rundwanderung, wäre, von St. Hemma aus direkt nach Hirschegg zu wandern und über den Neuhäuselwirt zurückzukehren.
Nicht zuletzt lädt St. Hemma zu Spaziergängen ein, die beliebig weit über den Neuhäuselwirt hinaus fortgesetzt werden können in Richtung Spengerkogel, dessen Umgebung wir als ein landschaftliches Zuckerl schätzen: Der 8 km lange Rücken von St. Hemma über den Spengerkogel zum Alten Almhaus zählt zu den schönsten Wanderwegen dieses Gebietes.
Dennoch: Da sind noch die langen Wanderwege vom Alten Almhaus über Hochgößnitz nach Gößnitz; oder die Schiabfahrt zur Grabenmühle; oder die Waldwanderwege nördlich und südlich des Laudonkogels zwischen Altem Almhaus und Maria Lankowitz.

Anfahrt: Vom GKB-Bf. Köflach mit GKB-Bus nach Maria Lankowitz, VTZ 501; Edelschrott und Hirschegg, VTZ 712; Bundesbus zum Gaberl, VTZ 602. Vom Gh. Grabenmühle zu allen Jahreszeiten Taxiverkehr zum Alten Almhaus. Pkw-Zufahrt nach Edelschrott und St. Hemma über Voitsberg – Köflach Richtung GKB-Freizeitzentrum und Pack.

Rückfahrt: wie Anfahrt.

Weitere Ausflugsvorschläge:

- Maria Lankowitz – GKB-Freizeitinsel Piberstein – Gehöft Kainz – Gehöft Schusterbauer – Packer Siedlung – Gh. Lustiger Bauer – Gehöft Ulz – Gehöft Weiß – Edelschrott; 8 km, 2½ Std., leicht.
- St. Hemma – Neuhäuselwirt – Spengerkogel, 1460 m – Altes Almhaus, 1650 m; 8,5 km, 2½ Std., leicht.
- Hochgößnitz, Gehöft Oberer Hois, 1030 m – Bergrettungshütte – Altes Almhaus; 7 km, 620 Hm, 2 Std., leicht. (Zufahrt von Piberstein über Grabenmühle.)
- Altes Almhaus – Gaberlhaus; 3 km, 50 Minuten, leicht.
- Maria Lankowitz, 519 m – St. Johann – Kirchberg – Gehöft Scharras – Gehöft Schusterfastl, 1007 m – Buchwald am Laudonkogel – Soldatenhaus – Brandkogel – Altes Almhaus; 14 km, 1150 Hm, 4½ Std., mittel.
- Rundweg: Maria Lankowitz – Franziskanerriegel – Gh. Wiendl – Stöcklkapelle – Hirschenwirt (geschlossen) – Engelbauer – Straße zum Schusterfastl, 1007 m – Gehöft Scharras – Kirche St. Johann – Maria Lankowitz; 11 km, 500 Hm, 3½ Std., mittel.

Erlebnispunkte:

- die Kirche und das Bergdorf St. Hemma;
- die Bergdörfer Edelschrott und Hirschegg;
- der Wanderweg über den Spengerkogel;
- die Lipizzanerhengste, Mitte Juni bis Mitte September auf der Sommerweide nahe dem Soldatenhaus bzw. Alten Almhaus;
- die Wallfahrtskirchen Maria Lankowitz und St. Johann;
- die GKB-Freizeitinsel Piberstein.

Einkehrstätten:

Altes Almhaus, am Weitwanderweg beim Wölkerkogel; *Grabenmühle,* an der Auffahrt nach Gößnitz; *Hirschegger Hof,* in der Ortsmitte von Hirschegg; *Jägerwirt,* in der Ortsmitte von Gößnitz; *Kruagmor,* am Parkplatz unterhalb vom Alten Almhaus; *Lustiger Bauer,* in Kreuzberg bei Edelschrott; *Neue Gmoahütte,* Almwirtschaft in Hochgößnitz; *Neuhäuselwirt,* zwischen St. Hemma, Hirschegg und Spengerkogel; *St.-Hemma-Hof,* neben der Kirche im Ort St. Hemma; *Seinerwirt,* in Niedergößnitz; *Waldbauernalm,* Almwirtschaft in Gößnitzwinkel; *Wiendl,* in Niederberg, an der Auffahrt zum Alten Almhaus.

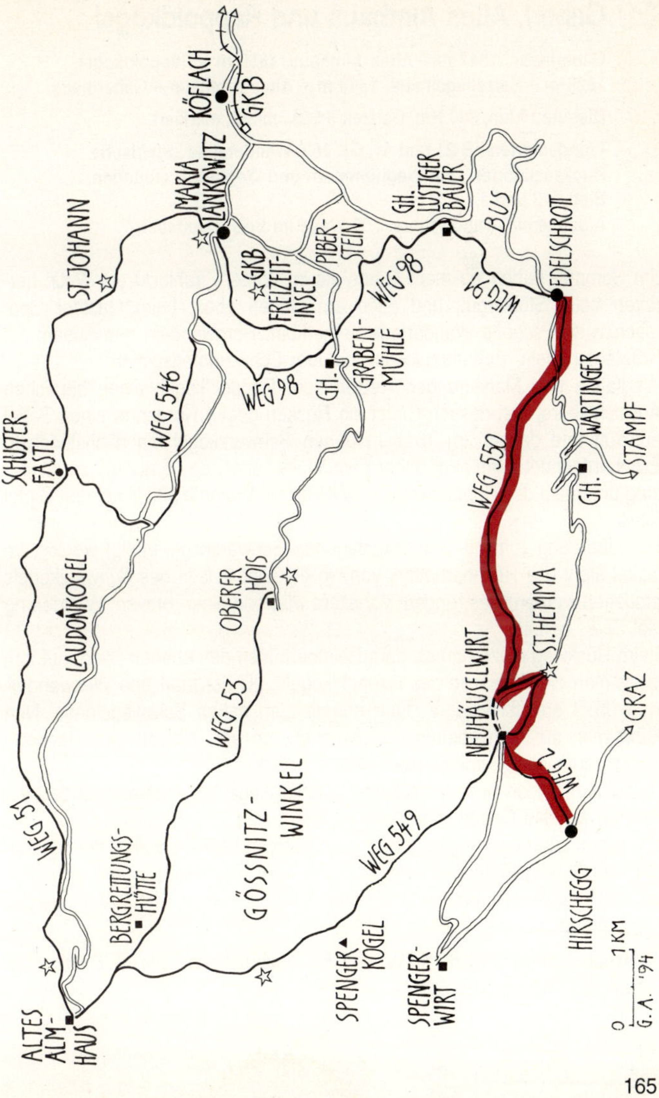
KÖFLACH
GKB
MARIA LANKOWITZ
ST. JOHANN
GKB FREIZEIT-INSEL
PIBER-STEIN
GH. LUSTIGER BAUER
BUS
EDELSCHROTT
WEG 98
WEG 94
GH. GRABEN-MÜHLE
WEG 98
WEG 546
SCHUSTER-FASTL
WARTINGER
STAMPF
GH.
WEG 550
LAUDONKOGEL
OBERER HOIS
ST. HEMMA
NEUHÄUSELWIRT
WEG 53
GRAZ
WEG 7
WEG 51
GÖSSNITZ-WINKEL
WEG 549
BERGRETTUNGS-HÜTTE
HIRSCHEGG
SPENGER-KOGEL
SPENGER-WIRT
ALTES ALM-HAUS
0 1 KM
G. A. '94

56 Gaberl, Altes Almhaus und Rappoldkogel

Gaberlhaus, 1547 m – Altes Almhaus, 1650 m – Rappoldkogel, 1928 m – Salzstiegelhaus, 1543 m – Altes Almhaus – Gaberlhaus

Distanz 17 km, 380 Hm, Gehzeit 5 Std., mittel; markiert.

Wanderkarten FB 21 und 41, ÖK 162. Wanderatlas „Steirische Rucksackdörfer", mit Wegnummern und Wegbeschreibungen, Blatt 1, 3 und 4.
Alpenvereinswanderführer „99 Wege im Bezirk Voitsberg".

„Im Sommer haben wir mehr Gäste als im Winter", frohlockt die Wirtin herunten beim Stüblergut; und auch am Gaberl oben, beim Gasthof Lipp, machen sich schöne Wandertage bemerkbar: Bergwandern gemeinsam mit Kräutersammeln, Beerenpflücken und/oder Schwammerlsuchen.
Wegtafeln und Markierungen weisen zum Rappoldkogel, einen herrlichen Aussichtsberg, von dessen Gipfel ein Rücken gegen Norden in einen Sattel ausläuft und danach im 1817 m hohen Schwarzkogel die nächsthöchste Erhebung findet. Man folgt daher dem Weitwanderweg 05 nur bis zur Gabelung unterhalb des Rappoldkogels, weil nun die Variante 505 B auf den Gipfel führt.
Der Übergang zum nördlich vorgelagerten Schwarzkogel erfolgt weglos; im Sattel steht das Reimoarhütterl, von wo die Gipfelfelsen des Schwarzkogels erstiegen werden, was Kindern vor allem während einer „braven" Wanderung viel Spaß bereitet.
Beim Rückweg nutzt man ab dem Reimoarhütterl den ebenen Steig; auf ihm quert man die Westseite des Rappoldkogels, bis der markierte Weitwanderweg 05 B erreicht wird. Er führt bergab zum nahen Salzstiegelhaus. Nun kehrt man auf dem ebenen Hauptweg 05, an der Südseite des Rappoldkogels, zum Alten Almhaus und Gaberl zurück.
Außerdem stehen noch viele kurze Spaziergänge zur Auswahl, so daß ein Ausflug auf das Gaberl immer wieder überrascht.
Zu diesen Überraschungen gehört auch der von Rudolf Sperlich in langjähriger Arbeit freigelegte „Römerweg" nahe vom Stüblergut, womit sich eine nächste, kleinere Runde ergibt in Verbindung mit Gaberl, Altem Almhaus und Wölkerkogel.

Anfahrt: Vom GKB-Bf. Köflach mit Bundesbus nach Salla, VTZ 502; bzw. auf das Gaberl, VTZ 602.

STEIINPLAN-
SCHUTZHAUS
WW 02
STIERKREUZ
WW 05
OSKAR-
SCHAUER-
HAUS
TURNERALM
JUDENBURG
JAGERKREUZ
WW 05
OFNERKOGEL
PLAN-
KOGEL
WIEDNER-
ALM
WEG 57
OFNER-
KREUZ
GRAZ
GHF. STÜBLER-
GUT
GABERL
SALLA
WEG 30
WEG 52
RAPPOLD-
KOGEL
ALTES
ALMHAUS
WW 05 B
WÖLKER-
KOGEL
WW 05
SALZSTIEGEL-
HAUS
0 1 KM
G. A. '94

Pkw-Zufahrt von Köflach über Salla zum Gaberl; von Köflach über Maria Lankowitz zum Alten Almhaus.

Rückfahrt: wie Anfahrt.

Weitere Ausflugsvorschläge:

- Gaberlhaus – Plankogel – Ofnerkogel, 1666 m – Scherzberg – Turneralm, 1500 m – Steinplan-Schutzhaus, 1670 m; 10 km, 3 Std., leicht.
- Gaberlhaus – Turneralm – Stierkreuz – Oskar-Schauer-Sattelhaus, 1394 m; 11 km, $3^1/_4$ Std., leicht.
- Gaberlhaus – Plankogel – Wiedneralm – Lederwinkel – Ofnerkreuz – Salla, 870 m; 6,5 km, 680 Hm Abstieg, $1^1/_2$ Std., leicht.
- Salla – Hofbauerkreuz – Brandkogelbach – Steinbruch – Soldatenhaus – Brandkogel – Altes Almhaus - Gaberlhaus; 9 km, 780 Hm, 3 Std., leicht.
- Ghf. Stüblergut – Römerweg – Altes Almhaus; hin und zurück 10 km, $2^1/_2$ Std., leicht.

Erlebnispunkte:

- der steingemauerte Windfang auf dem Rappoldkogel;
- das Reimoarhütterl im Rappoldsattel;
- die Gipfelfelsen am Schwarzkogel;
- der Wölkerkogel mit dem Gipfelkreuz;
- die Kräuterwanderungen und Reitstunden beim Gasthof Lipp;
- die Rauchkuchl und der Römerweg beim Stüblergut;
- die vielen Aussichtsplätze entlang des Weitwanderweges;
- die Lipizzanerhengste, Mitte Juni bis Mitte September, auf der Sommerweide nahe vom Alten Almhaus bzw. beim Soldatenhaus.

Einkehrstätten:

Almstub'n, nahe der Gaberl-Paßhöhe; *Altes Almhaus,* am Weitwanderweg beim Wölkerkogel; *Jägerwirt,* in der Ortsmitte von Gößnitz; *Kruagmor,* am Parkplatz unterhalb vom Alten Almhaus; *Lipp,* am Gaberl, Weitwanderweg Richtung Altes Almhaus; *Neue Gmoahütte,* Almwirtschaft in Hochgößnitz; *Neuhäuselwirt,* zwischen St. Hemma, Hirschegg und Spengerkogel; *Plankogel,* am Gaberl, Weitwanderweg Richtung Sattelhaus; *Salzstiegelhaus,* am Hirschegger Sattel; *Stüblergut,* jeden Freitag Rauchkuchl-Grillabend (bitte voranmelden); *Waldbauernalm,* Almwirtschaft in Gößnitzwinkel; *Wiedneralm,* unterhalb von Gaberl und Plankogel.

57 Berge um Graden und Kainach

Rund um den Kreuzkogel: Gasthof Bergwirt, 1020 m – Gehöft Pongritz – Gehöft Stumpf im Dorf – Kreuzkogelwiese – Bergwirt

Distanz 4 km, Gehzeit 1¼ Std., mittel; nicht bezeichnet.

Wanderkarten FB 13, 21 und 41, ÖK 162. Wanderatlas „Steirische Rucksackdörfer", mit Wegnummern und Wegbeschreibungen, Blatt 1, 2 und 5.
Alpenvereinswanderführer „99 Wege im Bezirk Voitsberg".

Die Stubalpe hat mehrere Ausläufer, die bis an das obere Kainachtal heranreichen und damit das Landschaftsbild der nördlichen Weststeiermark im Bezirk Voitsberg entscheidend mitprägen: Dazu gehören auch die Berge um Graden und Kainach, wie zum Beispiel der 1075 m hohe Kreuzkogel.

Interessant ist der Umstand, daß am Kreuzkogel beim ehemaligen Kreuzwirt – nahe dem Gehöft Stumpf im Dorf – einst eine wichtige Pferdestation in Betrieb war: „Die Gespanne transportierten Wein aus dem Kainachtal über das Stierkreuz hinunter in die Rachau Richtung Seckau, dabei wurden die Pferde von Krenhof über die Wolfsleiten heraufgetrieben", erzählt Bergwirt Schlatzer. Sein großes Haus steht an der Südwestseite des Kreuzkogels und bietet sich für unsere Rundwanderung als Ausgangspunkt geradezu an.

„Auch die Straße auf das Gaberl hat bei uns so lange vorbeigeführt, bis unten in der Schlucht, im Krengraben und Sallagraben, die neue Paßstraße von Krenhof Richtung Katzbachbrücke fertiggestellt war", weiß der Bergwirt ebensfalls zu berichten aus Zeiten, in denen Berge eher als Hindernisse betrachtet wurden denn als Erholungsraum.

Auch einige gut erhaltene Pestkreuze stehen entlang der Rundwanderung: eines nahe beim Bergwirt, ein zweites am Südrücken des Kreuzkogels und ein drittes beim ehemaligen Gradner Hof, dem Gehöft Pongritz, wo der Rundweg ebenfalls vorbeiführt.

Eindrucksvoll ist auch das Großgehöft Stumpf im Dorf mit dem stattlichen Wohnhaus und den harmonisch hinzugefügten Wirtschaftsgebäuden.

Eine kurze Asphaltstraße führt dann zum ehemaligen Kreuzwirt, wo ein viertes Pestkreuz steht.

Nahe vom Kreuzwirt zieht an der Rückseite einiger kleiner Häuser ein Waldweg südwärts: Das Gelände hier am Kreuzkogel ist ideal zum Spazieren und Spielen für Familien mit Kindern. Kurz nach einer Wasserstelle führt ein Forstweg den Wanderer in einer Gegensteigung zu einer prächtigen Almwiese. Eine Weidengruppe, Mauerreste und verwilderte Obstbäume erinnern auch hier an einstiges Leben. Leben liegt jedoch unweit von hier: beim nahen Bergwirt.

Anfahrt: Vom GKB-Bf. Köflach mit GKB-Bus nach Graden bzw. Salla. Mit Bundesbus Richtung Salla bis Katzbachbrücke. VTZ 502.
Pkw-Zufahrt von Köflach Richtung Salla, in Krenhof Abzw. zum Bergwirt; zum Eckwirt über Graden oder Kainach.

Rückfahrt: wie Anfahrt.

Weitere Ausflugsvorschläge:

- Gh. Katzbachbrücke, 734 m – Jägerwirt, 1043 m – Graden, 697 m; 5 km, 1½ Std., leicht.
- Rundweg: Graden – Gehöft Schober, Mitteregg – Jägerwirt – Graden; 7 km, 2 Std., leicht.
- Rundweg: Graden – Gehöft Schober im Mitteregg – Wetterkreuz, 1270 m – Gehöft Schober im Licht – Eckwirt – Hirtlkreuz – Graden; 9 km, 580 Hm, 2½ Std., leicht.
- Rundweg: Graden – Kapelle – Gehöft Rotwagner – Gradner Hof – Ghf. Bergwirt – Kreuzkogel – Dorfkreuz – Jägerwirt – Gehöft Koch im Stein – Graden; 10 km, 3 Std., mittel.
- Kainach, Kirche – Weißkreuz – Eisner – Wascher – Eckwirt; 5 km, 1½ Std., mittel.

Erlebnispunkte:

- die zahlreichen Pestkreuze und Wegkreuze entlang den Höhenwegen;
- die Bergbauernhöfe rund um den Kreuzberg sowie in Piberegg und am Wetterkogel;
- die herrlichen Aussichtsplätze entlang aller Höhenrücken;
- das Werkhaus Kainach, mit Keramikausstellung und Glasbläserei in der ehemaligen Holzwollefabrik.

Einkehrstätten:

Anglerwirt, am Ortsrand von Graden; *Bergwirt*, Restaurant und Seminarhotel an der Sonnseite des Kreuzkogels; *Blütl/Simonlehner*, nahe Kainach; *Eckwirt*, am Übergang zwischen Graden und Kainach; *Gallaun vulgo Hupfauf;* Buschenschank in Piberegg; *Jägerwirt*, am Übergang zwischen Bergwirt, Katzbachbrücke und Graden; *Katzbachbrücke*, das traditionelle Gasthaus im Sallagraben; *Kirchenwirt Schmid*, im Ort Kainach; *Lind/Reisinger*, in Kohlschwarz, südlich von Kainach; *Platzwirt*, im Ort Graden; *Pongritz/Bärnthaler/Jagglwirt*, nördlich von Kainach, am Eingang in den Oswaldgraben; *Ruprechter/Ochsenwirt*, im Ort Kainach.

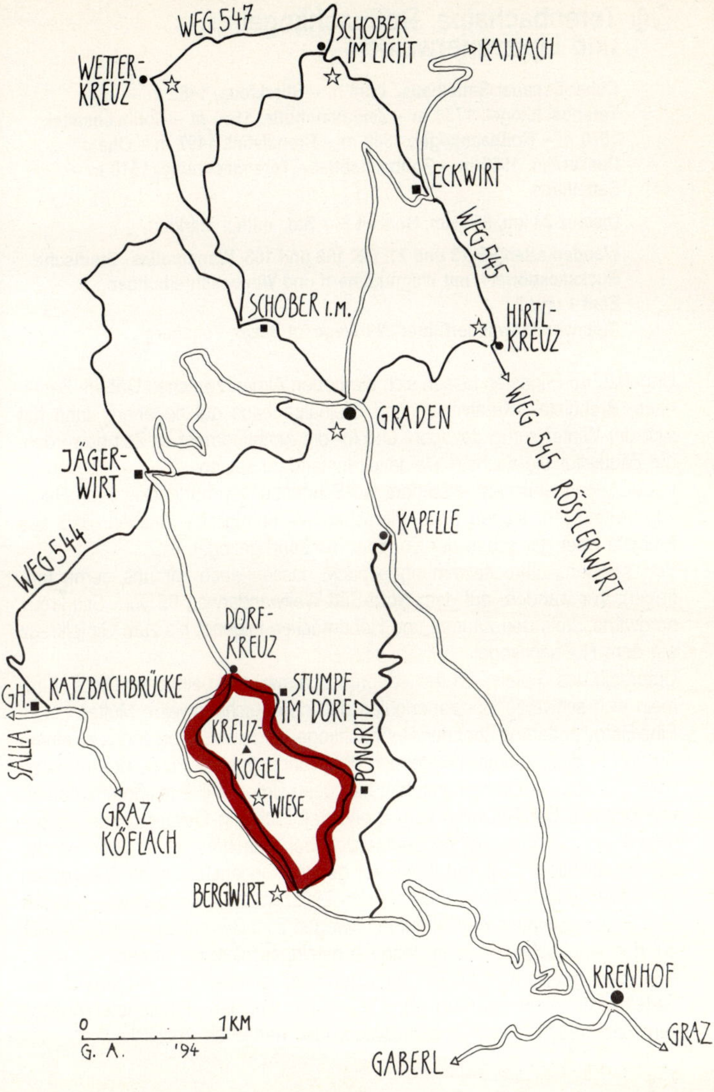
WEG 547
SCHOBER
IM LICHT
KAINACH
WETTER-
KREUZ
ECKWIRT
WEG 545
SCHOBER I. M.
HIRTL-
KREUZ
WEG 545
GRADEN
JÄGER-
WIRT
RÖSSLERWIRT
KAPELLE
WEG 544
DORF-
KREUZ
GH.
KATZBACHBRÜCKE
STUMPF
IM DORF
SALLA
KREUZ-
KOGEL
PONGRITZ
WIESE
GRAZ
KÖFLACH
BERGWIRT
KRENHOF
0
1 KM
G. A.
'94
GRAZ
GABERL

58 Terenbachalpe, Roßbachkogel und Lipizzanerweide

Oskar-Schauer-Sattelhaus, 1394 m – Stierkreuz, 1485 m – Terenbachkogel, 1734 m – Zeißmannhütte, 1580 m – Roßbachsattel, 1570 m – Roßbachkogel, 1848 m – Brendlstall, 1497 m – Obere Pusseralm, 1550 m – Roßbachsattel – Terenbachhütte, 1510 m – Sattelhaus

Distanz 24 km, 650 Hm, Gehzeit 6–7 Std., mittel; markiert.

Wanderkarten FB 13 und 21, ÖK 162 und 163. Wanderatlas „Steirische Rucksackdörfer“, mit Wegnummern und Wegbeschreibungen, Blatt 1 und 2.
Alpenvereinswanderführer „99 Wege im Bezirk Voitsberg“.

Ungefähr ab Pfingsten lassen sich die hohen Almen zwischen Gaberl, Sattelhaus, Brendlstall, Krautwasch und Gleinalpenhaus gut begehen; dann hat sich der Winter zurückgezogen, und für die Almbauern ist es Zeit geworden, die Zäune für die nächste Weidezeit instand zu setzen.
In den „Schneetälchen“, also dort, wo Schneezungen hartnäckig ihren Rückzug verteidigen, stehen erste Blümchen als untrügliche Zeichen, daß das Frühjahr oder gar schon der Sommer ins Land gezogen ist.
Von solcher Aufbruchstimmung gepackt, lassen auch wir uns gerne forttragen: Wir wandern auf dem Nord-Süd-Weitwanderweg 05 vom Stierkreuz nordwärts, stets den Zäunen und Höhenrücken folgend, bis zum Gipfelkreuz auf dem Roßbachkogel.
Unterhalb des Gipfels, auf den sattgrünen Almwiesen beim Brendlstall, tummeln sich schwarze Lipizzanerfohlen und deren schneeweiße Mütter.
Eine Bergwanderung über den Roßbachkogel wird also unversehens zu einem Ausflug in das Sommer-Weidereich des Bundesgestüts Piber, dessen kostbarer Schatz, die Lipizzanerstuten, hier beim Brendlstall ihre „Sommerferien“ ver- bringen. Der Rückweg vom Brendlstall Richtung Oskar-Schauer-Sattelhaus kann auf Forststraßen erfolgen, wobei man über weite Strecken der Höhenschichtlinie folgt und daher nur geringe Gegensteigungen überwinden muß. Wer jedoch längere Zeit bei den Lipizzanern verbringen will, wandert vom Bauerngasthaus Kapitel auf Forstwegen zum Brendlstall; eine Gipfeltour auf den Roßbachkogel kann dennoch miteingeschlossen werden.
Außerdem gibt es wie bei allen sonstigen Ausflugszielen auch im Bereich des Sattelhauses viele Spaziergänge: Schon die wenigen Höhenmeter Anstieg zum Stierkreuz (1485 m) lohnen wegen des herrlichen Ausblickes.

Anfahrt: Vom GKB-Bf. Köflach mit Bundesbus oder GKB-Bus bis Katzbachbrücke. VTZ 502.
Pkw-Zufahrt von Köflach über Graden und Jägerwirt.
Zugang von der Bus-Haltestelle Katzbachbrücke zum Sattelhaus 2¼ Std., vom Gaberlhaus zum Sattelhaus 3 Std.

Rückfahrt: wie Anfahrt.

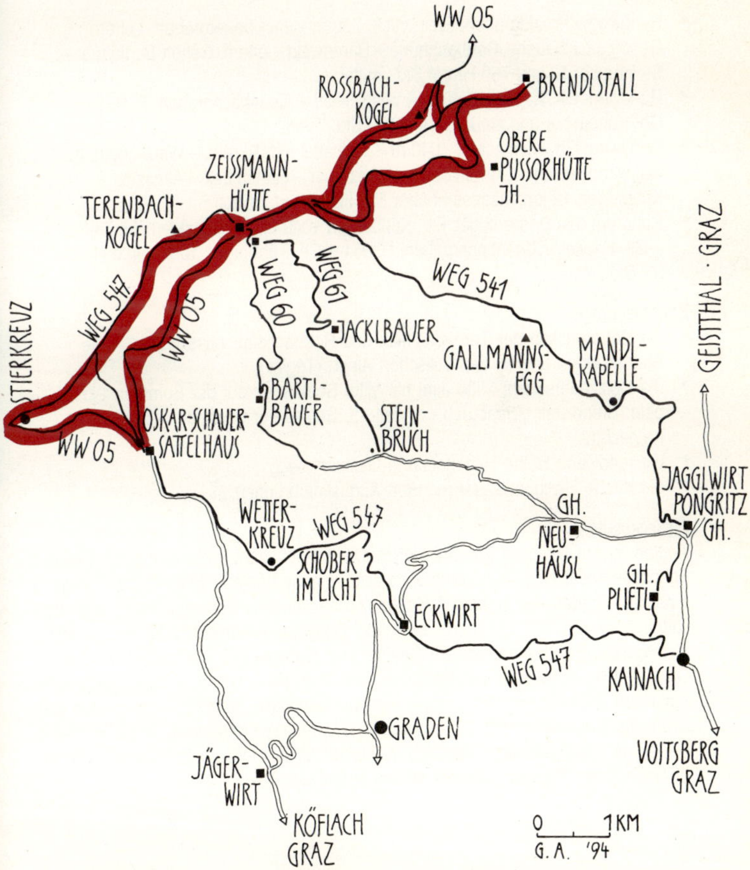

Weitere Ausflugsvorschläge:

- Rundweg: Sattelhaus – Terenbachkogel – Zeißmannhütte – Terenbachhütte – Sattelhaus; 9 km, 350 Hm, 3 Std., leicht.
- Kainach, 544 m – Eckwirt – Gehöft Schober im Licht – Wetterkreuz – Sattelhaus; 10 km, 850 Hm, 3 Std., mittel.
- Pongritzwirt (Jagglwirt), 572 m, bei Kainach – Mandlkapelle – Gallmannsegg – Gstierlkreuz – Roßbachsattel – Roßbachhütte, 1510 m; 10 km, 1000 Hm, 3 Std., mittel.
- Rundweg: Oswaldgraben, Steinbruch, 758 m – Jacklbauergraben – ehem. Gehöft Jacklbauer – Roßbachhütte – Bärenwald – ehem. Gehöft Bartlbauer – Steinbruch; 12 km, 760 Hm, 4 Std., mittel.
- Rundweg: Gh. Kapitel, 1040 m – Wispelwald – Alpenbachgraben, P. 951 – Gh. Kühbacher und zurück; 8 km, $2^1/_2$ Std., leicht.
- Rundweg: Gh. Kühbacher, 1040 m – Tiefsattel – Kalkkreuz – Walzkogelhüttel – Ghf. Krautwasch – Dornerbach – Nickelbauer – Gehöft Lex – Almsattel – Kühberger; 12 km, insgesamt über 500 Hm, 4 Std., mittel.
- Rund um den Dornerkogel: Gh. Kühberger, 1040 m – Schanzkreuz im Tiefsattel – Gh. Kapitel – Alpenbachgraben, P. 951 – Gh. Kühberger; 10 km, 400 Hm, $3^1/_2$ Std., mittel.

Erlebnispunkte:

- die Höhenrücken der Terenbachalm und Roßbachalm, Aussicht bis in die Steiner Alpen und zu den Julischen Alpen (Triglav);
- die Lipizzanerstuten, Mitte Juni bis Mitte September auf der Sommerweide beim Brendlstall, Almabtrieb um den 15. September durch das obere Kainachtal;
- die renovierte Ruine Hauenstein in Gallmannsegg;
- die Kirche Heiligenwasser mit dem Augustinerbrunnen.

Einkehrstätten:

Anglerwirt, am Ortsrand von Graden; *Bergwirt,* Restaurant und Seminarhotel an der Sonnseite des Kreuzkogels; *Blütl/Simonlehner,* nahe Kainach; *Eckwirt*, am Übergang zwischen Graden und Kainach; *Heiligenwasser,* in Gallmannsegg, nahe dem Almsattel; *Jägerwirt,* am Übergang zwischen Bergwirt, Katzbachbrücke und Graden; *Katzbachbrücke,* das traditionelle Gasthaus im Sallagraben; *Kirchenwirt Schmid,* im Ort Kainach; *Kühberger,* Jausenstation der Agrargemeinschaft Kohlschwarz, nahe Almsattel; *Platzwirt,* im Ort Graden; *Pongritz/Bärnthaler/Jagglwirt,* nördlich von Kainach, am Eingang in den Oswaldgraben; *Ruprechter/Ochsenwirt,* im Ort Kainach; *Sauer,* in Gallmannsegg, nördlich Kainach; *Oskar-Schauer-Sattelhaus,* auf der Terenbachalm; *Kapitel,* Bauerngasthaus in Gallmannsegg.

59 Krautwasch, Gleinalpenspeik und Geistthaler Berge

Ghf. Krautwasch, 1126 m – Kalkkreuz, 1364 m – Tiefsattel, Schanzkreuz, 1349 m – Ochsentörl, 1460 m – Brendlstall, 1497 m – Gleinalpen-Schutzhaus, 1586 m – Speikkogel, 1988 m

Distanz 10 km, 860 Hm, 3¼ Std., mittel; markiert.

Wanderkarten FB 13, ÖK 162 und 163.
Alpenvereinswanderführer „99 Wege im Bezirk Voitsberg".

Unsere Ausflugsrunde durch die nördliche Weststeiermark überschneidet sich allmählich mit Ausflugszielen im nordwestlichen Grazer Bergland.
Als Ausgangsorte eignen sich Geistthal, Großstübing, Deutschfeistritz, Übelbach und Neuhof, um in mehr oder weniger langen Wanderungen das Gleinalpen-Schutzhaus zu erreichen und natürlich auch den Speikkogel.
Seit die Zufahrt im Neuhofgraben nur noch bis zum ehemaligen Gh. Hoyer gestattet ist, sind zum Gleinalpenhaus nunmehr rund 6 km zurückzulegen und rund 700 Hm zu überwinden – doppelt so viel als zuvor.
Indessen ist aber auch der Ausgangspunkt beim Krautwasch wieder interessanter geworden, weil der schön gelegene Gasthof nunmehr ebenso gut bewirtschaftet ist: Die Wanderung vom Krautwasch zum Gleinalpenhaus ist dank gut markierter Wege nicht zu verfehlen; sogar im Winter wird zeitweise gerne der Höhe entlang gestapft, so lange die Bergschuhe nicht zu tief im Schnee versinken.
Der „Einstiegsplatz" beim Krautwasch in einen der längeren Zugangswege Richtung Gleinalpe kann auch in die Gegenrichtung, also ostwärts, „umgedreht" werden: Über Höhenrücken zum Schererkreuz und Gh. Hiedner oder gar noch weiter, nämlich zum Hagensattel am Schartnerkogel und zu den Bahn-/Bus-Haltestellen in Deutschfeistritz. Ja, ein markierter Weg führt vom Hagensattel sogar über den Gamskogel zum Bahnhof Stübing.
Mit „Wandern im Verbund" gibt es also viele Möglichkeiten; man braucht die Reiseanbote von Bahn und Bus nur noch umsetzen.
Ähnliche Vorsätze können auch bei Ausflügen um Geistthal umgesetzt werden: Sternförmig führen Wanderwege mitten aus dem Ort Geistthal Richtung Sattelbauer, Heiligenwasser, Kainach, Gschnaidt und St. Pankrazen.

Anfahrt: Landesbahnen-Züge bis Übelbach, VTZ 303; Bundesbus nach Neuhof, VTZ 403; GKB-Bus nach Geistthal, VTZ 302.
Pkw-Zufahrten über A 9, Pyhrnautobahn, Abfahrt Übelbach, über Neuhof zum Krautwasch.

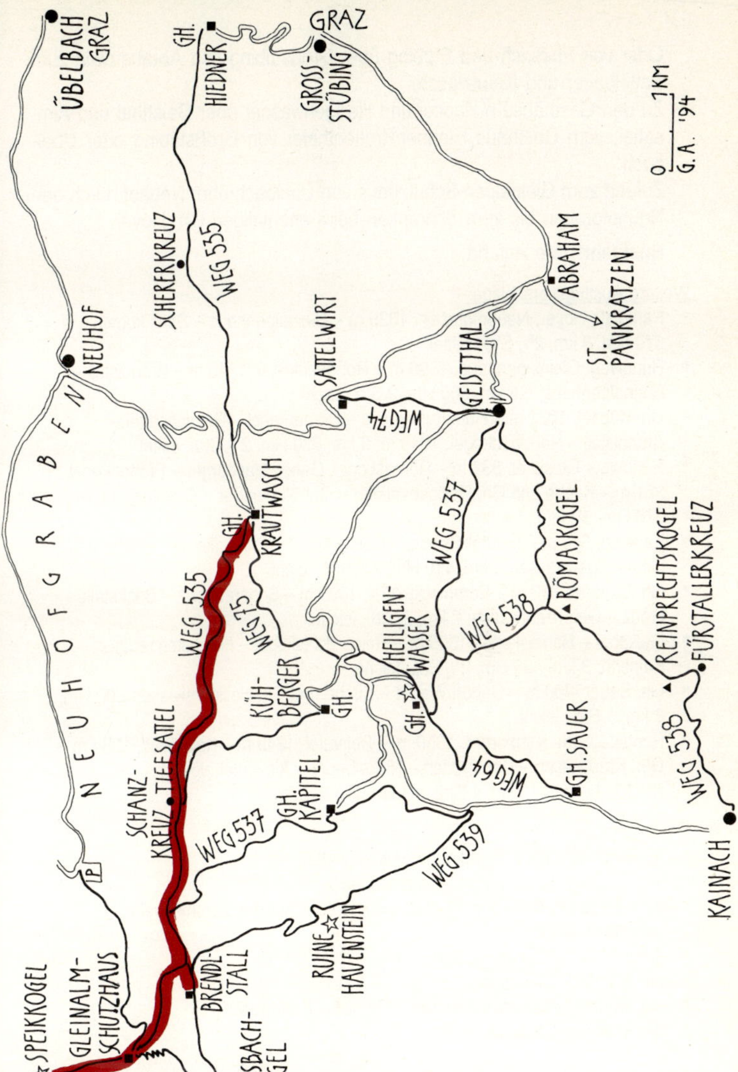

ÜBELBACH
GRAZ
GH.
HIEDNER
GRAZ
GROSS-
STÜBING
0
1KM
G.A. '94
NEUHOFGRABEN
NEUHOF
SCHERERKREUZ
WEG 535
ABRAHAM
ST.
PANKRATZEN
SATTELWIRT
GEISTTHAL
WEG 74
GH.
KRAUTWASCH
WEG 537
RÖMASKOGEL
REINPRECHTSKOGEL
FÜRSTALLERKREUZ
WEG 535
WEG 75
HEILIGEN-
WASSER
WEG 538
KÜH-
BERGER
GH.
GH.
GH. SAUER
WEG 64
WEG 538
SCHANZ-
KREUZ
TIEFSATTEL
GH.
KAPITEL
WEG 537
WEG 539
KAINACH
P
SPEIKKOGEL
GLEINALM-
SCHUTZHAUS
BRENDL-
STALL
RUINE
HAUENSTEIN
ROSSBACH-
KOGEL
WW 05

Oder von Friesach und Stübing über Großstübing und Abrahamwirt zum Sattelbauer und Krautwasch.

Zu den Gasthäusern Kapitel und Heiligenwasser über Geistthal und Almsattel; zum Gasthaus Hiedner/Prettenthaler von Großstübing oder Übelbach.

Zufahrt zum Gleinalpen-Schutzhaus von Übelbach über Neuhof durch den Neuhofgraben bis zum Schranken beim ehemaligen Gh. Hoyer.

Rückfahrt: wie Anfahrt.

Weitere Ausflugsvorschläge:

- Parkplatz Hoyer, Neuhofgraben, 1320 m – Gleinalpenhaus – Speikkogel; 670 Hm, 8 km, 2¾ Std., mittel.
- Rundweg: Gleinalpenhaus, 1586 m – Roßbachkogel, 1848 m – Brendlstall – Gleinalpenhaus; 5,5 km, 300 Hm, 2 Std., leicht.
- Gh. Kapitel, 1021 m – Hubertuskapelle – Dornerkogel – Ochsensattel – Brendlstall – Roßbachkogel, 1848 m; 8 km, 830 Hm, 2½ Std., mittel.
- Rundweg: Geistthal, 582 m – Römaskogel, Gehöft Hasberger – Pfaffenkogel, 951 m – Kirche und Gh. Heiligenwasser – Gehöft Grießer – Geistthal; 11 km, 370 Hm, 3½ Std., leicht.
- Kainach, 544 m – Fürstallerkreuz – Römaskogel – Pfaffenkogel – Kirche und Gh. Heiligenwasser; 8 km, 410 Hm, 2½ Std., leicht.
- Gh. Hiedner, 913 m – Pammeggkogel, 1090 m – Schererkreuz – Bockstallerkreuz – Ghf. Krautwasch; 7 km, 2 Std., leicht.
- Geistthal – Römaskogel, 1006 m – Reinprechtskogel – Fürstallerkreuz – Kainach; 8 km, 430 Hm, 2½ Std., leicht.
- Gh. Sauer, 600 m – Gehöft Weber – Kirche und Gh. Heiligenwasser; 300 Hm, 3 km, 1 Std., leicht.
- Rundweg: Gh. Kühberger, 1060 m – Tiefsattel, 1349 m – Kalkkreuz, 1364 m – Ghf. Krautwasch – Dornerbach – Nickelbauer – Almsattel, 954 m – Gh. Kühberger; 13 km, 4 Std., mittel.

Erlebnispunkte:

- das Kirchlein Maria Schnee im Gleinalmsattel;
- das Gipfelkreuz auf dem Gleinalpenspeik;
- die Lipizzaner, Mitte Juni bis Mitte September auf der Sommerweide beim Brendlstall;
- das Kirchlein Heiligenwasser;
- der Bildstock im Almsattel;
- das Schererkreuz am Höhenweg Hiedner – Krautwasch;
- die Kirche in Geistthal.

Einkehrstätten:

Gleinalpen-Schutzhaus, am Anstieg zum Speikkogel; *Großauer,* am Alten Markt in Übelbach; *Haas,* Jausenstation, am Silberberg, auch Taxidienste; *Hiedner/Prettenthaler,* am Übergang zwischen Übelbach und Großstübing; *Höller,* im mittleren Neuhofgraben; *Krautwasch,* am Übergang zwischen Neuhof, Geistthal und Großstübing; *Preiß-Höllerbauer,* im mittleren Neuhofgraben; *Schwarzbauer,* am Marktplatz in Übelbach; *Wallner-Stampler,* im Ort Neuhof; *Zum Bergwerk,* am Ortsanfang von Großstübing.

60 Fensteralm, Wieseralm und Brucker Hochanger

Gh. Wieseralm, 1025 m – Gendarmeriekreuz, 1198 m – Drei Pfarren, 1428 m – Eisenpaß, 1183 m – Hochanger-Schutzhaus, 1308 m

Distanz 8 km, 530 Hm, 2½ Std., leicht; markiert.

Wanderkarten FB 13, ÖK 133 und 163.

Dieser letzte Ausflugsvorschlag deckt ein großzügig abgestecktes Gebiet ab, weil es in diesem alpinen Ausflugsraum nur wenige Einkehrstätten gibt. Die Schutzhütten, Almhütten und Berggasthöfe liegen viele Stunden, mitunter eine volle Tagesstrecke voneinander entfernt. Dennoch gibt es ein paar Kniffe, im nördlichen Teil des Weststeirischen Randgebirges aus der Not eine Tugend zu machen: Zu den auch von Grazern bevorzugten Ausflugszielen gehört die Wieseralm. Nicht wenige Gäste schwärmen von der Wieseralm zum Hochanger-Schutzhaus aus oder sogar zum Proslhaus auf der Mugel. Andererseits verlocken die Höhenrücken der Hochalpe und Fensteralpe zu Tagesausflügen, wobei im Wegteil zwischen Herrenkogel, Almwirt (kein Gasthaus!) und Fensteralm der Nord-Süd-Weitwanderweg 05 benutzt wird. Eine „Spange" in Form eines hübschen Waldweges verbindet den Fensteralmgipfel (1642 m) über den Sadningkogel und Thomaskogel mit dem „Hubertushof am Listen", einer gepflegten Einkehrstätte, wo man sich eventuell abholen läßt. Wer sich jedoch stark genug fühlt, steigt über die Wetterstation Reicherhöhe nach Übelbach ab und erreicht dort Landesbahn und Bundesbus. Außerdem lassen sich Zlatten und Wieseralm kombinieren: Man parkt mitten im Zlattengraben, steigt über den Eisenpaß zu den Drei Pfarren auf und wandert fast eben ostwärts zur Wieseralm.
Wer jedoch wieder einmal mit Bus und Bahn unterwegs ist, hat wie immer den Vorteil, unabhängig zu sein, zu Fuß von Übelbach bis Leoben, von Frohnleiten bis Bruck an der Mur oder von Niklasdorf bis Laufnitzdorf.
So schließen wir unseren Ausflugskreis, den wir rund um den Großraum Graz legten, heroben bei den Drei Pfarren, unweit der Wieseralm und im Anblick von Hochschwab, Eisenerzer Alpen und dem weiten Grazer Bergland.

Anfahrt: Mit Bundesbus nach Laufnitzdorf. VTZ 404. Mit ÖBB-Zügen nach Frohnleiten, VTZ 303; Pernegg, VTZ 503; Bruck an der Mur, VTZ 616. Pkw-Zufahrt von Frohnleiten über Laufnitzdorf auf die Wieseralm. Im Zlattengraben und Niklasdorfgraben jeweils bis zum Schranken.

Rückfahrt: wie Anfahrt.

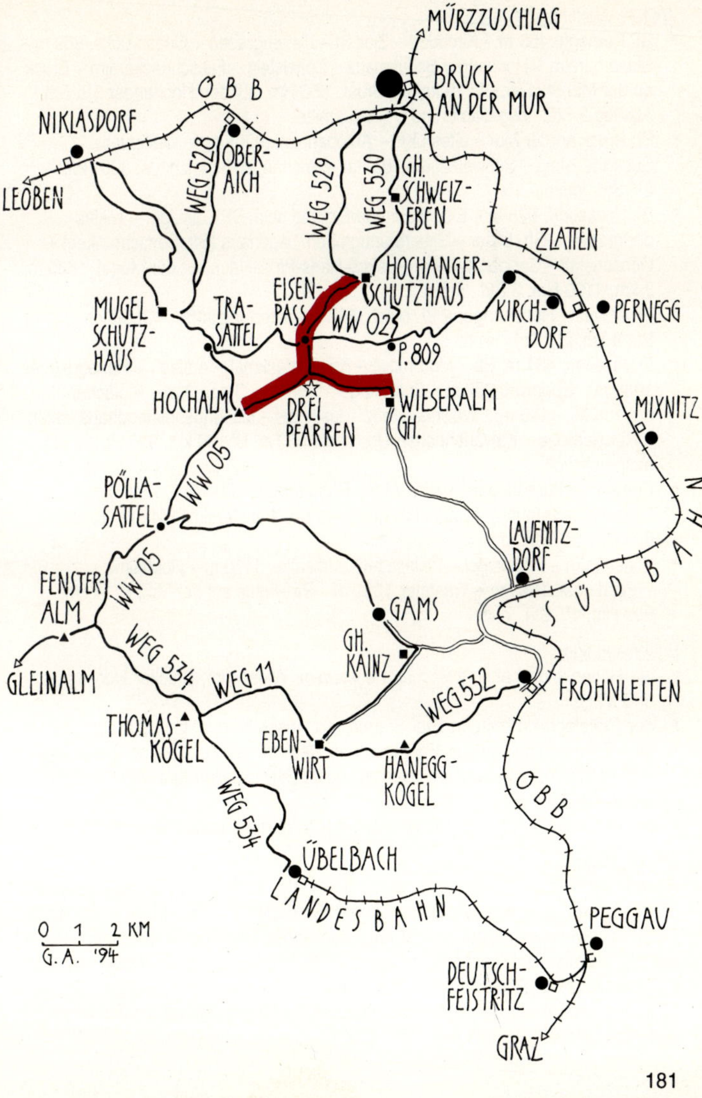
MÜRZZUSCHLAG
BRUCK AN DER MUR
ÖBB
NIKLASDORF
LEOBEN
WEG 528
OBER-AICH
WEG 529
WEG 530
GH. SCHWEIZ-EBEN
ZLATTEN
HOCHANGER-SCHUTZHAUS
EISEN-PASS
MUGEL SCHUTZ-HAUS
TRA-SATTEL
WW 02
KIRCH-DORF
PERNEGG
P. 809
HOCHALM
DREI PFARREN
WIESERALM GH.
MIXNITZ
WW 05
PÖLLA-SATTEL
LAUFNITZ-DORF
SÜDBAHN
FENSTER-ALM
GAMS
GH. KAINZ
GLEINALM
WEG 534
WEG 11
WEG 532
FROHNLEITEN
THOMAS-KOGEL
EBEN-WIRT
HANEGG-KOGEL
ÖBB
WEG 534
ÜBELBACH
LANDESBAHN
0 1 2 KM
G. A. '94
PEGGAU
DEUTSCH-FEISTRITZ
GRAZ

Weitere Ausflugsvorschläge:

- Bf. Pernegg, 458 m – Kirchdorf – Zlatten – Zlattengraben – Griesbrücke, 809 m – Blasmoaralm – Hochanger-Schutzhaus – Zöttelsteig – Fleischhackeralm – Bruck an der Mur, 491 m, Bf.; 19 km bis Bruck, 850 Hm, auf den Hochanger $3^1/_4$ Std., Abstieg 2 Std., insgesamt rund $5^1/_2$ Std., mittel.
- Bf. Bruck an der Mur – altes LKH – Autobahnunterführung – Weitental – Susannensteig – Schweizeben, 1027 m – Hochanger-Schutzhaus; 820 Hm, $2^1/_2$ Std., mittel.
- Bf. Niklasdorf, 525 m – Eisenbahnüberführung beim BP-Gaslager – Niklasdorfgraben – Gh. Loser – Silberbrunngraben, Jagdhaus (Straßenschranken) – Ochsenstall – Sender, 1429 m – Jakob-Hans-Prosl-Haus auf der Mugel, 1630 m; 9 km, 1100 Hm, 3 Std., mittel.
- Proslhaus – Hüttenanger – St. Ulrich, 592 m – Utschtalstraße – Oberaich, 500 m, Bf.; 8 km, $2^1/_4$ Std., leicht.
- Frohnleiten, 434 m, Bf. – Murbrücke – Kriegerdenkmal – Adriach – Haneggkogel, 1088 m – Ebenwirt, 909 m – Fuchskogel, 1293 m – Gmoa-Alm – Plotscherbauerhütte, 1140 m – Wöllingerkreuz – Listkogel – Hubertushof/Jagdhaus Listen – Reicherhöhe – Kalvarienberg – Übelbach, 580 m, Bf.; 20 km, 900 Hm, 6 Std., anspruchsvoll.
- Ebenwirt – Fuchskogel – Gmoa-Alm – Römaskogel, 1300 m (unweit die Plotscherbauerhütte) – Sadningkogel, 1449 m – Fensteralm, 1642 m; 10 km, 800 Hm, $3^1/_2$ Std., mittel.
- Fensteralm – Pöllakogel – Pöllasattel – Almsattel, 1170 m – Hochalm, Wetterkogel, 1643 m – Trasattel, 1304 m – Proslhaus auf der Mugel; 14 km, 800 Hm, $4^1/_2$ Std., mittel.

Erlebnispunkte:

- die Höhenlandschaften zwischen Fensteralm, Wieseralm, Brucker Hochanger und Mugel;
- der Gipfelbereich bei den Drei Pfarren, mit Ausblick zum Hochschwab;
- das Gendarmeriekreuz, in Erinnerung an Rayonsinspektor Johann Puschnigg und Assistenzmann Johann Buttinger, beide „hier gefallen fürs Vaterland am 14. 2. 1934“;
- die Unterstandshütte am Weitwanderweg, nahe der Fensteralm.

Einkehrstätten:

Ebenwirt, in Hofamt am Schenkenberg; *Gmoa-Alm,* Halterhütte mit Unterstand, am Übergang vom Ebenwirt zum Sadningkogel; *Großauer,* am Alten Markt in Übelbach; *Hochanger-Schutzhaus,* auf dem Brucker Hochanger; *Hubertushof,* am Listen, 800 m von der Wetterstation Reicherhöhe; *Jakob-Hans-Prosl-Haus,* auf der Mugel, ganzjährig bewirtschaftet; *Plotscherbauerhütte,* Jausenstation, am Thomaskogel; *Schmollhube,* am Anstieg aus dem Kleinen Gößgraben zur Mugel; *Wieseralm,* Jausenstation und Almwirtschaft oberhalb von Laufnitzdorf.

Teil II
RADFAHREN

TOUREN 61–100

61 Vier Runden in die Grazer Umgebung

A. Runde über Stübing

Distanz 40 km, leicht.

ÖK 163 und 164.

Graz, Keplerbrücke – Radweg nach Andritz, GVB – Reichsstraße – St. Gotthard – Golfplatz – alte und neue Weinzöttlstraße – Steinbruch Dennig – Gratkorn – Gratwein – Freilichtmuseum – Stübing, Ghf. Binder; Wendepunkt; 19 km.

Von Stübing nach Gratwein, Bf. – Judendorfer Straße – Kirche Straßengel – Judendorf – Raach, Raachwirt – Gösting, Schloßplatz – Kleinoschegstraße – Kreuzung Wienerstraße – Exerzierplatzstraße – Augasse – Kalvarienbrücke – Radweg zur Keplerbrücke; 21 km von Stübing.

B. Runde über Thalersee

Distanz 20 km, mittel; 7 km leichte bis mäßige Steigung zwischen Gösting und Steinberg.

ÖK 164.

Keplerbrücke – Radweg zur Andritzer Maut – Kahngasse – Neugasse – Steg über die Mur – Augasse – Exerzierplatzstraße – Kreuzung Wienerstraße – Kleinoschegstraße – Gösting, Schloßplatz – Thalstraße – Thalersee – Steinberg – Einödstraße – Wetzelsdorf, GVB – Baiernstraße – Georgigasse – Schloßstraße – Schloß Eggenberg – Eggenberger Allee – Radweg über Hauptbahnhof – Keplerstraße – Keplerbrücke.

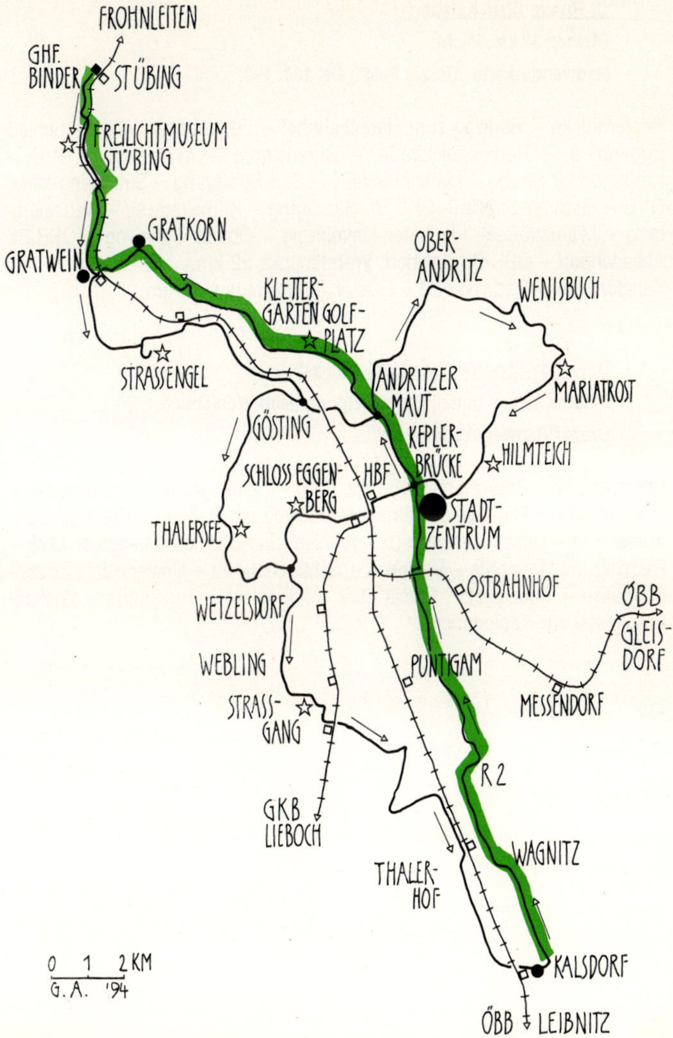
FROHNLEITEN
GHF. BINDER
STÜBING
FREILICHTMUSEUM STÜBING
GRATKORN
GRATWEIN
STRASSENGEL
KLETTERGARTEN
GOLFPLATZ
OBER-ANDRITZ
WENISBUCH
MARIATROST
ANDRITZER MAUT
GÖSTING
KEPLERBRÜCKE
HILMTEICH
SCHLOSS EGGENBERG
HBF
STADTZENTRUM
THALERSEE
OSTBAHNHOF
ÖBB GLEISDORF
WETZELSDORF
WEBLING
PUNTIGAM
MESSENDORF
STRASSGANG
R 2
GKB LIEBOCH
WAGNITZ
THALERHOF
KALSDORF
ÖBB LEIBNITZ
0 1 2 KM
G. A. '94

C. Runde über Kalsdorf

Distanz 38 km, leicht.

Radwanderkarte „Grazer Feld", ÖK 164, 190.

Keplerbrücke – Radweg zum Hauptbahnhof – Eggenberger Allee – Schloß Eggenberg – Herbersteinstraße – Burenstraße – Wetzelsdorf, GVB – Krottendorfer Straße – Martinhofstraße – Bad Straßgang – Straßgang-Mitte, GVB – Gradner Straße – GKB-Bf. Straßgang – Kürbisradweg – Neuseiersberg – Mitterstraße – Flughafen-Umfahrung – Oberer Bahnweg – ÖBB-Bf. Abtissendorf – ÖBB-Bf. Kalsdorf; Wendepunkt; 22 km.
Kalsdorf – Mur-Radweg R 2 – Grazer Stadtzentrum; 16 km.

D. Runde über Wenisbuch/Mariatrost

Distanz 19 km, mittel; 2 km Steigung nach Wenisbuch.

Grazer Radwegekarte.

Keplerbrücke – Radweg nach Andritz, GVB – Zelinkagasse – Ursprungweg – Rotmoosweg – Radegunder Straße – Radweg bis Roßegg – Bus-Hst. Dürrgrabenweg – Drittes Plattenkreuz – Wenisbucher Straße – Mariatrost, GVB – Radweg bis Mariagrün – Hilmteich – Schubertstraße – Universität – Zinzendorfgasse – Radweg am Glacis über Geidorfplatz – Parkstraße – Wickenburggasse zur Keplerbrücke.

62 Rund um die Platte

Graz-Andritz – Annengraben – Weinitzen – Gh. Altes Faßl – Stiftingtal

Distanz 35 bzw. 32 km, mittel; kurze Steigung zur Möltenhöhe, jeweils 1,5 km Steigung zum Sternwirt und zum Gh. Altes Faßl.

ÖK 164.

Graz, Keplerbrücke – Radweg nach Andritz, GVB – Zelinkagasse – Ursprungweg – Weinitzenstraße – Gh. Türkensimmerl – Radweg durch den Annengraben bis Abzweigung Rinnegg – Möltenhöhe – Gh. Windischhansl – Kirchweg – Schöckelblickstraße – Holzmöstlweg – Sternwirt – Haidegger Weg – Langeggweg – Bundesstraße bis Tischlerwirt – Höhenstraße auf die Nadischhöhe – Altes Faßl; Wendepunkt; 19 km.

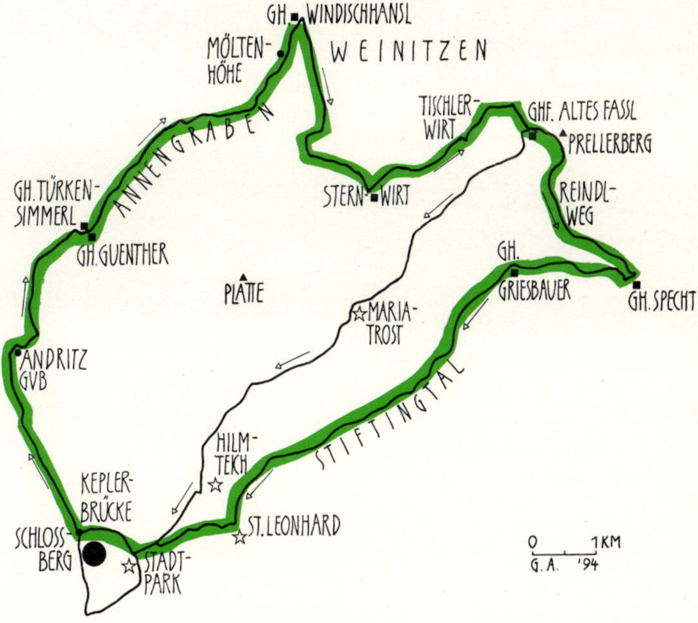

Für die Weiterfahrt zwei Strecken zur Auswahl:

- Altes Faßl – Prellerweg – Reindlweg – Abfahrt zum Gh. Griesbauer – Stiftingtalstraße – St. Leonhard, GVB – Schanzlgasse – Rückertgasse – Leechgasse – Universität, Mensa – Zinzendorfgasse – Radweg über Geidorfplatz zur Keplerbrücke; 16 km vom Alten Faßl.
- Altes Faßl – Abfahrt auf der Neusitzstraße zur Bundesstraße in Fölling – Mariatrost, GVB – auf dem Radweg nach Mariagrün – Hilmteich – Hilmgasse – Heinrichstraße – auf der Busspur zum Geidorfplatz – Radweg zur Keplerbrücke; 13 km vom Alten Faßl.

63 Rundtour über die Laßnitzhöhe

Ragnitz – Laßnitzhöhe – Vasoldsberg – Pachern – St. Peter

Distanz 44 km, mittel; einige mäßige Steigungen.

ÖK 164.

Graz, Stadtpark – Zinzendorfgasse – St. Leonhard, GVB – Ragnitzstraße – Berlinerringsiedlung – Anstieg durch das Neudörfltal bis Hönigtal und Laßnitzhöhe, Bf.; 14 km.

Nach Laßnitzhöhe auch mit ÖBB-Zügen.

Autobahnüberführung Laßnitzhöhe – Gh. Höchschmied – Höhenstraße zum Schloß Vasoldsberg – Ort Vasoldsberg – Premstätten – Anstieg auf der Grazstraße – Tiefernitz – Höhenstraße nach Steinberg – kurze Abfahrt, Stichweg zum Gh. Karner – Abfahrt auf der Steinbergstraße zur Autobahnunterführung – Bad Pachern – Landesstraße Richtung Raaba – Bahnübersetzung – Autaler Straße bis Stadtgrenze – Anstieg am Messendorfberg – steile Abfahrt über den Moosbrunnweg – St.-Peter-Hauptstraße – Schulzentrum, GVB – Petersgasse – Felix-Dahn-Platz – Mandellstraße – Opernhaus – Stadtpark; vom Bf. Laßnitzhöhe 30 km.

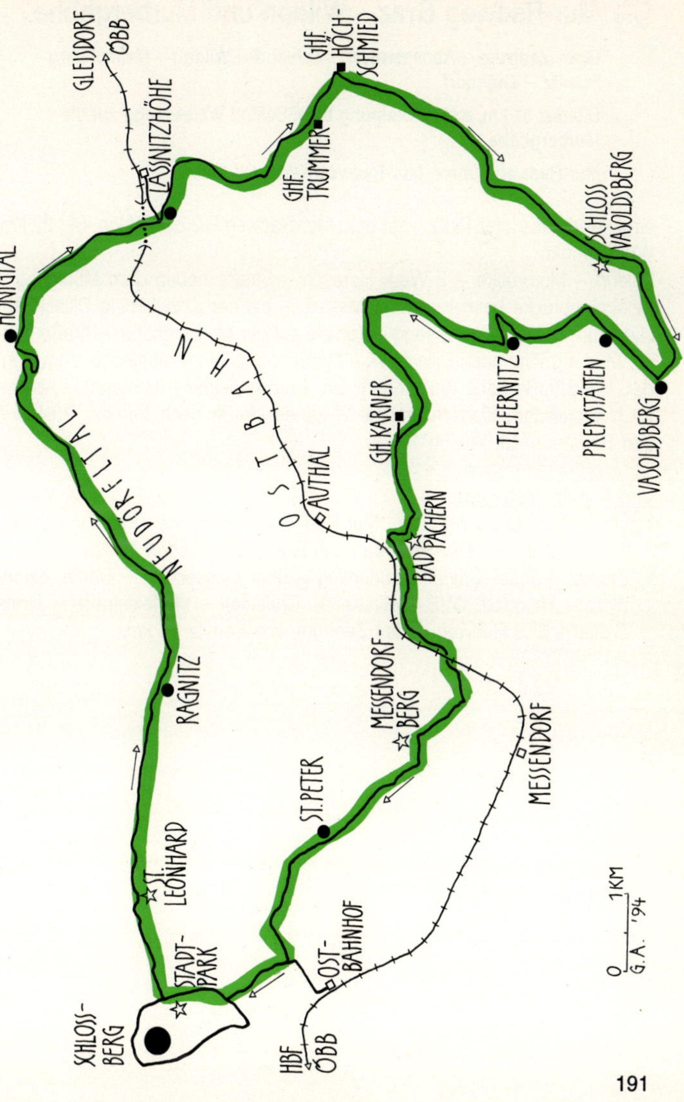
SCHLOSS-BERG
STADT-PARK
ST. LEONHARD
RAGNITZ
NEUDÖRFLTAL
HÖNIGTAL
LÄSSNITZHÖHE
GLEISDORF ÖBB
GHF. HÖCH-SCHMIED
GHF. TRUMMER
SCHLOSS VASOLDSBERG
VASOLDSBERG
PREMSTÄTTEN
TIEFERNITZ
GH. KARNER
BAD PACHERN
AUTHAL
OSTBAHN
MESSENDORF-BERG
MESSENDORF
ST. PETER
OST-BAHNHOF
HBF ÖBB
0 1KM
G.A. '94

64 Mur-Radweg Graz – Wildon und Murberghöhe

Graz, Zentrum – Abtissendorf – Kalsdorf – Wildon – Mellachberg – Fernitz – Thondorf

Distanz 51 km, mittel; Steigung beim Schloß Weissenegg auf die Murberghöhe.

Mur-Radweg-Führer, Mur-Radweg-Karte, ÖK 190.

Graz, Andreas-Hofer-Platz – auf dem Mur-Radweg R 2 bis Wildon, Bf.; 22 km; Wendepunkt.
Wildon – Murbrücke – E-Werk Heresch – Straße neben dem Mühlgang – Mühlgangbrücke beim Kraftwerk Mellach – bei der Abzweigung Dillach Anstieg zum Schloß Weissenegg – Kapelle auf der Murberghöhe – Straße über die Murberghöhe nach Dillacheck – Mellachberg; kurzer Abstecher zum Sender. Waldstraße nach Wutschdorf, Gh. Krenschneider (Hubmann) – Abfahrt nach Enzelsdorf, Kortschakmühle – Landesstraße nach Fernitz, Rüsthaus und Park; vom Bf. Wildon 15 km.

Von Fernitz nach Graz:

- Über die Murbrücke zum Mur-Radweg in Kalsdorf (Pendl's Hütterl); 1,5 km. Auf dem Mur-Radweg nach Graz; von Kalsdorf 10 km.
- Fernitz – Josef-Krainer-Wanderweg – über Gössendorf – Dörfla, Sportplatz – Thondorf, GVB – Kirche St. Christoph – Murfeldstraße – Firma Sattler – Mur-Radweg in das Zentrum; von Fernitz 14 km.

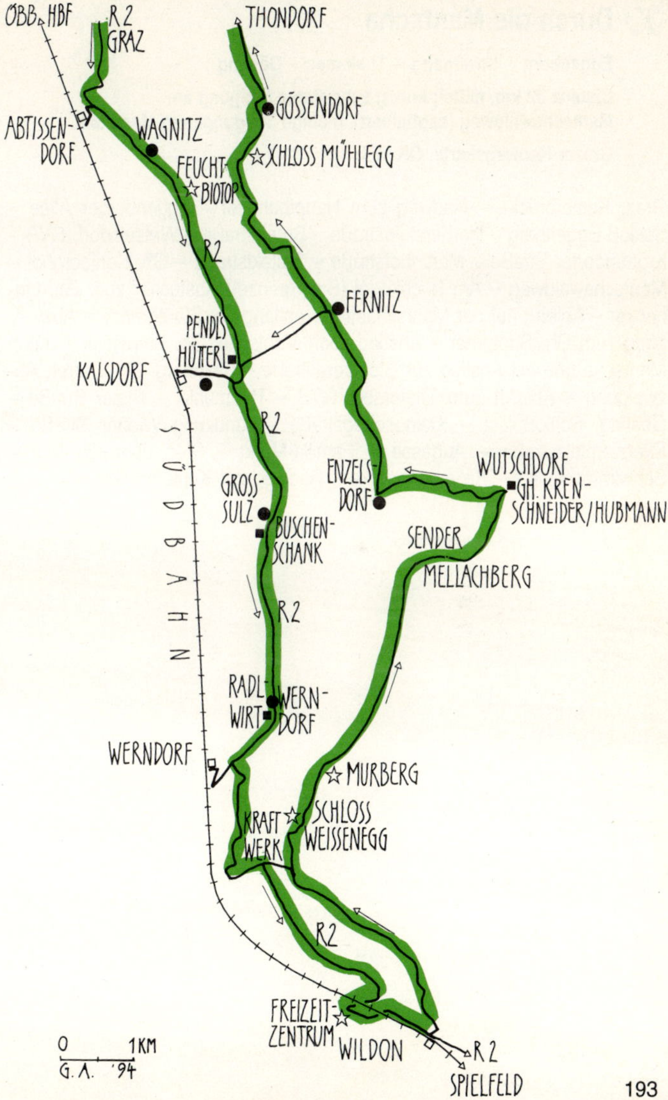

ÖBB HBF
R 2
GRAZ
THONDORF
GÖSSENDORF
ABTISSEN-
DORF
WAGNITZ
SCHLOSS MÜHLEGG
FEUCHT-
BIOTOP
R2
FERNITZ
PENDL'S
HÜTTERL
KALSDORF
R2
SÜDBAHN
ENZELS-
DORF
WUTSCHDORF
GH. KREN-
SCHNEIDER/HUBMANN
GROSS-
SULZ
BUSCHEN-
SCHANK
SENDER
MELLACHBERG
R2
RADL-
WIRT
WERN-
DORF
WERNDORF
MURBERG
KRAFT
WERK
SCHLOSS
WEISSENEGG
R2
FREIZEIT-
ZENTRUM
WILDON
R 2
SPIELFELD
0
1 KM
G. A. '94

65 Durch die Mantscha

Eggenberg – Straßgang – Thalersee – Gösting

Distanz 32 km, mittel; kurze, sehr starke Steigung am Mantschawaldweg (asphaltiert), mäßige Steigungen in Mantscha.

Grazer Radwegekarte, ÖK 164.

Graz, Keplerbrücke – Radweg zum Hauptbahnhof – Eggenberger Allee – Schloß Eggenberg – Herbersteinstraße – Burenstraße – Wetzelsdorf, GVB – Krottendorfer Straße – Martinhofstraße – Salfeldstraße – Gh. Kehlberghof – Mantschawaldweg – Am Buchkogel (Stadtgrenze); Abstecher zum Gh. Orthacker – Abfahrt auf der Mantschastraße entlang der Stadtgrenze – Abzweigung zum Gh. Strommer – Anstieg nach Mantscha, Gh. Borovnjak – durch Mantscha und mit Anstieg zur Steinbergstraße – Steinberg, Gh. Dorrer, Abzweigung – Abfahrt zum Thalersee, GVB – Thalmühle – Thaler Straße – Gösting, Schloßplatz – Kleinoschegstraße – Kreuzung Wiener Straße – Exerzierplatzstraße – Augasse – Familia-Markt – Steg über die Mur – Schwimmschulkai – Kalvarienbrücke – Radweg zur Keplerbrücke.

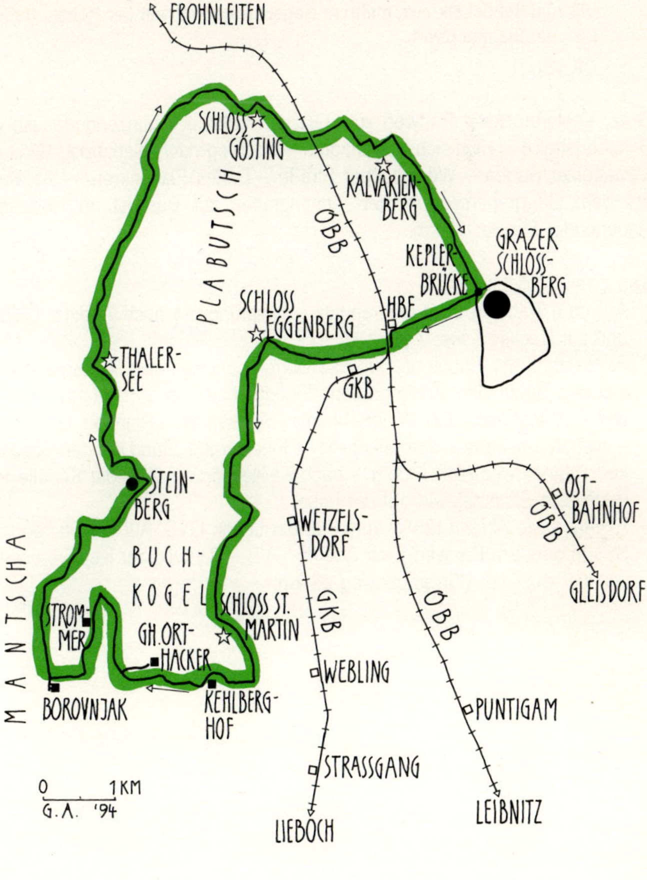
FROHNLEITEN
SCHLOSS GÖSTING
PLABUTSCH
KALVARIENBERG
ÖBB
GRAZER SCHLOSSBERG
KEPLERBRÜCKE
SCHLOSS EGGENBERG
HBF
THALERSEE
GKB
STEINBERG
OST-BAHNHOF
ÖBB
WETZELSDORF
BUCH-KOGEL
MANTSCHA
GLEISDORF
SCHLOSS ST. MARTIN
GKB
ÖBB
STROMMER
GH. ORT-HACKER
WEBLING
BOROVNJAK
KEHLBERGHOF
PUNTIGAM
STRASSGANG
0 1 KM
G.A. '94
LIEBOCH
LEIBNITZ

66 Mariatrost und Oberschöckel

Hilmteich – Wenisbuch – Rinnegg – Kalkleiten – Leber – Andritz

Distanz 39 km, schwer; 3 km Steigung nach Wenisbuch, 5 km Steigung bis zum Schöckelkreuz, mehrere Gegensteigungen auf der Höhenstraße bis zum Steinmetzwirt.

ÖK 164.

Graz, Keplerbrücke – Radweg zum Glacis, Stadtpark – Zinzendorfgasse – Schubertstraße – Hilmteich – Mariagrün – Radweg nach Mariatrost, GVB – Mariatroster Straße – Wenisbucher Straße – Drittes Plattenkreuz – Abfahrt auf dem Dürrgrabenweg in den Annengraben zur Bus-Hst. in Roßegg, Radegunder Straße; 11 km.

Nun zwei Möglichkeiten:

- Auf dem Radweg über Oberandritz – Ursprungweg nach Andritz, GVB, und zur Keplerbrücke; 7 km.
- Fortsetzung der Rundtour: Bus-Hst. Dürrgrabenweg – Gh. Annagraben – Radweg durch den Annengraben (Einödgraben) bis zum ehem. Bachwirt – Möltenhöhe – Gh. Windischhansl – Anstieg nach Rinnegg, Gh. Paar – Wetterturmstraße – Schaiklkapelle – Höhenstraße „Rund um den Schöckel“ (Wanderweg-Markierung) – nach Kalkleiten und über die Kapelle in Buch zum Steinmetzwirt auf der Leber.
  Extrem steile Abfahrt (28%) zum Fuß der Leber, GVB. Auf der Stattegger Straße oder am Radweg nach Andritz, GVB – Radweg zur Keplerbrücke; von der Bus-Hst. Dürrgrabenweg 28 km.

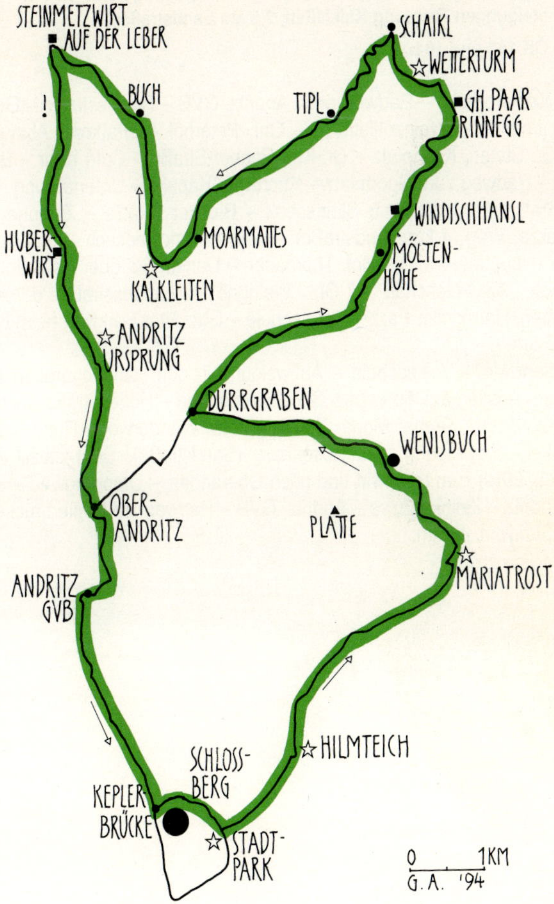
STEINMETZWIRT
AUF DER LEBER
BUCH
!
TIPL
SCHAIKL
WETTERTURM
GH. PAAR
RINNEGG
WINDISCHHANSL
MOARMATTES
HUBER-
WIRT
KALKLEITEN
MÖLTEN-
HÖHE
ANDRITZ
URSPRUNG
DÜRRGRABEN
WENISBUCH
OBER-
ANDRITZ
PLATTE
MARIATROST
ANDRITZ
GVB
HILMTEICH
SCHLOSS-
BERG
KEPLER-
BRÜCKE
STADT-
PARK
0
1KM
G.A. '94

67 Rund um die Rannach

Andritz – Stübing – Kesselfall – Kalkleiten – Andritz

Distanz 47 km, mittel; 3 km Anstieg auf die Leber, kurze Gegensteigungen Richtung Kalkleiten, 7,5 km Sandstraßen.

ÖK 163 und 164.

Graz, Keplerbrücke – Radweg nach Andritz, GVB – Reichsstraße – Golfplatz – alte und neue Weinzöttlstraße – Ghf. Peterhof – Gratkorn, Abzweigung nach St. Stefan, Kirchplatz – Dr.-Karl-Renner-Straße – Café Kahr – Bauernmarkt – Radweg zum Sportplatz – Kirchweg, Kapelle – Unterführung – Postamt Gratkorn – Modellbau Stoinschek – Brucker Straße – Zigeunerloch – Schwarzer Weg (4 km Sandstraße) – Wasserwerk Friesach – Stübing, Ghf. Binder (Hauptmannwirt) – Ghf. Thomahan – Dorfstraße, über die Autobahn – Friesach, A&O-Geschäft – Gh. Weingrill – Landesstraße durch den Augraben, Harmonika Parz – Volksschule – Ghf. Alter Sandwirt beim Kesselfall; 27 km.

Alter Sandwirt – Volksschule – Abzweigung in den Rannachgraben (Sandstraße) – Anstieg auf die Leber, Gh. Steinmetzwirt – Höhenstraße nach Buch und Kalkleiten, Kirche Maria Schutz. Vom Wanderweg „Rund um den Schöckel" Abzweigung zum Zösenberg (Sandstraße). Sehr steile Abfahrt (Asphalt, 20%) zum Höchwirt und nach Oberandritz – Ursprungweg – Schloß Oberandritz – Zelinkagasse – Andritz, GVB – Radweg zur Keplerbrücke; vom Alten Sandwirt 20 km.

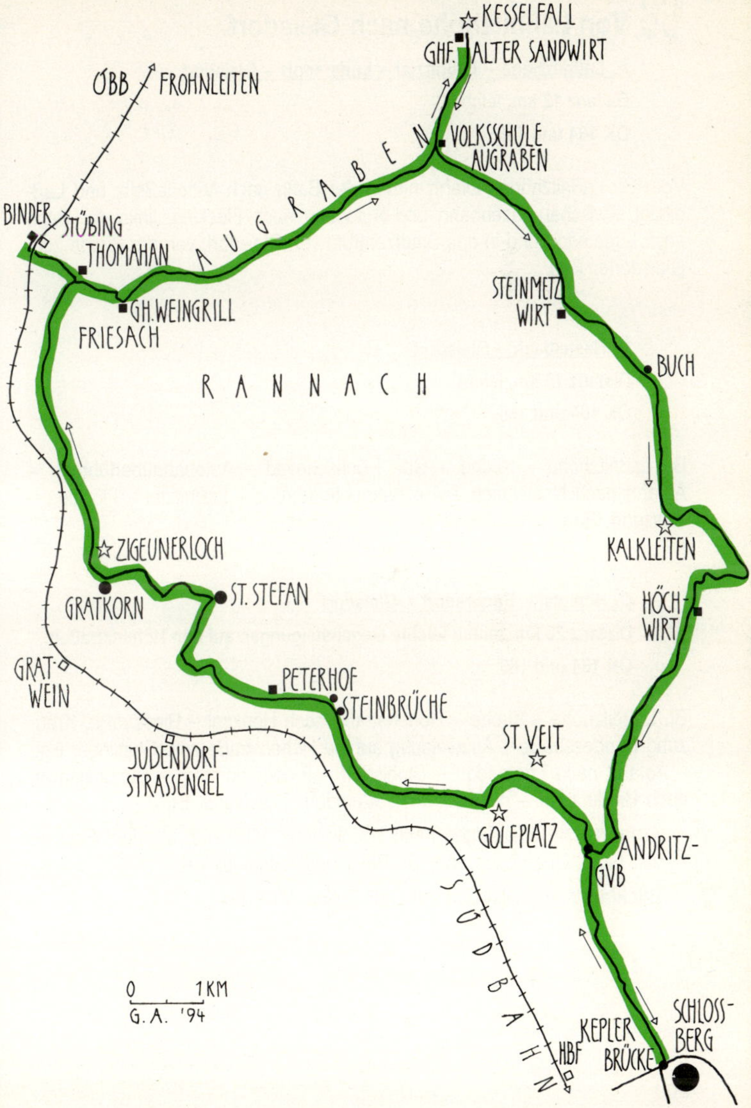
KESSELFALL
GHF. ALTER SANDWIRT
ÖBB
FROHNLEITEN
VOLKSSCHULE AUGRABEN
AUGRABEN
BINDER
STÜBING
THOMAHAN
GH. WEINGRILL
FRIESACH
STEINMETZ WIRT
BUCH
RANNACH
KALKLEITEN
ZIGEUNERLOCH
GRATKORN
ST. STEFAN
HÖCH-WIRT
GRAT-WEIN
PETERHOF
STEINBRÜCHE
ST. VEIT
JUDENDORF-STRASSENGEL
GOLFPLATZ
ANDRITZ-GVB
SÜDBAHN
0
1 KM
G. A. '94
SCHLOSS-BERG
KEPLER BRÜCKE
HBF

68 Von Laßnitzhöhe nach Gleisdorf

A. Laßnitzhöhe – Laßnitztal – Ludersdorf – Gleisdorf

Distanz 12 km, leicht.

ÖK 164 und 165.

Vom Bf. Laßnitzhöhe Abfahrt neben der Bahn nach Mitterlaßnitz und Laßnitztal. Zwischen Eisenbahn und Autobahn nach Flöcking, links der Bahn nach Ludersdorf und in das Stadtzentrum von Gleisdorf, von der Kirche zum Gleisdorfer Bad.

B. Nestelbach – Gleisdorf

Distanz 16 km, leicht.

ÖK 164 und 165.

Bf. Laßnitzhöhe – Kirche – Ghf. Höchschmied – Autobahnüberführung – Abfahrt nach Nestelbach – Autobahnunterführung – Laßnitztal – Flöcking – Gleisdorf, Bad.

C. Hönigtal – Eggersdorf – Gleisdorf

Distanz 20 km, mittel; leichte Gegensteigungen auf den Höhenstraßen.

ÖK 164 und 165.

Bf. Laßnitzhöhe – Kirche – Höhenstraße nach Hönigtal – Riesstraße, Kreuzung Bundesstraße – Abzweigung auf die Höhenstraße zum Stuhlinger Egg – Abfahrt nach Eggersdorf – Stuhlsdorf – Brodersdorfberg – Bundesstraße nach Brodersdorf – Wilfersdorf – Ludersdorf – Gleisdorf, Bf.

Anfahrt: Mit ÖBB-Zügen nach Laßnitzhöhe. VTZ 203. Mit dem Fahrrad von Graz, Opernhaus über St. Peter und Authal 16 km.

Rückfahrt: Von Gleisdorf mit ÖBB-Zügen. VTZ 304.

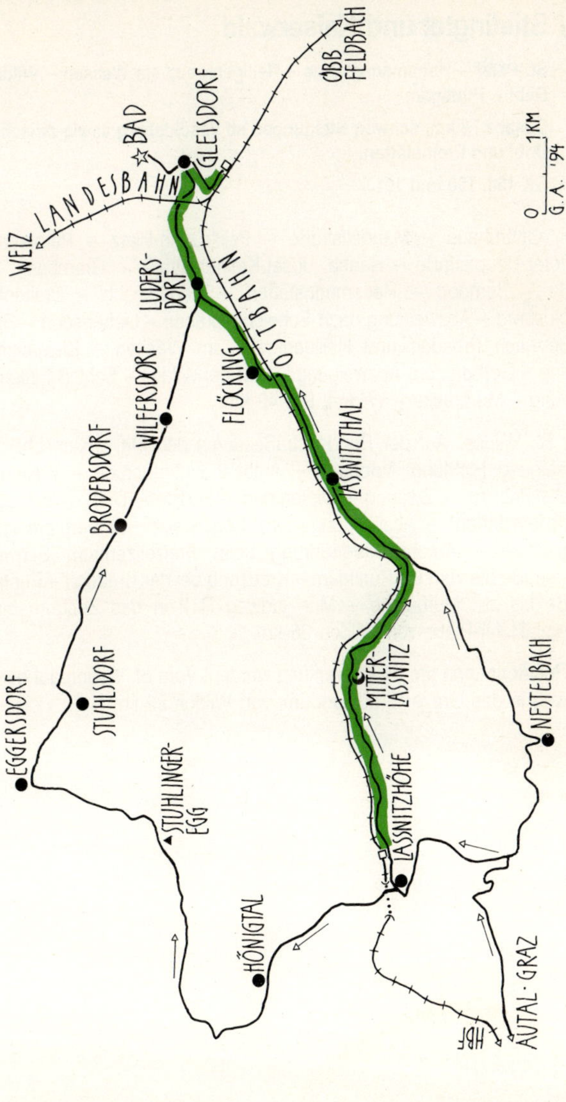
WEIZ
LANDESBAHN
BAD
GLEISDORF
ÖBB
FELDBACH
0
1KM
G.A. '94
LUDERS-
DORF
OSTBAHN
WILFERSDORF
FLÖCKING
LASSNITZTHAL
BRODERSDORF
STUHLSDORF
EGGERSDORF
STUHLINGER-
EGG
MITTER-
LASSNITZ
NESTELBACH
LASSNITZHÖHE
HÖNIGTAL
AUTAL · GRAZ
HBF

69 Stiefingtal und Kaiserwald

St. Peter – Hausmannstätten – Heiligenkreuz am Waasen – Wildon – Dobl – Puntigam

Distanz 78 km, schwer; Steigungen ab Vasoldsberg sowie zwischen Dobl und Premstätten.

ÖK 164, 190 und 191.

Graz, Opernhaus – Mandellstraße – Felix-Dahn-Platz – Petersgasse – St.-Peter-Hauptstraße – Raaba, Josef-Krainer-Straße – Grambach, Hauptstraße – Berndorf – Hausmannstätten – Wagersbach – Breitenhilm – Vasoldsberg – Abzweigung nach Schelchengraben – Liebensdorf – Bundesstraße nach Prosdorf und Heiligenkreuz am Waasen – Kleinfelgitsch – Siebing – Gerbersdorf, Abzweigung – Hart bei Wildon – Schloß Finkenegg – Stocking – Murbrücke – Wildon, Bf.; 42 km.

Vom Bf. Wildon: Auf der Bundesstraße durch den Ort – Kainachbrücke – Abzweigung Richtung Autobahn – Autobahnunterführung – Weitendorf – Basaltsteinbruch – Zwaring – Dietersdorf – Fading – Dobl – Anstieg nach Unterpremstätten – Abzweigung zum Kogelkreuz – Oberpremstätten – Mitterstraße – Autobahnüberführung beim Freizeitzentrum Schwarzl – Mitterstraße bis zum Bf. Puntigam – Kreuzung bei der Brauerei – Puntigamer Straße bis zur Murbrücke – Mur-Radweg R 2 in das Zentrum bis zum Andreas-Hofer-Platz; von Wildon 36 km.

Die Rundtour kann um 14 km verkürzt werden: Vom Bf. Wildon auf dem Mur-Radweg in das Grazer Stadtzentrum; von Wildon 22 km.

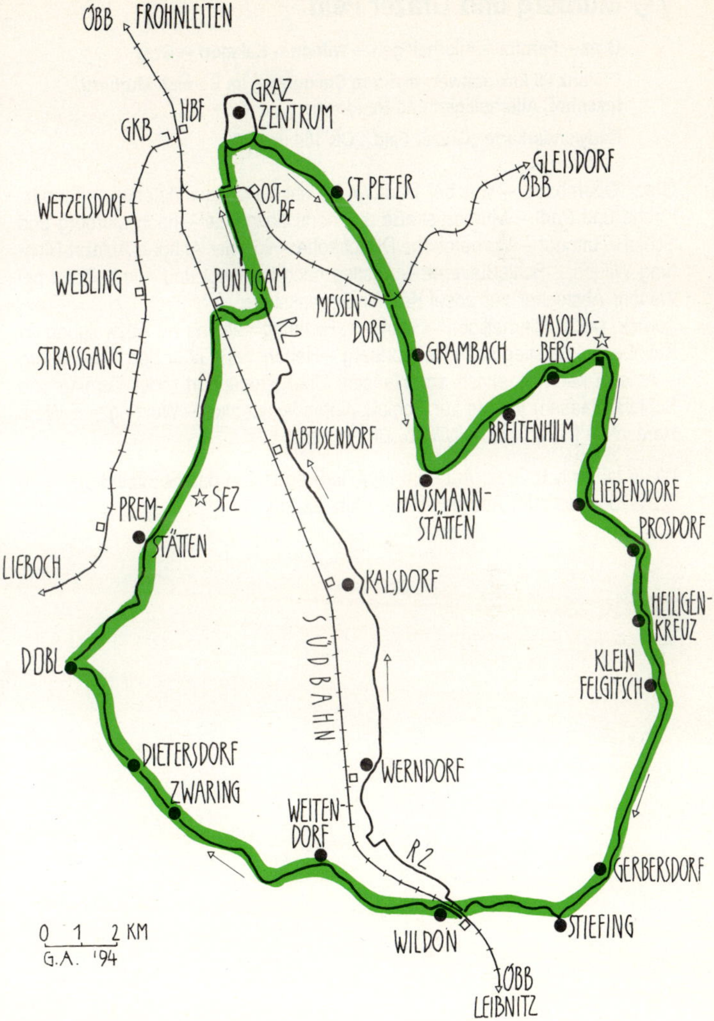
ÖBB
FROHNLEITEN
GRAZ
ZENTRUM
HBF
GKB
GLEISDORF
ÖBB
ST. PETER
OST-
BF
WETZELSDORF
WEBLING
PUNTIGAM
MESSEN-
DORF
R2
STRASSGANG
GRAMBACH
VASOLDS-
BERG
BREITENHILM
ABTISSENDORF
HAUSMANN-
STÄTTEN
LIEBENSDORF
SFZ
PREM-
STÄTTEN
PROSDORF
LIEBOCH
KALSDORF
HEILIGEN-
KREUZ
DOBL
SÜDBAHN
KLEIN
FELGITSCH
DIETERSDORF
WERNDORF
ZWARING
WEITEN-
DORF
R2
GERBERSDORF
WILDON
STIEFING
0 1 2 KM
G.A. '94
ÖBB
LEIBNITZ

70 Murberg und Grazer Feld

Graz – Fernitz – Allerheiligen – Wildon – Kalsdorf – Graz

Distanz 68 km, schwer; mehrere Steigungen im Bereich Murberg, Inzenhof, Allerheiligen und Neudorfberg.

Radwanderkarte „Grazer Feld“, ÖK 164 und 190.

Graz, Opernhaus – wie bei Radtour 69 nach Hausmannstätten – Fernitz, Kirche und Park – Murbergstraße zur Kortschakmühle – nach Murberg und Schloß Turmhof – Murberghöhe/Dillachhöhe – von der Anhöhe Abfahrt Richtung Wildon – Schloßtaverne – Anstieg nach Inzenhof und Allerheiligen bei Wildon; Abstecher zur Josef-Krainer-Gedenkstätte.
Zurück nach Allerheiligen – Abfahrt Richtung Siebing – Abzweigung in Kulmberg – Aufstieg nach Neudorfberg – Höhenstraße über den Turningberg – Abfahrt nach St. Ulrich am Waasen. Über Krottendorf (oder Turning und Schloß Waasen) jeweils zur Schloßtaverne – Inzenhof – Wurzing – E-Werk Heresch – Murbrücke – Wildon, Bf.; 46 km.

Weiterfahrt nach Graz: Auf dem Mur-Radweg R 2 in das Stadtzentrum; vom Bf. Wildon bis zum Andreas-Hofer-Platz 22 km.

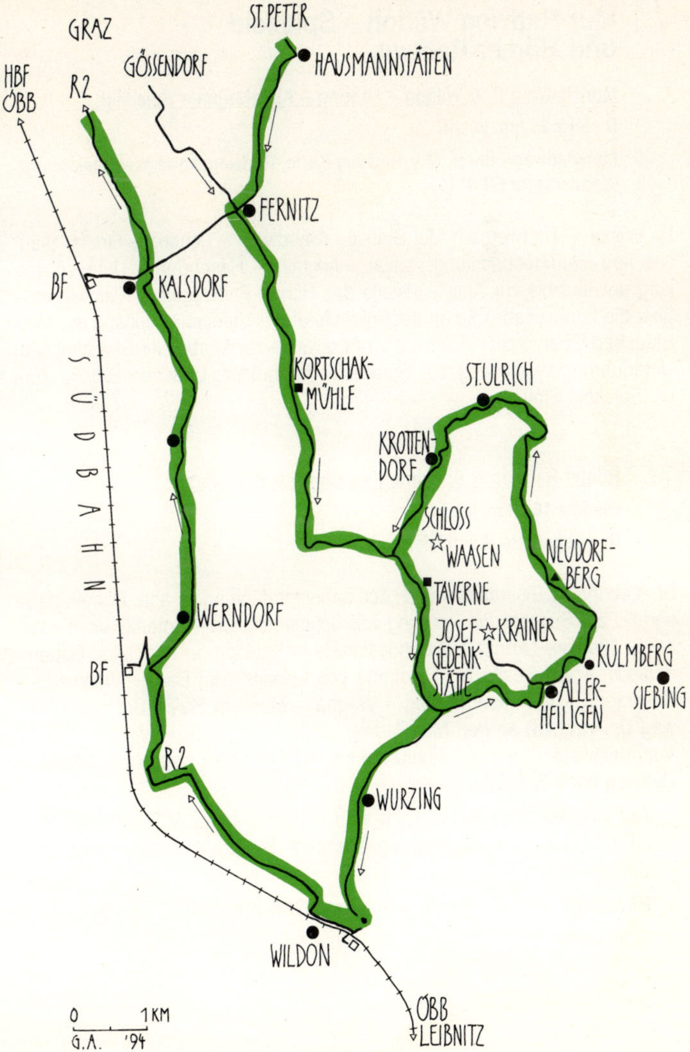
GRAZ
ST. PETER
HAUSMANNSTÄTTEN
GÖSSENDORF
HBF
ÖBB
R2
FERNITZ
BF
KALSDORF
SÜDBAHN
KORTSCHAK-
MÜHLE
ST. ULRICH
KROTTEN-
DORF
SCHLOSS
WAASEN
NEUDORF-
BERG
TAVERNE
WERNDORF
JOSEF
KRAINER
GEDENK-
STÄTTE
BF
KULMBERG
ALLER-
HEILIGEN
SIEBING
R2
WURZING
WILDON
0
1 KM
G.A. '94
ÖBB
LEIBNITZ

71 Mur-Radweg Wildon – Spielfeld und Römer-Radweg

Mur-Radweg R 2: Wildon – Lebring – Kleinwagna – Spielfeld

Distanz 26 km, leicht.

Mur-Radweg-Führer, Mur-Radweg-Karte, Radwegekarte Weststeiermark, Wanderkarte FB 411.

Bf. Wildon – Uferweg am Mur-Stausee (Sandweg) – Lebring – Gralla, Stausee und Naturbeobachtungsstation – Altgralla – Hasendorf – Uferweg entlang der Mur bis zur Anschlußstelle des Römer-Radweges in Kleinwagna – über die Landschabrücke an das linke Murufer – Uferstraße entlang der Mur-Staustufe Obervogau – Uferweg im Augelände zur Murbrücke Ehrenhausen, Unterführung – Uferweg zur Spielfelder Murbrücke; über die Brücke zum Bf. Spielfeld-Straß.

Römer-Radweg R 6: Lebring – Leibnitz – Kleinwagna

Distanz 16,5 km, leicht.

Radwegekarte Weststeiermark.

Bf. Lebring – Eisenbahn- und Autobahnunterführung – alte Römerstraße parallel zur Südbahn und entlang von Schotterteichen – Untertillmitsch – am linken Ufer der Laßnitz zur Bundesstraße in Kaindorf an der Sulm, Bauernmuseum – am westlichen Stadtrand von Leibnitz zum Bad – Altenmarkt – Neuwagna – Bahnübersetzung – Wagna – Museum Flavia Solva in Kleinwagna, Anschluß an den Mur-Radweg R 2.
Von Kleinwagna zum Bf. Leibnitz 2,5 km; oder von Kleinwagna auf dem Mur-Radweg nach Spielfeld, 10 km.

Anfahrt: Mit ÖBB-Zügen nach Wildon oder Lebring. VTZ 307. Mit dem Fahrrad auf dem Mur-Radweg aus dem Stadtzentrum von Graz nach Wildon, 22 km.

Rückfahrt: Vom Bf. Spielfeld-Straß mit ÖBB-Zügen. VTZ 411, 511.

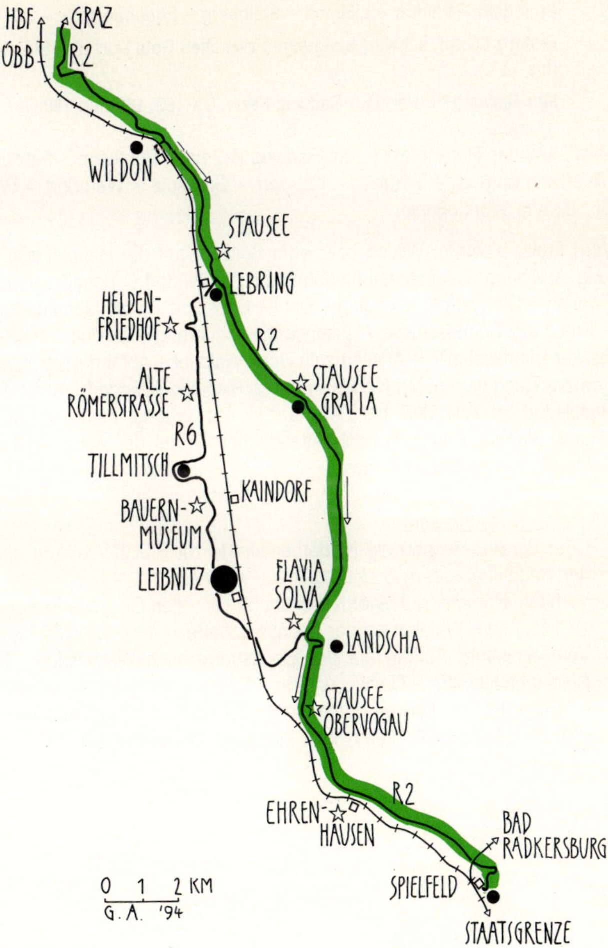
HBF
ÖBB
GRAZ
R2
WILDON
STAUSEE
LEBRING
HELDEN-
FRIEDHOF
R2
ALTE
RÖMERSTRASSE
STAUSEE
GRALLA
R6
TILLMITSCH
KAINDORF
BAUERN-
MUSEUM
LEIBNITZ
FLAVIA
SOLVA
LANDSCHA
STAUSEE
OBERVOGAU
R2
EHREN-
HAUSEN
BAD
RADKERSBURG
SPIELFELD
STAATSGRENZE
0 1 2 KM
G. A. '94

72 Vom Mur-Radweg zum Steinberg

Puntigam – Wildon – Lieboch – Steinberg – Eggenberg

Distanz 66 km, schwer; Steigungen zwischen Dobl Dorf und Steinberg (bis 14%).

Mur-Radweg-Führer, Mur-Radweg-Karte, ÖK 163, 189 und 190.

Graz, Andreas-Hofer-Platz – Mur-Radweg R 2 nach Puntigam – Feldkirchen (A-2-Unterführung) – Wagnitz – Kalsdorf – Großsulz – Werndorf – Wildon, Bf.; 22 km; Wendepunkt.

Vom Freizeitzentrum Wildon bzw. vom Spitzwirt auf der Hauptstraße Richtung Autobahn – Autobahnunterführung – Weitendorf – Basaltsteinbruch – Zwaring – Dietersdorf – Fading – Dobl – Dobl Dorf – Autobahnunterführung – Kreuzung Bundesstraße – Eisenbahnunterführung – Lieboch, GKB-Bf. – Packer Bundesstraße – Anstieg zum Hotel Waldhof – Abfahrt nach Tobelbad – Abzweigung gegenüber Kirche – Anstieg Richtung Attendorf – Abfahrt nach Haselsdorf, in Attendorf bei der Kapelle Abzweigung, Hinweis Buschenschank Slanetz – Anstieg nach Attendorfberg – auf der Anhöhe Richtung Doblegg bis zum Gh. Hammer.

Nun zwei Möglichkeiten:

- Über Piuskapelle und die Niederbergstraße zur Steinbergstraße und auf der Hauptstraße zum Steinberg.
- Vom Gh. Hammer auf einer Nebenstraße mit vielen Gegensteigungen (bis zu 14%) zum Waldhof an der Steinbergstraße.
  Vom Steinberg Abfahrt auf der Einödstraße nach Wetzelsdorf, GVB – Reininghausstraße – Gaswerkstraße – Eggenberger Allee – Unterführung – Grazer Hbf. – Radweg durch die Keplerstraße zur Keplerbrücke – entlang der Mur zum Andreas-Hofer-Platz; von Wildon 44 km.

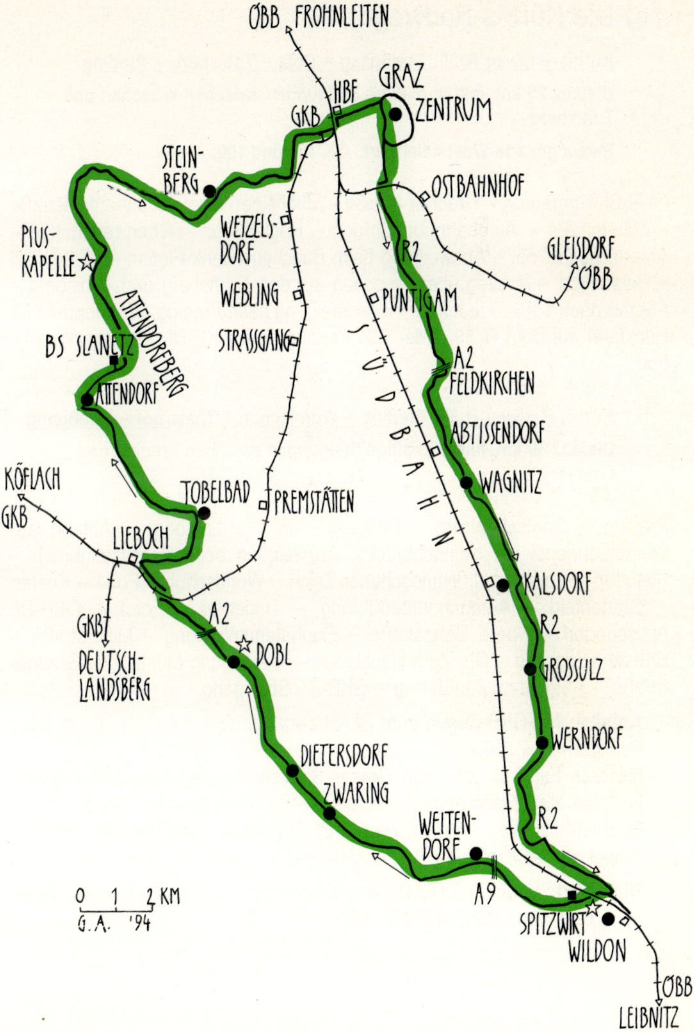
ÖBB FROHNLEITEN
GRAZ
HBF
ZENTRUM
GKB
STEIN-
BERG
OSTBAHNHOF
WETZELS-
DORF
PIUS-
KAPELLE
R2
GLEISDORF
ÖBB
WEBLING
PUNTIGAM
ATTENDORFBERG
STRASSGANG
SÜDBAHN
BS SLANETZ
A2
FELDKIRCHEN
ATTENDORF
ABTISSENDORF
KÖFLACH
GKB
WAGNITZ
TOBELBAD
PREMSTÄTTEN
LIEBOCH
KALSDORF
A2
R2
GKB
DEUTSCH-
LANDSBERG
DOBL
GROSSULZ
WERNDORF
DIETERSDORF
ZWARING
R2
WEITEN-
DORF
A9
0 1 2 KM
G.A. '94
SPITZWIRT
WILDON
ÖBB
LEIBNITZ

73 Die Kürbis-Radwege

Kürbis-Radweg R 30: Straßgang – Dobl – Tobisberg – Preding

Distanz 25 km, mittel; mäßige Steigungen zwischen Wuschan und Tobisberg.

Radwegekarte Weststeiermark, ÖK 164 und 190.

GKB-Bf. Straßgang – Gradner Straße – Mühlfelder Weg – Brunnenfeldstraße – Mitterstraße – Autobahnüberführung – Koglerkreuz – Oberpremstätten – Abfahrt nach Dobl – Abzweigung beim Buschenschank Florian – Muttendorf – Petzendorf – Anstieg über Wuschan auf den Fuchsberg und Tobisberg – Abfahrt nach Tobis – in kurzer Gegensteigung nach Preding; Wendepunkt für Rückfahrt auf dem R 30. Oder von Preding zum GKB-Bf. Preding-Wieselsdorf.

Kürbis-Radweg R 30: Preding – Wundschuh – Thalerhof – Straßgang

Distanz 30 km, mittel; mäßige Steigungen zwischen Preding und Lamberg.

Preding – Gantschenberg – Höllberg – Pöls – Lamberg – Abfahrt am Steinbruchriegel zur Kainachbrücke, Abzweigung beim Basaltsteinbruch – Steindorf – Kaiserwald, Wundschuher Teich – Wundschuh – Forst – Kasten – Gradenfeld – Autobahnunterführung – Thalerhof – Forst – ÖBB-Bf. Abtissendorf – Obere Bahnstraße – Flughafenumfahrung – Mitterstraße – Brunnenfeldgasse – Gh. Zum Heuboden – Abzweigung Mühlweg – Gradner Straße – Autobahnunterführung – GKB-Bf. Straßgang.

Anfahrt: Mit GKB-Zügen zum Bf. Straßgang; oder mit ÖBB-Zügen nach Puntigam bzw. Wildon.
Mit dem Fahrrad: aus dem Grazer Stadtzentrum auf dem Mur-Radweg R 2 bis zum Gasrohrsteg – Auer-von-Welsbach-Gasse – Rudersdorfer Straße/Malzerweg – Ruthardweg – Bf. Puntigam – Mitterstraße – bis zur Ampel an der Kreuzung Brunnenfeldstraße; weiter auf dem R 30.

Rückfahrt: Vom GKB-Bf. Preding-Wieselsdorf über Lieboch nach Straßgang bzw. Graz Hbf. VTZ 307, 308.

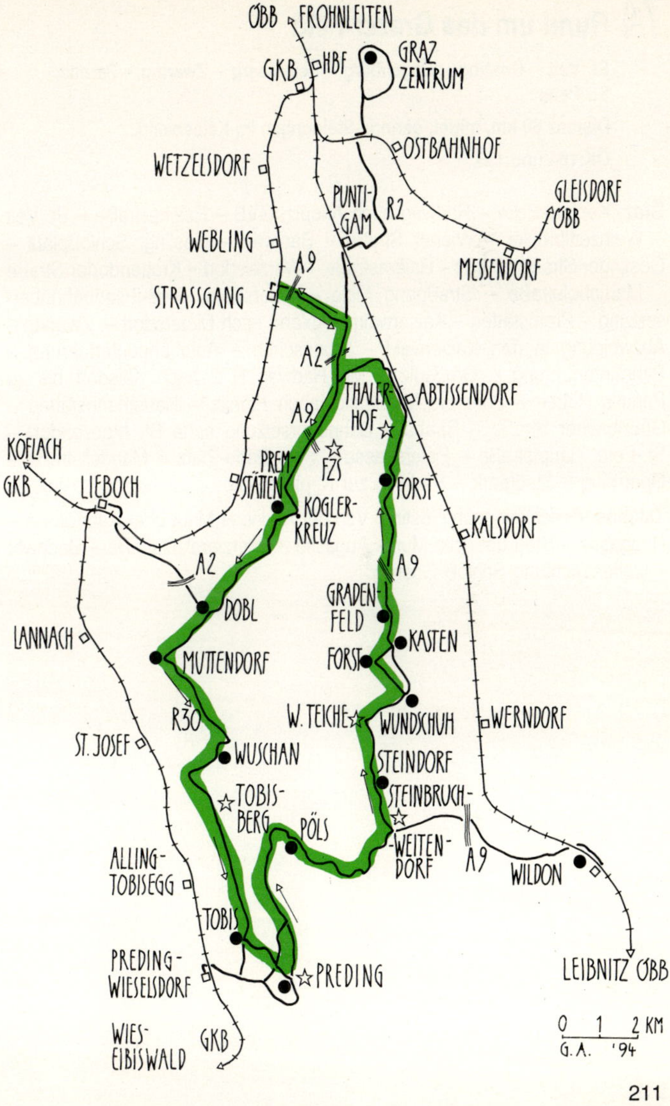

ÖBB
FROHNLEITEN
GKB
HBF
GRAZ
ZENTRUM
OSTBAHNHOF
WETZELSDORF
PUNTI-
GAM
R2
GLEISDORF
ÖBB
WEBLING
MESSENDORF
A9
STRASSGANG
A2
THALER-
HOF
ABTISSENDORF
A9
FZS
KÖFLACH
GKB
LIEBOCH
PREM-
STÄTTEN
KOGLER-
KREUZ
FORST
KALSDORF
A2
A9
DOBL
GRADEN-
FELD
LANNACH
KASTEN
MUTTENDORF
FORST
R30
W. TEICHE
WUNDSCHUH
WERNDORF
ST. JOSEF
WUSCHAN
STEINDORF
TOBIS-
BERG
STEINBRUCH-
PÖLS
WEITEN-
DORF
A9
WILDON
ALLING-
TOBISEGG
TOBIS
PREDING-
WIESELSDORF
PREDING
LEIBNITZ ÖBB
0 1 2 KM
G.A. '94
WIES-
EIBISWALD
GKB

74 Rund um das Grazer Feld

St. Veit – Gösting – Eggenberg – Seiersberg – Zwaring – Fernitz – St. Peter

Distanz 60 km, mittel; geringe Steigungen im Kaiserwald.

ÖK 164 und 190.

Graz, Keplerbrücke – Radweg nach Andritz, GVB – Reichsstraße – St. Veit – Weinzöttlbrücke – Wiener Straße – Bachwirt – Gösting, Schloßplatz – Göstinger Straße – UKH – Baiernstraße – Wetzelsdorf – Krottendorfer Straße – Martinhofstraße – Straßgang Mitte – Seiersberg, GKB-Eisenbahnübersetzung – Premstätten – Kaiserwald – Abfahrt nach Dietersdorf – Zwaring – Abzweigung in den Kaiserwald – Wundschuh – Autobahnunterführung – Bahnunterführung – Großsulz – Mur-Radweg R 2 nach Kalsdorf bis zu Pendl's Hütterl – über die Murbrücke nach Fernitz – Hausmannstätten – Grambacher Straße – Raaba – Bahnübersetzung nahe Bf. Messendorf – St.-Peter-Hauptstraße – Petersgasse – Felix-Dahn-Platz – Mandellstraße – Opernring – Stadtpark – Radweg zur Keplerbrücke.

Zufahrtsmöglichkeit nach Gösting: Von der Andritzer Maut über Kahngasse – Neugasse – Steg über die Mur – Augasse – Exerzierplatzstraße – Bachwirt – weiter Richtung Schloß Gösting.

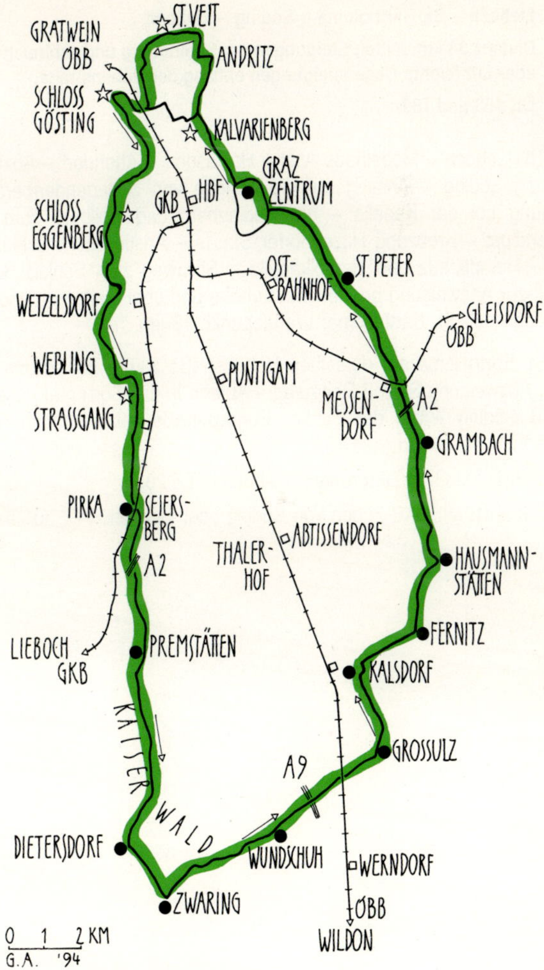
ST. VEIT
GRATWEIN ÖBB
ANDRITZ
SCHLOSS GÖSTING
KALVARIENBERG
GRAZ ZENTRUM
HBF
GKB
SCHLOSS EGGENBERG
OST-BAHNHOF
ST. PETER
WETZELSDORF
GLEISDORF ÖBB
WEBLING
PUNTIGAM
MESSEN-DORF
A2
STRASSGANG
GRAMBACH
PIRKA
SEIERS-BERG
ABTISSENDORF
THALER-HOF
A2
HAUSMANN-STÄTTEN
FERNITZ
LIEBOCH GKB
PREMSTÄTTEN
KALSDORF
KAISER WALD
GROSSULZ
A9
DIETERSDORF
WUNDSCHUH
WERNDORF
ZWARING
ÖBB
WILDON
0 1 2 KM
G.A. '94

75 Fünf-Schlösser-Weg

Lieboch – St. Bartholomä – Söding – Lieboch

Distanz 34 km, mittel; Steigungen am Södingberg und zahlreiche, aber nur leichte Gegensteigungen entlang der Höhenstraße.

ÖK 163 und 189.

GKB-Bf. Lieboch – Möbelhaus Assl – Haselsdorf – Attendorf – Abzweigung Richtung Söding – Anstieg auf die Anhöhe von Schadendorfberg – Abzweigung bei der Kapelle – am Södingberg und Höllberg zum Schloß Tausendlust – Kreuzung Hitzendorfer Straße – Anstieg zum Schloß Altenberg – Humplkreuz und Humplkapelle – Stichweg zum Schloß Schütting; zurück zur Abzweigung bei der Nonnerhöhe und über Reiteregg und Schloß Sonnegg nach St. Bartholomä; Wendepunkt; 18 km.

Von St. Bartholomä auf derselben Höhenstraße zurück bis vor die Nonner Höhe; Abzweigung Schloß Reiteregg – Abfahrt in das Södingtal – Berndorf – Schloß Söding – auf der Packer Bundesstraße nach Lieboch, Bf.; von St. Bartholomä 16 km.

Anfahrt: Mit GKB-Zügen nach Lieboch. VTZ 201.

Rückfahrt: Mit GKB-Zügen von Söding oder Lieboch. VTZ 301 bzw. 201.

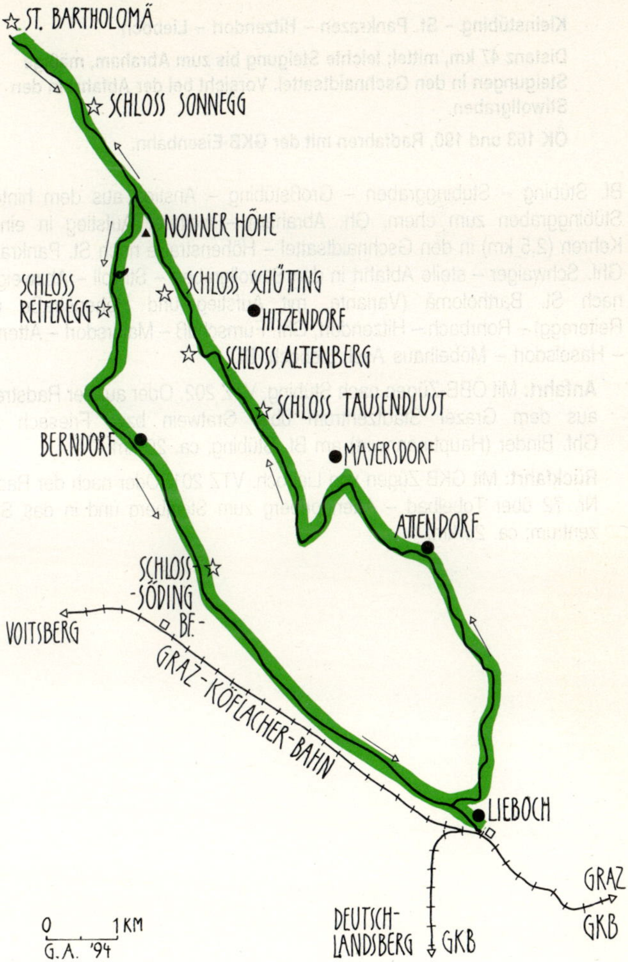
ST. BARTHOLOMÄ
SCHLOSS SONNEGG
NONNER HÖHE
SCHLOSS REITEREGG
SCHLOSS SCHÜTTING
HITZENDORF
SCHLOSS ALTENBERG
SCHLOSS TAUSENDLUST
BERNDORF
MAYERSDORF
ATTENDORF
SCHLOSS-SÖDING
BF.
VOITSBERG
GRAZ-KÖFLACHER-BAHN
LIEBOCH
GRAZ
GKB
DEUTSCH-LANDSBERG
GKB
0 1 KM
G.A. '94

76 Stübinggraben und Liebochtal

Kleinstübing – St. Pankrazen – Hitzendorf – Lieboch

Distanz 47 km, mittel; leichte Steigung bis zum Abraham, mäßige Steigungen in den Gschnaidtsattel. Vorsicht bei der Abfahrt in den Stiwollgraben.

ÖK 163 und 190, Radfahren mit der GKB-Eisenbahn.

Bf. Stübing – Stübinggraben – Großstübing – Anstieg aus dem hinteren Stübinggraben zum ehem. Gh. Abraham – weiterer Aufstieg in einigen Kehren (2,5 km) in den Gschnaidtsattel – Höhenstraße nach St. Pankrazen, Ghf. Schwaiger – steile Abfahrt in den Stiwollgraben – Stiwoll – Abzweigung nach St. Bartholomä (Variante, mit Aufstieg und Höhenstraße über Reiteregg) – Rohrbach – Hitzendorf, Ghf. Fürnschuß – Maiersdorf – Attendorf – Haselsdorf – Möbelhaus Assl, Lieboch, Bf.

Anfahrt: Mit ÖBB-Zügen nach Stübing. VTZ 202. Oder auf der Radstrecke aus dem Grazer Stadtzentrum über Gratwein bzw. Friesach zum Ghf. Binder (Hauptmannwirt) am Bf. Stübing; ca. 20 km.

Rückfahrt: Mit GKB-Zügen von Lieboch. VTZ 201. Oder nach der Radtour Nr. 72 über Tobelbad – Attendorfberg zum Steinberg und in das Stadtzentrum; ca. 26 km.

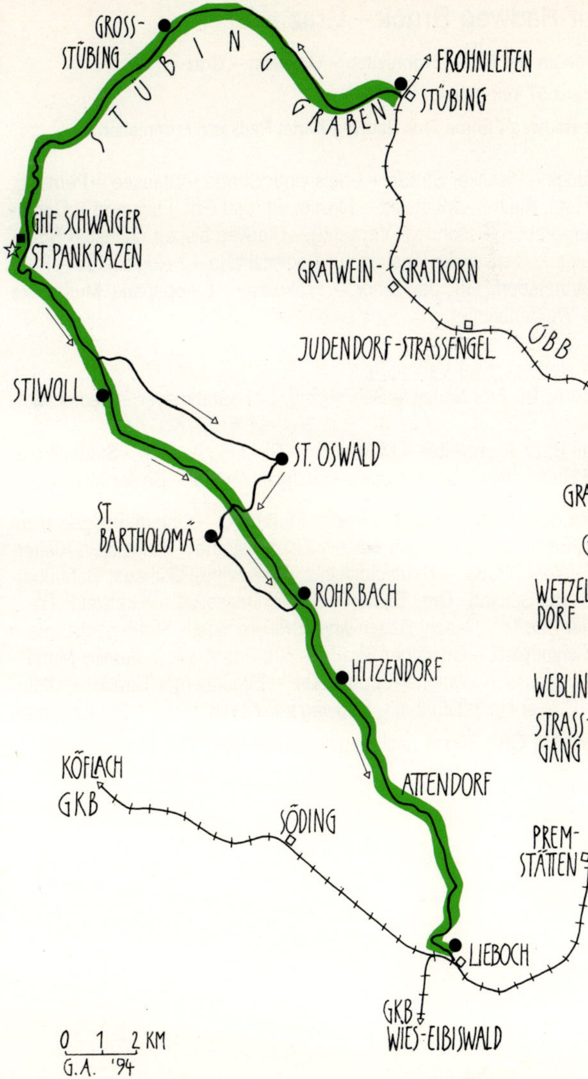
GROSS-
STÜBING
STÜBING GRABEN
FROHNLEITEN
STÜBING
GHF. SCHWAIGER
ST. PANKRAZEN
GRATWEIN-GRATKORN
JUDENDORF-STRASSENGEL
ÖBB
STIWOLL
ST. OSWALD
ST.
BÄRTHOLOMÄ
GRAZ HBF
GKB
ROHRBACH
WETZELS-
DORF
LEIBNITZ ÖBB
HITZENDORF
WEBLING
STRASS-
GANG
KÖFLACH
GKB
ATTENDORF
SÖDING
PREM-
STÄTTEN
LIEBOCH
GKB
WIES-EIBISWALD
0 1 2 KM
G.A. '94

77 Mur-Radweg Bruck – Graz

Bruck an der Mur – Frohnleiten – Gratwein – Graz

Distanz 57 km; mittel.

Mur-Radweg-Führer, Mur-Radweg-Karte, Radkarte Frohnleiten.

R 2: Bf. Bruck – Pischker Straße – Übelsteiner Straße – Stausee – Pernegg, Bf. – Pernegg, Kirche – Mautstatt – Mixnitz, Bf. und Ghf. Fuchswirt – Durchlaß Heuberggraben (besondere Vorsicht!) – Uferweg bis zur nächsten Bahnunterführung: kurzer, steiler Anstieg zur Begleitstraße – Feldgrillhube – Peugen – Wannersdorf, Gh. Jantscher – Frohnleiten, Europapark, Murbrücke beim Ghf. Weißenbacher.

Für die Weiterfahrt zwei Varianten:

- Variante A: Bf. Frohnleiten – Schrauding, Ghf. Grabmayer – Badler Murbrücke.
- Variante B: Bf. Frohnleiten – Murbrücke – Richtung Adriach – Stausee und Schloß Rabenstein – Murschleuse – Golfplatz Murhof – Badler Murbrücke.

Nun wieder gemeinsame Strecke: Badler Murbrücke – Unterführungen beim Kugelstein-Eisenbahntunnel und bei der Schnellstraße – Kugelstein-Kletterwand – E-Werk-Straße – Deutschfeistritz, Feuerwehr-Rüsthaus, Bahnübersetzung – Bf. Stübing, Ghf. Binder – Freilichtmuseum – Gratwein, Bf. – Judendorfer Straße – Raach, Raachwirt – Swikerstraße – Straßengelstraße – Gösting, Schloßplatz – Göstinger Straße – Alte Poststraße – Familia-Markt – Starhemberggasse – Waagner-Biró-Straße – Eggenberger Straße – Unterführung – Grazer Hauptbahnhof – Radweg zur Keplerbrücke – Stadtzentrum.

Anfahrt: Mit ÖBB-Zügen nach Bruck an der Mur. VTZ 616.

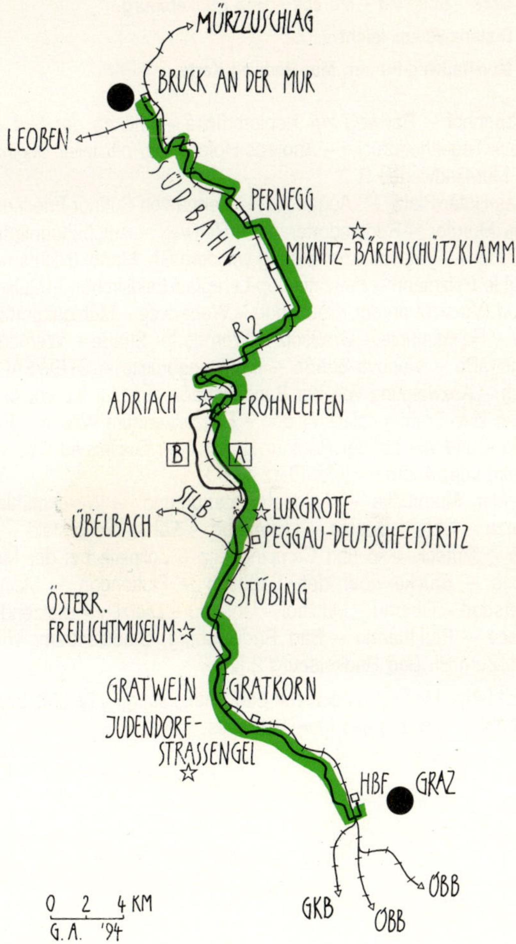
MÜRZZUSCHLAG
BRUCK AN DER MUR
LEOBEN
SÜDBAHN
PERNEGG
MIXNITZ-BÄRENSCHÜTZKLAMM
R2
ADRIACH
FROHNLEITEN
B
A
STLB
ÜBELBACH
LURGROTTE
PEGGAU-DEUTSCHFEISTRITZ
STÜBING
ÖSTERR.
FREILICHTMUSEUM
GRATWEIN
GRATKORN
JUDENDORF-
STRASSENGEL
HBF
GRAZ
ÖBB
GKB
ÖBB
0 2 4 KM
G.A. '94

78 Mur-Radweg Graz – Bad Radkersburg

Graz – Spielfeld – Mureck – Bad Radkersburg

Distanz 90 km, leicht.

Mur-Radweg-Führer, Mur-Radweg-Karte.

Hauptbahnhof – Radweg zur Keplerbrücke – entlang der Mur zur Hauptbrücke – Tegetthoffbrücke – Andreas-Hofer-Platz; offizieller Beginn des südlichen Mur-Radweges R 2.
Andreas-Hofer-Platz – Augarten – Bertha-von-Suttner-Friedensbrücke – rechtes Murufer – Rudersdorfer Au – Reitweg – Autobahnunterführung bei Feldkirchen – Wagnitz, Abzweigung vor dem Gh. Mandl (Nichtenwirt) – Walzenmühle Pelzmann – Feuchtbiotop-Lehrpfad Feldkirchen – Mühlgangweg – Kalsdorf (Vorsicht an der Kreuzung!) – Weberweg – Mühlgangbrücke – Dorfstraße – Haindlmühle – Großsulz – Werndorfer Straße – Werndorf, Radwirt – Dorfstraße – Vianova-Straße – Mühlgangbrücke – STEWEAG-Kraftwerk Mellach – Abzweigung von der Bundesstraße zur Mur bis vor die Brücke – Uferweg zum Trabrennplatz Wildon – Freizeitzentrum Wildon – Bf. Wildon – Lebring – und wie bei der Radtour Nr. 71 über Gralla und Obervogau nach Spielfeld; vom Andreas-Hofer-Platz 47,5 km.
Spielfelder Murbrücke – Autobahnunterführung – Wisiakmühle – Oberschwarza – Unterschwarza – Lichendorf – Fähre Weitersfeld – Mühlgangbrücke – Mureck, Bad und Campingplatz – Zollplatz bei der Murbrücke – Röcksee – Brücke über den Saßbach – Fluttendorf – Meindlmühle – Donnersdorf – Oberau – Madlhof – Unterau – Dietzen – Dietzendörfl – Liebmannsee – Parktherme – Bad Radkersburg, Stadtzentrum; von Spielfeld 38 km. Zum Bf. Bad Radkersburg 2 km.

Rückfahrt: Mit ÖBB-Zügen von Bad Radkersburg, VTZ 802; bzw. von allen Bahnhöfen entlang des Mur-Radweges.

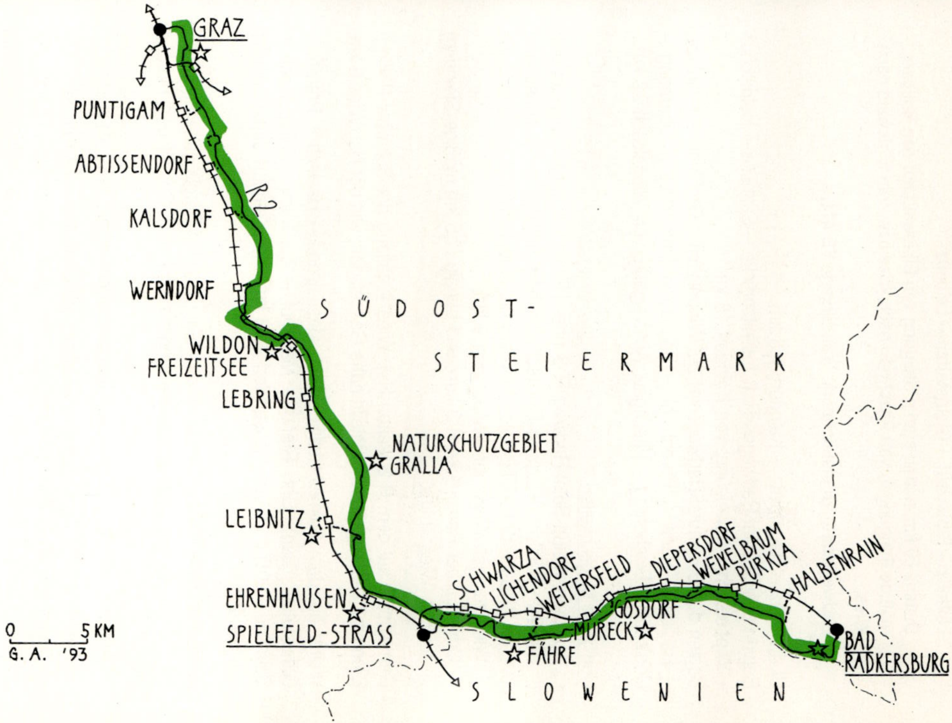
GRAZ
PUNTIGAM
ABTISSENDORF
R2
KALSDORF
WERNDORF
SÜDOST-
STEIERMARK
WILDON
FREIZEITSEE
LEBRING
NATURSCHUTZGEBIET
GRALLA
LEIBNITZ
EHRENHAUSEN
SPIELFELD-STRASS
SCHWARZA
LICHENDORF
WEITERSFELD
DIEPERSDORF
WEIXELBAUM
PURKLA
HALBENRAIN
GOSDORF
MURECK
FÄHRE
BAD
RADKERSBURG
SLOWENIEN
0
5 KM
G. A. '93

79 Saggautal und Sulmtal

Leibnitz – Eibiswald – Gleinstätten – Leibnitz

Distanz 80 km, mittel; starke Steigung von Eibiswald auf den Höllberg, mäßige Steigungen von Pitschgau nach Wies bzw. von Eibiswald nach Wies.

Radwegekarte Weststeiermark, Wanderkarte FB 411.

Bf. Leibnitz – Hauptplatz – Kaindorf; 2,5 km.
Beginn des Sulmtal-Radweges R 1: Laßnitzbrücke – Sulmsee – Heimschuh – Wippelsach, Abzweigung; von Kaindorf 13 km.
Beginn des Saggautal-Radweges R 20: Wippelsach – Großklein – Kleinklein – Radiga – Harla – Ehrenbichl – Saggau – Unterhaag – Oberhaag – Udelsdorf – Bischofegg – Pitschgau, Abzweigung; von Wippelsach 22 km.

Nun zwei Möglichkeiten:

- Auf dem Weiße-Sulm-Radweg R 3 über Hörmsdorf nach Eibiswald und auf dem Schilcher-Radweg R 4 (schwer) bzw. entlang der Bundesstraße zum GKB-Bf. Wies-Eibiswald, dann auf der Hauptstraße durch den Markt Wies zur Hst. Wies; von Wippelsach 9 km.
- Oder auf der Radstrecke R 3 kurz und bündig (1,5 km mäßige Steigung) zur Hst. Wies; 2 km.

Gemeinsam auf dem R 3 weiter: Hst. Wies – entlang der Sulm bei Pölfing-Brunn zur Radweg-Anschlußstelle nahe Gasselsdorf; von der Hst. Wies 6 km.

Weiter auf dem Sulmtal-Radweg R 1: Gasselsdorf – Haslach – Prarath – Gleinstätten (Bad), Ghf. Brand – Maierhof – Mantrach – Wippelsach – Sulmsee – Kaindorf; von Gasselsdorf 26,3 km. Von Kaindorf durch Leibnitz zum Bf. 2,5 km.

Abstecher: Über Schloß Welsberg zum Ghf. Lampl in Bergla nahe St. Martin im Sulmtal, auf der gleichen Strecke wieder zurück nach Gasselsdorf; hin und zurück 9 km.

Anfahrt: Mit ÖBB-Zügen nach Kaindorf oder Leibnitz. VTZ 411.

Rückfahrt: Mit ÖBB-Zügen von Leibnitz oder Kaindorf, VTZ 411; mit GKB-Zügen von Wies, Pölfing-Brunn, Wies-Eibiswald oder Bergla, VTZ 613. Zufahrt zum Bf. Bergla: Auf dem R 1 von Gasselsdorf über Schloß Welsberg und Ghf. Lampl; von Gasselsdorf 4,5 km.

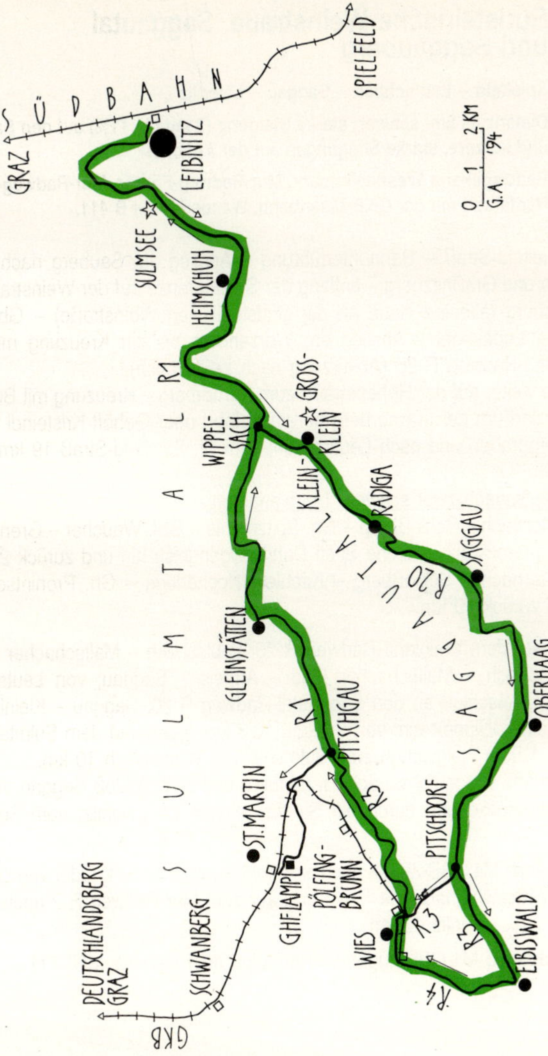
GRAZ
SÜDBAHN
LEIBNITZ
SPIELFELD
SULMSEE
HEIMSCHUH
R1
SULMTAL
WIPPEL-SACH
GROSS-KLEIN
KLEIN-KLEIN
RADIGA
SAGGAU
SAGGAUTAL
R20
GLEINSTÄTTEN
OBERHAAG
PITSCHGAU
ST. MARTIN
PITSCHDORF
R3
R4
DEUTSCHLANDSBERG GRAZ
SCHWANBERG
GHF. LAMPL
PÖLFING-BRUNN
WIES
EIBISWALD
GKB
0 1 2 KM
G.A. '94

80 Südsteirische Weinstraße, Saggautal und Seggauberg

Spielfeld – Leutschach – Saggau – Leibnitz

Distanz 55 km, schwer; starke Steigung (3 km bis 11%) auf den Sauberg und kürzere, starke Steigungen auf der Anhöhe.

Radwegekarte Weststeiermark, Mur-Radweg-Führer, Mur-Radweg-Karte, Radfahren mit der GKB-Eisenbahn, Wanderkarte FB 411.

Bf. Spielfeld-Straß – Bahnunterführung – Anstieg am Sauberg nach Berghausen und Graßnitzberg – entlang der Staatsgrenze auf der Weinstraße zur Kästenburg (ältestes Haus an der Südsteirischen Weinstraße) – Ghf. Mahorko – Lubekogel – Anstieg am Wurzenberg bis zur Kreuzung mit dem Weinland-Radweg R 25 (Abkürzung nach Leutschach).
Jedoch weiter auf der Höhenstraße zum Karnerberg – Kreuzung mit Bundesstraße und um den Karnerberg herum Abfahrt über Gehöft Kristeindl in den Eichberggraben und nach Leutschach; vom Bf. Spielfeld-Straß 19 km.

Von Leutschach zwei schwere Bergvarianten:

- Leutschach – Schloßberg – Gh. Spitzmühle – Ghf. Waucher – Grenzübergang Großwalz – Kirche Sveti Duh/Heiligengeist; hin und zurück 22 km.
- Leutschach – Schloßberg – Kirchlein Hochenegg – Gh. Pronintsch; hin und zurück 10 km.

Weiter auf dem Weinland-Radweg R 25: Leutschach – Maltschacher Wiese – Maltschach – Maltschacher Feld – Arnfels – Saggau; von Leutschach 10,5 km; Anschluß an den Saggautal-Radweg R 20: Saggau – Kleinklein – Großklein – Wippelsach; von Saggau 10,3 km; weiter auf dem Sulmtal-Radweg R 1 über Heimschuh zum Sulmsee; von Wippelsach 10 km.
Anstieg am Seggauberg nach Frauenberg und zum Schloß Seggau. Abfahrt zur Sulmbrücke und durch die Stadtmitte zum Bf. Leibnitz; vom Sulmsee 5 km.

Anfahrt: Mit ÖBB-Zügen nach Spielfeld-Straß. VTZ 511. Oder von Leibnitz über Kleinwagna/Flavia Solva und auf dem Mur-Radweg R 2 nach Spielfeld; von Leibnitz 13 km.

Rückfahrt: Mit ÖBB-Zügen von Kaindorf oder Leibnitz. VTZ 411.

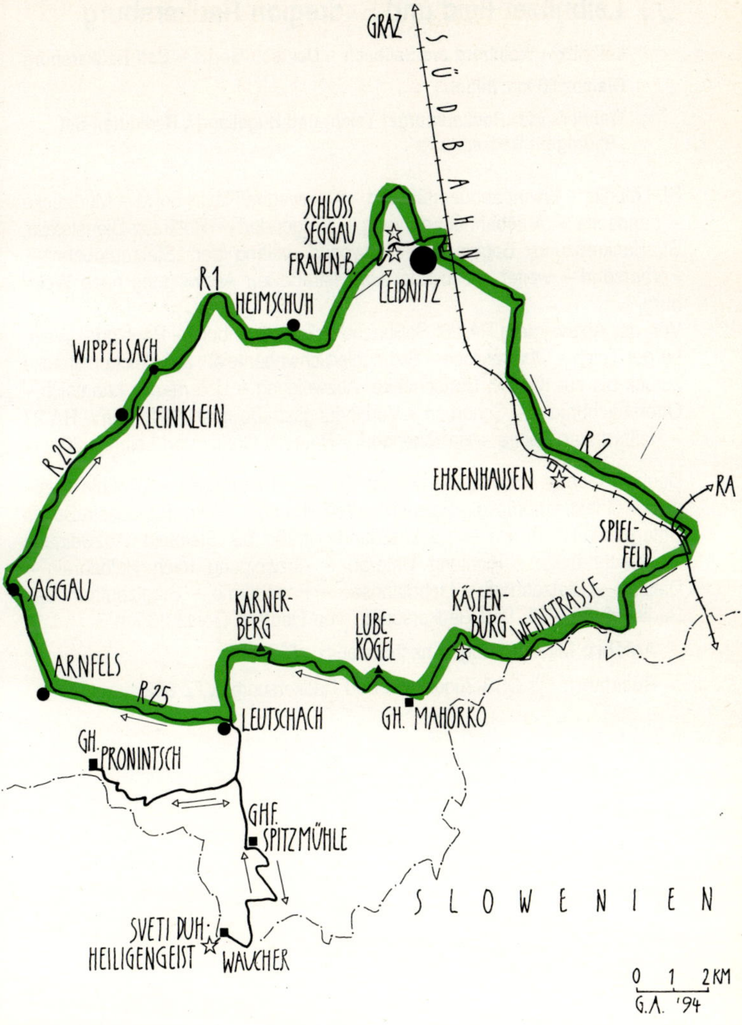
GRAZ
SÜDBAHN
SCHLOSS SEGGAU
FRAUEN-B.
LEIBNITZ
R1
HEIMSCHUH
WIPPELSACH
KLEINKLEIN
R20
R2
EHRENHAUSEN
RA
SPIEL-FELD
SAGGAU
KARNER-BERG
LUBE-KOGEL
KÄSTEN-BURG
WEINSTRASSE
ARNFELS
R25
LEUTSCHACH
GH. MAHORKO
GH. PRONINTSCH
GHF. SPITZMÜHLE
SLOWENIEN
SVETI DUH: HEILIGENGEIST
WAUCHER
0 1 2 KM
G.A. '94

81 Leibnitzer Feld und Radregion Radkersburg

Leibnitz – Weinburg am Saßbach – Deutsch Goritz – Bad Radkersburg

Distanz 50 km, mittel.

Wanderkarte „Radkersburger Teich- und Hügelland", Radkarten-Set „Radregion Radkersburg".

Bf. Leibnitz – Eisenbahnüberführung – Kleinwagna/Flavia Solva – Murbrücke – Landscha – Autobahnüberführung – Wagendorf – Rotkreuz-Dienststelle, Straßenkreuzung; Beginn des Radweges entlang der „Sterzautobahn" – Perbersdorf – weiter entlang der Hauptstraße zur Abzweigung nach Weinburg.
Von der Abzweigung RA 26: Saßbachbrücke – Weinburg – Priebing – Weinburger Teich – Oberrakitsch – Sixtmühle/Schwabenteich; auf gleicher Strecke zurück bis zur Kleinen Dorfschenke, Abzweigung – Unterhart – Langteich – Ottersbachbrücke – Scherberl – Verbindungsstraße nach Helfbrunn – RA 23 – Helfbrunner Teiche – Ratschendorf – Deutsch Goritz; von Leibnitz 30 km.

Deutsch Goritz, Abzweigung bei der Kirche – Peterquelle – Ölmühle Puntigam – Gnasbachbrücke – Salsach – Weixelbaum – 2,5 km Bundesstraße bis Unterpurkla/Bf. Purkla – 1,5 km Bundesstraße bis Steinfeld, Abzweigung Mühlbachbrücke – Richtung Unterau – Abzweigung nach Halbenrain – Dietzen – Dietzendörfl – Liebmannsee – Parktherme – Stadtzentrum Bad Radkersburg – Bf. Bad Radkersburg; von Deutsch Goritz 20 km.

Anfahrt: Mit ÖBB-Zügen nach Leibnitz. VTZ 411.

Rückfahrt: Mit ÖBB-Zügen von Bad Radkersburg. VTZ 802.

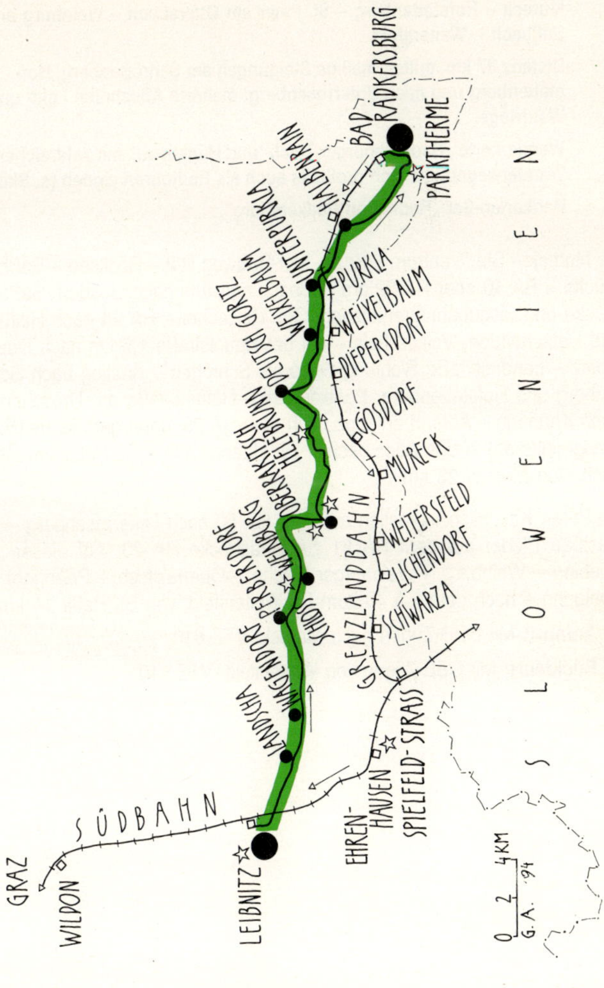
GRAZ
WILDON
SÜDBAHN
LEIBNITZ
EHREN-
HAUSEN
SPIELFELD-STRASS
LANDSCHA
WAGENDORF
PERBERSDORF
WEINBURG
SCHLOSS
OBERRAKITSCH
HELFBRUNN
DEUTSCH GORITZ
WEIXELBAUM
UNTERPURKLA
HALBENRAIN
BAD
RADKERSBURG
PARKTHERME
PURKLA
WEIXELBAUM
DIEPERSDORF
GOSDORF
MURECK
WEITERSFELD
LICHENDORF
SCHWARZA
GRENZLANDBAHN
S L O W E N I E N
0 2 4KM
G.A. '94

82 Radkersburger Teich- und Hügelland

Mureck – Hofstättenberg – St. Peter am Ottersbach – Weinburg am Saßbach – Weitersfeld

Distanz 37 km, mittel; mäßige Steigungen am Schröttenberg, Hofstättenberg und nach Unterrosenberg; mehrere Abschnitte Feld- und Waldwege.

Wanderkarte „Radkersburger Teich- und Hügelland“ mit zahlreichen Wanderwegen, die sich großteils auch als Radtouren eignen (s. Skizze).

Radkarten-Set „Radregion Radkersburg“.

Bf. Mureck – Stadtzentrum – Bad – Mur-Radweg R 2 – Röcksee – Saßbachbrücke – RA 10 oder RA 22 am Saßbach aufwärts nach Gosdorf, Saßbachbrücke und Eisenbahnübersetzung, Ghf. Reisacher – RA 24 nach Helfbrunn und Ratschendorf, Volksschule – auf der Hauptstraße 1,5 km nach Deutsch Goritz – Landesstraße Richtung Gnas bis Schrötten – Anstieg nach Schröttenberg und Hofstättenberg, Pension Ertl – Höhenstraße am Droschenberg nach Khünegg – Abfahrt anfangs nach dem RA 25, dann geradeaus (RA 25 zweigt links ab) in das Auersbachtal zur Hubermühle – St. Peter am Ottersbach; von Mureck 23 km.

St. Peter, Kfh. Pilch – Anstieg auf dem RA 50 nach Unterrosenberg – vom Obstbau Ploder auf dem RA 51 zur Radstrecke RA 20: Auf dieser nach Priebing – Weinburg – Weinburger Teiche – Oberrakitsch – Prillinghof, Abzweigung – nach dem RA 40 zum Bf. Weitersfeld; von St. Peter 14 km.

Anfahrt: Mit ÖBB-Zügen nach Mureck. VTZ 610.

Rückfahrt: Mit ÖBB-Zügen von Weitersfeld. VTZ 610.

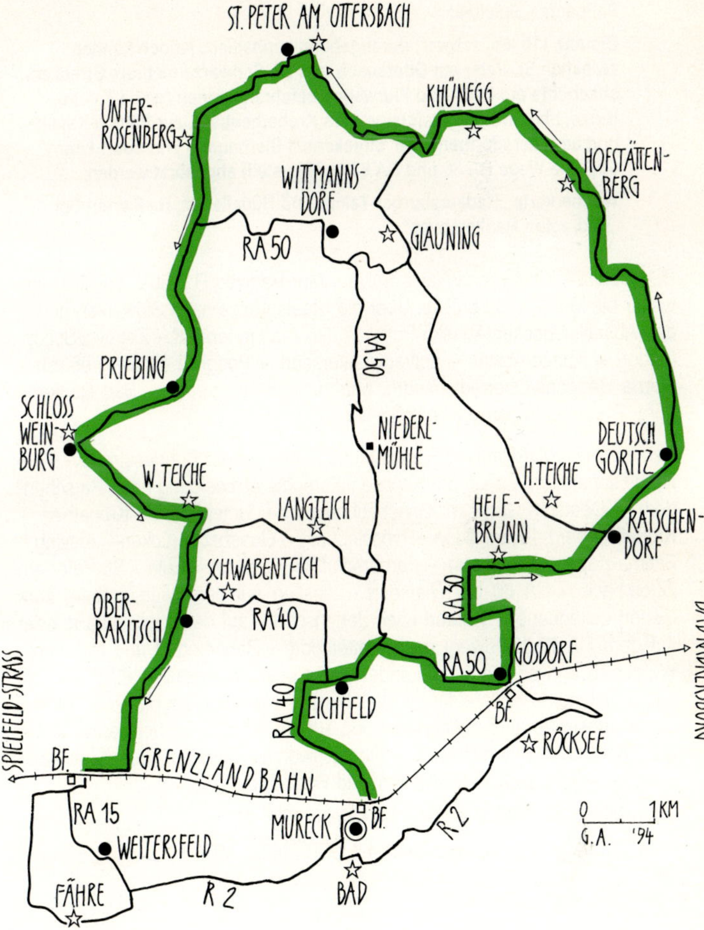
ST. PETER AM OTTERSBACH
UNTER-
ROSENBERG
KHÜNEGG
WITTMANNS-
DORF
HOFSTÄTTEN-
BERG
GLAUNING
RA 50
RA 50
PRIEBING
SCHLOSS
WEIN-
BURG
NIEDERL-
MÜHLE
DEUTSCH
GORITZ
W. TEICHE
H. TEICHE
LANGTEICH
HELF-
BRUNN
RATSCHEN-
DORF
SCHWABENTEICH
RA 30
OBER-
RAKITSCH
RA 40
RA 50
GOSDORF
BAD RADKERSBURG
SPIELFELD-STRASS
RA 40
EICHFELD
BF.
RÖCKSEE
BF.
GRENZLANDBAHN
RA 15
MURECK
BF.
R 2
0
1 KM
G.A. '94
WEITERSFELD
FÄHRE
R 2
BAD

83 Abstaller Becken und Radkersburger Hügelland

Leibnitz – Apače/Abstall – Bad Radkersburg – Mettersdorf am Saßbach – Spielfeld

Distanz 115 km, schwer; durchgehend asphaltiert, jedoch können zwischen St. Peter am Ottersbach und Bf. Schwarza mehrere Streckenabschnitte auf Feld- und Flurwegen befahren werden (gelbe Tafeln). Kurze, aber kräftige Steigungen am Krobathenberg, zur Fatima-Kapelle und am Wiersdorfberg. Der Streckenteil Bierbaum – Wiersdorf kann über die Wege RA 36 und RA 63 (mäßig steil) abgekürzt werden.

Wanderkarte „Radkersburger Teich- und Hügelland", Radkarten-Set „Radregion Radkersburg".

Bf. Leibnitz – Kleinwagna/Flavia Solva – Mur-Radweg R 2 über Spielfeld und weiter bis Mureck, Murbrücke. Über die Staatsgrenze nach Slowenien und in das Abstaller Becken/Apaško Polje: Vratja Vas/Frattendorf – Zepovci/Schöpfendorf – Apače/Abstall – Lutverci/Leitersdorf – Podgrad (Schweinefarm) – Gorna Radgona/Oberradkersburg, Murbrücke/Staatsgrenze – Bad Radkersburg, Parktherme; von Leibnitz 47 km.

Parktherme – Mur-Radweg R 2 bis Fluttendorf – auf der Bundesstraße 1,5 km nach Diepersdorf – nach der Kapelle halbrechts Abzweigung nach Ratschendorf – Deutsch Goritz – Gnasbachbrücke – Unterspitz – Krobathen – Krobathenberg – Nägelsdorf – Trössingberg – Gnasbachbrücke – Trössing – Fatima-Kapelle – Bierbaum – Perbersdorf bei St. Peter – Edla – St. Peter am Ottersbach – RA 60 bis Wiersdorf – Anstieg auf den Wiersdorfberg zum Gehöft Leitenbauer – Abfahrt nach Zehensdorf – auf der Landesstraße oder auf dem RA 70 (Feldweg) nach Mettersdorf – Rannersdorf und Rohrbach. Wiederum entweder auf der Landesstraße oder auf dem RA 80 (Feldweg) nach Siebing – Höflamühle – Weinburg – Hainsdorf-Brunnsee – Pichla. Gemeindestraße nach Seibersdorf und auf RA 90 zum Bf. Schwarza; weiter auf RA 11 nach Unterschwarza – Oberschwarza – Gersdorf, Buschenschank Schober – Bf. Spielfeld-Straß; von Bad Radkersburg 68 km.

Anfahrt: Mit ÖBB-Zügen nach Leibnitz. VTZ 411.

Rückfahrt: Von Spielfeld-Straß mit ÖBB-Zügen. VTZ 511.

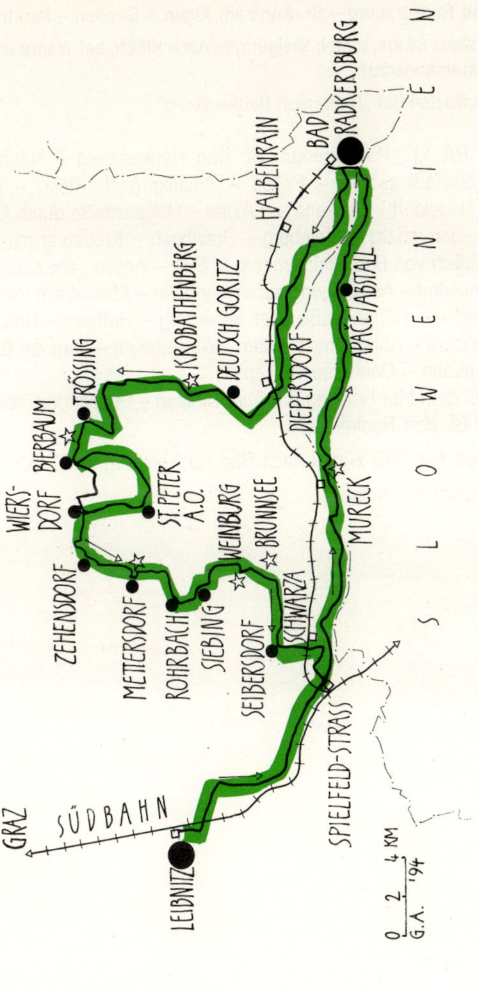
GRAZ
SÜDBAHN
LEIBNITZ
SPIELFELD-STRASS
SEIBERSDORF
SCHWARZA
SIEBING
ROHRBACH
METTERSDORF
ZEHENSDORF
WIERS-DORF
ST. PETER A.O.
WEINBURG
BRUNNSEE
BIERBAUM
TRÖSSING
KROBATHENBERG
DEUTSCH GORITZ
DIEPERSDORF
MURECK
APAČE/ABTAL
HALBENRAIN
BAD RADKERSBURG
S L O W E N I E N
0 2 4 KM
G.A. '94

84 Höhenstraßen über Klöch und Straden

Bad Radkersburg – St. Anna am Aigen – Straden – Parktherme

Distanz 64 km, mittel; Steigungen nach Klöch, bei Waltra und Trautmannsdorf.

Radkarten-Set „Radregion Radkersburg".

Radweg RA 11 „Thermentour": Bf. Bad Radkersburg – Neuhumersdorf – Goritz bei Radkersburg – Pölten – Anstieg nach Klöch – Höhenstraße Deutsch Haseldorf – St. Anna am Aigen – Höhenstraße durch Egg – Pichl – Waltra – Jammberg – Steinberg – Steinbach – Kreuzung mit der Bundesstraße südlich von Bad Gleichenberg in Sulz – Anstieg am Kirchenberg nach Trautmannsdorf – Abzweigung auf der Anhöhe – Abfahrt am Poppendorfberg nach Straden – Höhenstraße über Silberberg – Hofberg – Unterkarlaberg – Radochenberg – Abfahrt nach Kater – Weixelbaum – über die Bundesstraße und Eisenbahn – Donnersdorf, Kapelle.
Weiter auf dem Mur-Radweg R 2 über Dietzen – Dietzendörfl zur Parktherme und zum Bf. Bad Radkersburg.

Anfahrt: Mit ÖBB-Zügen nach Bad Radkersburg. VTZ 802.

Rückfahrt: wie Anfahrt.

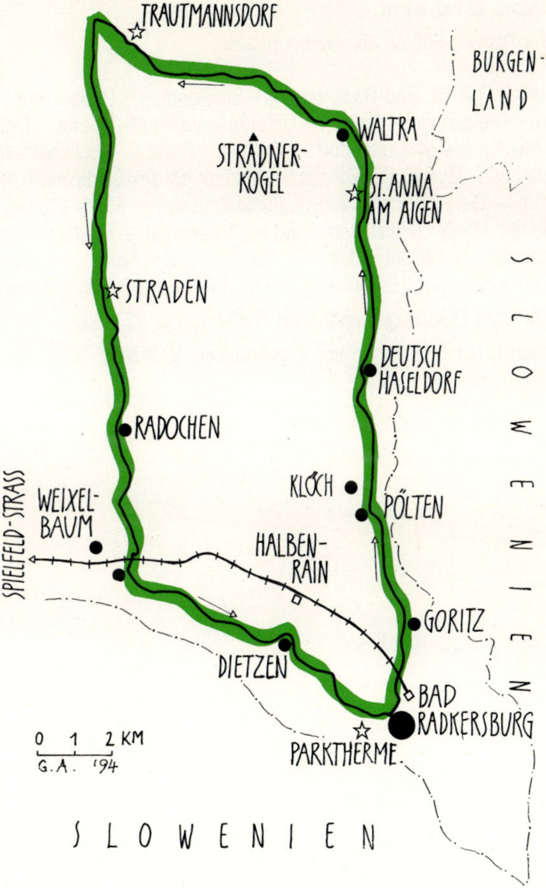
TRAUTMANNSDORF
BURGEN-
LAND
WALTRA
STRÄDNER-
KOGEL
ST. ANNA
AM AIGEN
STRADEN
S L O W E N I E N
DEUTSCH
HASELDORF
RADOCHEN
KLÖCH
PÖLTEN
SPIELFELD-STRASS
WEIXEL-
BAUM
HALBEN-
RAIN
GORITZ
DIETZEN
BAD
RADKERSBURG
PARKTHERME
0 1 2 KM
G.A. '94
S L O W E N I E N

85 Durch die Murauen an der Grenze

Bad Radkersburg – Röcksee – Ehrenhausen

Distanz 43 km, leicht.

Mur-Radweg-Führer, Mur-Radweg-Karte.

Mur-Radweg R 2: Bf. Bad Radkersburg – Stadtgraben – Parktherme – Liebmannsee – Dietzendörfl – Dietzen – Unterau – Madlhof – Oberau – Donnersdorf – Meinlmühle – Fluttendorf – Saßbachbrücke – Röcksee – ehem. Krobathmühle – Murbrücke, Zollplatz – Mureck, Bad – Stadtmitte – Süßenbergstraße – Gehöft Einz – Schwarzaubachbrücke – Fähre Weitersfeld – Lichendorfer Mühle (Hofstättermühle) – Lichendorf – Unterschwarza – Oberschwarza – Wisiakmühle – Autobahnunterführung – Spielfelder Murbrücke – Sportplatz Ehrenhausen – Murbrücke – Bf. Ehrenhausen.

Anfahrt: Mit ÖBB-Zügen nach Bad Radkersburg. VTZ 802.

Rückfahrt: Mit ÖBB-Zügen von Ehrenhausen. VTZ 511.

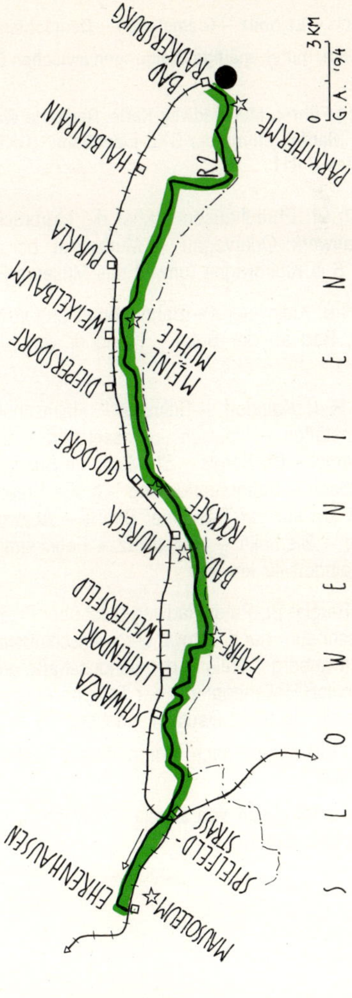

BAD RADKERSBURG
PARKTHERME
R2
HALBENRAIN
PURKLA
WEIXELBAUM
DIEPERSDORF
MEINL-MÜHLE
GOSDORF
RÖCKSEE
MURECK
BAD
WEITERSFELD
LICHENDORF
FÄHRE
SCHWARZA
SPIELFELD-STRASS
EHRENHAUSEN
MAUSOLEUM
S L O W E N I E N
0
3 KM
G.A. '94

86 Durch das Sulmtal

Ehrenhausen – Leibnitz – Gleinstätten – Deutschlandsberg

Distanz 55 km, mittel; mäßige Steigungen zwischen Gasselsdorf und Hollenegg.

Mur-Radweg-Führer, Mur-Radweg-Karte, Radkarte Weststeiermark, Broschüre „Radfahren mit der GKB-Eisenbahn" (GKB-Radtour Nr. 8), Wanderkarte FB 411.

Mur-Radweg R 2: Bf. Ehrenhausen – über die Murbrücke – auf dem R 2 nordwärts – Kraftwerk Obervogau – Murbrücke bei Landscha; 5 km; Anschluß zum R 6 in Kleinwagna (unweit das Museum Flavia Solva).

Römer-Radweg R 6: Kleinwagna – Bahnübersetzung in Neuwagna – Altenmarkt – Leibnitz, Bad an der Sulm – Kaindorf; von Kleinwagna 7,3 km; Anschluß zum R 1.

Sulmtal-Radweg R 1: Kaindorf – Sulmsee – Heimschuh – Wippelsach – Mantrach – Gleinstätten – Haslach – Gasselsdorf – Schloß Welsberg – Martinhof, Ghf. Lampl – Bf. Bergla – St. Martin im Sulmtal – Aigen – Korbin – Wieden – Hohlbach – Bahnunterführung – große Kreuzung in Leibenfeld, Fuchswirt – ca. 1 km auf der Trahüttner Straße – Abzweigung in die Stadt Deutschlandsberg – Bierhalle – Hauptplatz – Fabrikstraße – Bf. Deutschlandsberg; von Kaindorf 42 km.

Variante vom Bf. Bergla: St.-Peter-Radweg R 22 über Freidorf – St. Peter im Sulmtal und Kerschbaum nach Schwanberg, Anschlußstelle zum Schilcher-Radweg R 4: Schwanberg – entlang der Bundesstraße noch bis Rettenbach – Aufstieg zum Schloß Hollenegg; von der Taverne Abfahrt zum Fuchswirt in Leibenfeld und durch die Stadt Deutschlandsberg; 16 km.

Anfahrt: Mit ÖBB-Zügen nach Ehrenhausen, Leibnitz oder Kaindorf. VTZ 511 bzw. 411.

Rückfahrt: Mit GKB-Zügen von Bergla, Schwanberg oder Deutschlandsberg. VTZ 614 bzw. 514.

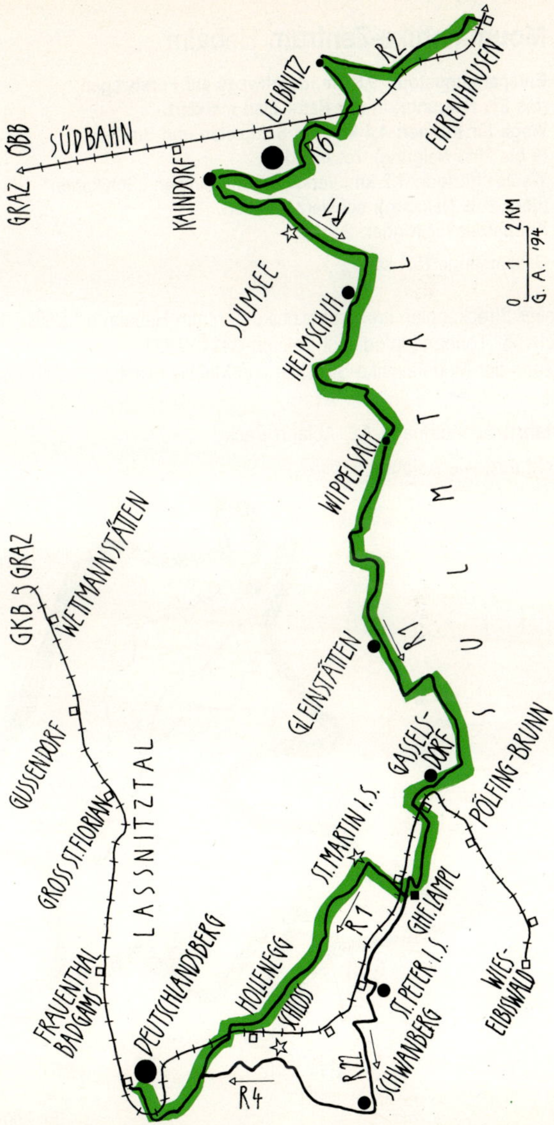
GRAZ ÖBB
SÜDBAHN
KAINDORF
LEIBNITZ
EHRENHAUSEN
R2
R6
R7
SULMSEE
HEIMSCHUH
WIPPELSACH
SULMTAL
GLEINSTÄTTEN
R1
GASSELS-DORF
PÖLFING-BRUNN
ST. MARTIN I.S.
GHF. LAMPL
ST. PETER I.S.
WIES-EIBISWALD
SCHWANBERG
R11
R4
SCHLOSS
HOLLENEGG
DEUTSCHLANDSBERG
FRAUENTHAL BADGAMS
GROSS ST. FLORIAN
GUSSENDORF
WETTMANNSTÄTTEN
GKB GRAZ
LASSNITZTAL
0 1 2 KM
G. A. '94

87 Mountainbike-Zentrum Hebalm

Entspannungstour: 9,8 km, durchwegs auf Forstwegen (bis 8% Neigung); in der Natur blau markiert.
Wege für Könner: 4,4 km, auf Schipisten und Straßen (9 bis 20% Neigung); rot markiert.
Wadlbeißertour: 1,2 km, verschärft mit einigen „Schikanen" (über 20% Neigung); schwarz markiert.
Knirpstour für Kinder: 2,9 km.

Gesamtlänge 15,4 km.

Spezieller Streckenplan im Mountainbike-Zentrum Hebalm erhältlich. Telefon 03146/8155. Tonband-Infodienst Telefon 03143/2921.
Benützung der Mountainbike-Strecken von Mai bis Oktober, täglich von 9 bis 20 Uhr.

Anfahrt: Südautobahn A2, Abfahrt Pack.

Rückfahrt: wie Anfahrt.

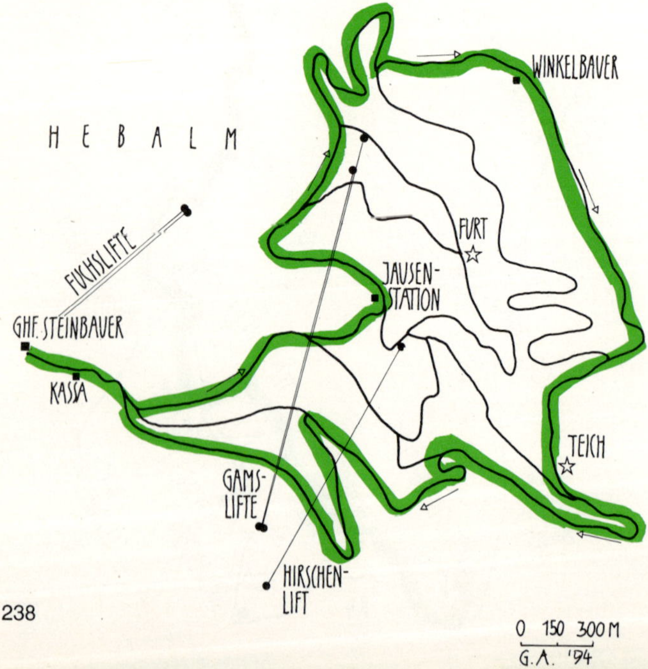

Wandern und Mountainbiking

Hans Hödl

DAS BESTE AUS „AUF SCHUSTERS RAPPEN"

mit neuen Touren
272 Seiten, 120 Wegskizzen, 5 SW-Fotos, kartoniert
ISBN 3-222-12012-9

E. und F. Käfer/E. Dattler

ALLE MARIAZELLERWEGE 06

2., völlig erneuerte Auflage
272 Seiten, 64 Skizzen, kartoniert
ISBN 3-222-12257-1

Gerald Pototschnig (Hg.)

MOUNTAINBIKING MIT GERHARD ZADROBILEK

160 Seiten, 34 SW-Skizzen, 19 SW-Fotos, kartoniert
ISBN 3-222-12015-3

VERLAG STYRIA GRAZ WIEN KÖLN

88 Wartenstein und Hirzmannsperre

Krottendorf/Ligist – Hirzmannsperre – Gaisfeld

Distanz 35 km, schwer; starke Steigungen zum Wartenstein, zur Hirzmannsperre und nach St. Martin.

ÖK 163 und 189.

Von Ligist oder Krottendorf, Bf. – Straße auf den Wartenstein – Gh. Langmann, Saatzwirt – Autobahnunterführung – Unterwald – nächste Autobahnunterführung – Gehöft Langmann – Teigitschwinkel – Abfahrt zur Langmannsperre – am Stausee talein zum Kraftwerk – Anstieg zur Hirzmannsperre – Anstieg zur Martiner Straße – Abfahrt über Ghf. Hirzmann bis zum Gehöft Stumpf; kleiner Wegweiser nach Graz – lange Abfahrt durch Großwöllmiß in den Teigitschgraben.

Von der Teigitschbrücke kurzer Abstecher zum Kraftwerk Arnstein (an der Teigitsch evtl. auch noch weiter talein; Mountainbike-Strecke).

Vom Kraftwerk Arnstein bzw. von der Teigitschbrücke am Teigitschbach zur Bahn-Hst. Gaisfeld.

Anfahrt: Mit GKB-Zügen nach Krottendorf-Ligist. VTZ 301.

Rückfahrt: Mit GKB-Zügen von Gaisfeld. VTZ 301.

KÖFLACH
GKB
TEIGITSCHGRABEN
GAISFELD
KW
ARNSTEIN
GROSSWÖLLMISS
ST. MARTIN A.W
STUMPF
KROTTENDORF
GRAZ
GKB
SAATZWIRT
WARTENSTEIN
LORI-KAPELLE
LIGIST
GHF
HIRZMANN
HIRZMANN-SPERRE
A2
LANGMANN-SPERRE
KW
0
1KM
G.A. '94

89 Piberegg und Gradner Berge

Köflach – Piber – Graden – Krenhof – Köflach

Distanz 32 km, schwer; mehrere starke Steigungen. Bis zum Eckwirt Mountainbike-Strecke, übrige Strecke durchgehend asphaltiert.

ÖK 162 und 163.

Bf. Köflach – Stadtzentrum – Friedhof – Sattel am Dechantswald – Abfahrt nach Piber – Anstieg am Geilbach zum ehem. Rößlerwirt – Gehöft Spannagl, daneben Buschenschank Hupfauf – Höhenweg über Eckjandl und Hirtlkogel zum Eckwirt – Abfahrt auf der Landesstraße nach Graden – Aufstieg zum Jägerwirt (350 Hm) – Höhenstraße zum Ghf. Bergwirt – Abfahrt nach Krenhof – auf der Bundesstraße nach Köflach.

Mountainbike-Variante in Piberegg: Vom Sattel durch den Dechantswald Höhenweg über Gehöft Schachner und zur Straße beim ehem. Rößlerwirt.

Anfahrt: Mit GKB-Zügen nach Köflach. VTZ 401.

Rückfahrt: wie Anfahrt.

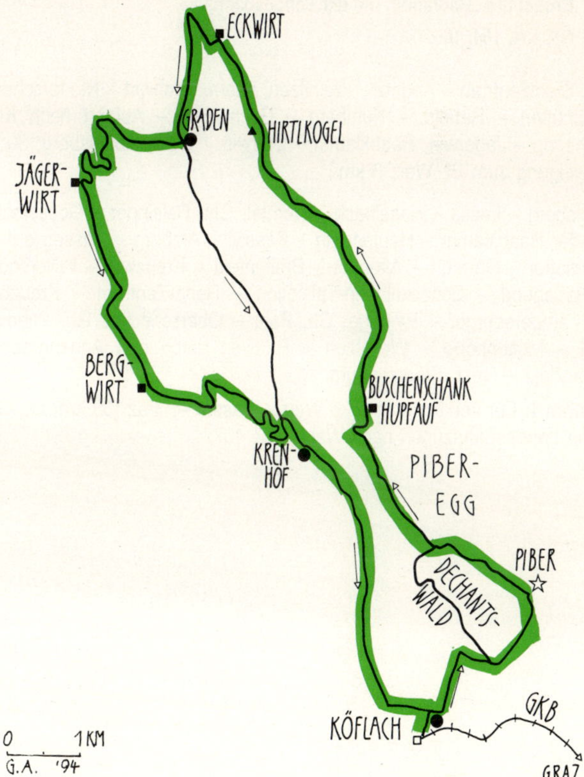
ECKWIRT
GRADEN
HIRTLKOGEL
JÄGER-
WIRT
BERG-
WIRT
BUSCHENSCHANK
HUPFAUF
KREN-
HOF
PIBER-
EGG
PIBER
DECHANTS-
WALD
KÖFLACH
GKB
GRAZ
0 1 KM
G.A. '94

90 Rund um die Raabklamm

Graz – Weiz – Passail – St. Radegund – Graz

Distanz 85 km, schwer; zahlreiche starke Steigungen.

Broschüre „Radfahren mit der Landesbahn".

ÖK 134, 164, 165.

Graz, Stadtzentrum – Andritz – Weinitzen, ehem. Bachwirt – Niederschöckel – Bleihütten – Rabnitz – Kumberg – Gschwendt – Abfahrt nach Kleinsemmering – Jägerwirt, Raabklamm – Literwirt – Weiz, Göttelsberg; 30 km. (Abzweigung zum Bf. Weiz 3 km.)

Göttelsberg – Leska – Haselbach – Dürntal, Ghf. Reisinger – Gösserstraße über der Raabklamm – Haufenreith – Passail – Arzberg – Anstieg auf den Gollersattel – Garrach – Altenhof – Breitenfeld – Kreuzwirt – Willersdorf – St. Radegund – Schöckelbahn-Talstation – Reha-Zentrum – Kreuzberg, Ghf. Lampersberger – Rinnegg, Gh. Paar – Oberschöckel, Gh. Windischhansl – Möltenhöhe – Weinitzen – Radweg durch den Annengraben – Oberandritz – Graz, Stadtzentrum.

Anfahrt: Für verkürzte Strecke Weiz – Passail – Graz (58 km) mit ÖBB- und Landesbahnzügen nach Weiz. VTZ 407.

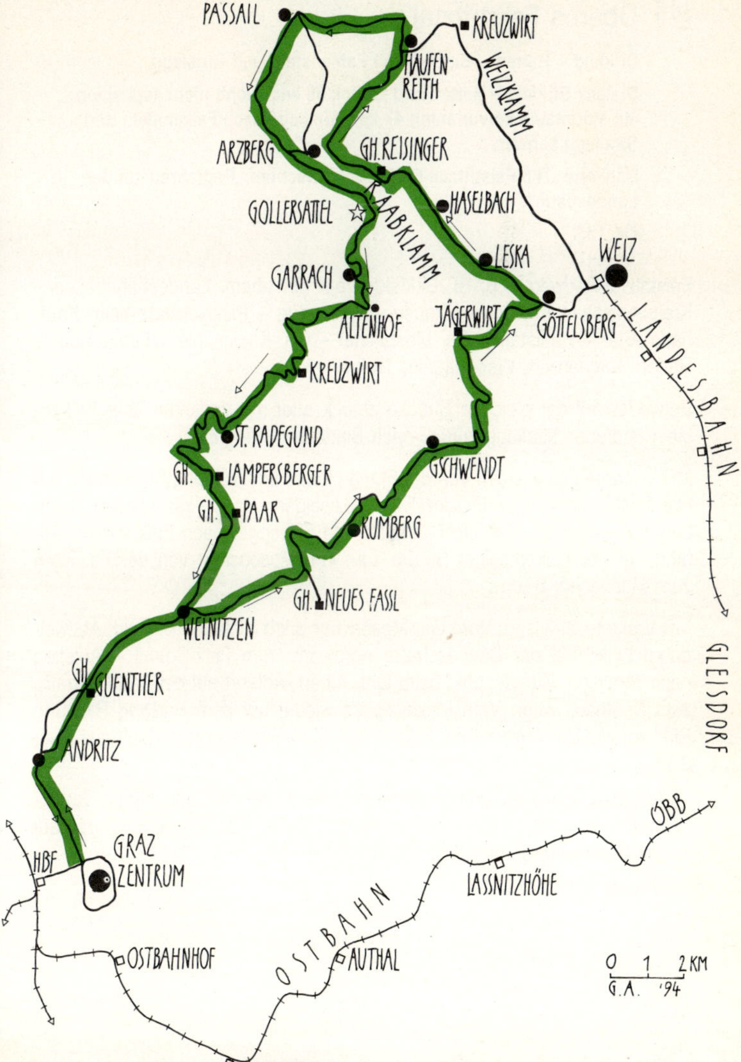
PASSAIL
KREUZWIRT
HAUFEN-REITH
WEIZKLAMM
ARZBERG
GH. REISINGER
RAABKLAMM
GOLLERSATTEL
HASELBACH
LESKA
WEIZ
GARRACH
ALTENHOF
JÄGERWIRT
GÖTTELSBERG
LANDESBAHN
KREUZWIRT
ST. RADEGUND
GH. LAMPERSBERGER
GSCHWENDT
GH. PAAR
KUMBERG
GH. NEUES FASSL
WEINITZEN
GLEISDORF
GH. GUENTHER
ANDRITZ
ÖBB
GRAZ ZENTRUM
HBF
LASSNITZHÖHE
OSTBAHN
OSTBAHNHOF
AUTHAL
0 1 2 KM
G.A. '94
MESSENDORF

91 Oberes Feistritztal

Birkfeld – Ratten – Birkfeld mit Falkenstein und Strallegg

Distanz Birkfeld – Ratten und zurück 36 km, leicht; nicht asphaltiert. Mit Mountainbike-Varianten 47 km; Anstiege nach Falkenstein und Strallegg schwer.

Radkarte „R 8 Feistritztal-Radweg", Broschüre „Radfahren mit der Landesbahn".

ÖK 135.

Feistritztal-Radweg R 8: Bf. Birkfeld – auf der ehem. Landesbahntrasse – Kraftwerksstufe Kawann – Stausee Waisenegg – Picknickplatz beim Kaufhaus Auer – Radlstation Gh. Mosbacher – Gh. Knollmühle – Firma Horn – Ratten, Kirchenwirt; Wendepunkt; 18 km.

Entweder auf der gleichen Strecke zurück oder mit Varianten über Falkenstein und/oder Strallegg zurück nach Birkfeld.

MB-Variante Falkenstein: Von der Firma Horn 1 km Richtung St. Kathrein am Hauenstein; bei einer Brücke links abzweigen. Ca. 3 km Anstieg durch Landau – über die Gehöfte Landauer und Freregger nach Falkenstein. Abfahrt auf der Falkensteiner Straße zum Gh. Mosbacher; von der Fa. Horn zum Mosbacher 8 km.

MB-Variante Strallegg: Vom Gh. Mosbacher 3 km Richtung Birkfeld; Abzweigung: Links auf der Bundesstraße nordwärts zum Fritz-Bründl – Aufstieg nach Strallegg; Wendepunkt beim Ghf. Albert. Abfahrt auf der Landesstraße zum Kaufhaus Auer. Vom Picknickplatz wieder auf dem Radweg Richtung Birkfeld; von der Abzweigung Fritz-Bründl über Strallegg zum Kaufhaus Auer 8 km.

Anfahrt: Über Weiz und Anger nach Birkfeld; evtl. mit Landesbahn-Dampfbummelzug Weiz – Birkfeld bzw. Weiz – Anger. Oder mit dem Fahrrad auf der Bundesstraße von Weiz nach Birkfeld; 26 km.

Rückfahrt: wie Anfahrt.

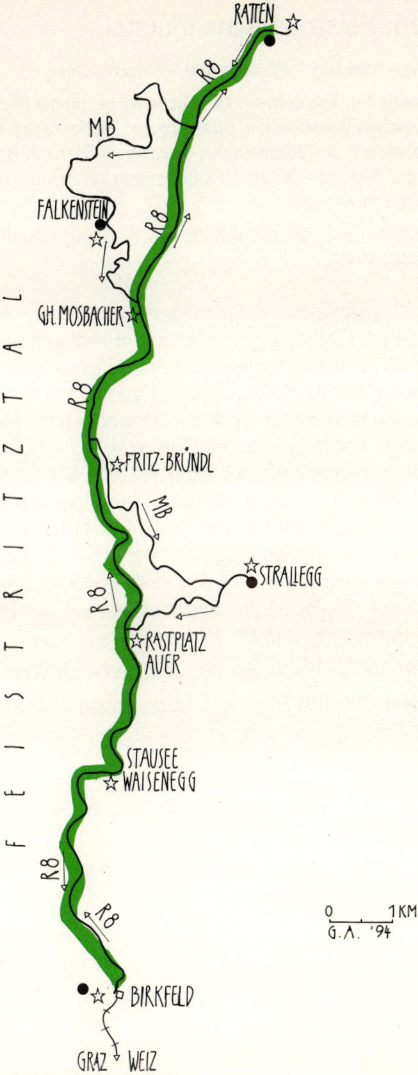
RATTEN
R8
MB
FALKENSTEIN
R8
GH. MOSBACHER
F E I S T R I T Z T A L
R8
FRITZ-BRÜNDL
MB
STRALLEGG
R8
RASTPLATZ AUER
STAUSEE WAISENEGG
R8
R8
0 1 KM
G.A. '94
BIRKFELD
GRAZ
WEIZ

92 Vom Feistritztal ins Mürztal

Weiz – Birkfeld – Pfaffensattel – Mürzzuschlag

Distanz 110 km, schwer; zahlreiche lange, starke Steigungen in den Bereichen Brandlucken, Strallegg und Pfaffensattel. Fast durchgehend asphaltiert; die Mountainbike-Strecken im Bereich Bründl, Schneeberger Himmel – St. Jakob – Rettenegg können mit Rennrädern umfahren werden.

Radkarte „R 8 Feistritztal-Radweg", Broschüre „Radfahren mit der Landesbahn".

Bf. Weiz – Weizklamm – Schmied in der Weiz – Aufstieg auch über St. Kathrein am Offenegg (5 km länger) – Brandlucken – Abfahrt nach Heilbrunn – nach kurzem Gegenanstieg beim Offner-Kreuz z. T. steile Abfahrten durch Sallegg (Gehöft Hofbauer) nach Koglhof.
Auf der Bundesstraße nach Birkfeld – Radweg R 8 bis Abzweigung Bründl – Anstieg nach Strallegg und zum Toten Mann – Höhenstraße über den Schneeberger Himmel zu den Wetterkreuzen – Gegenanstiege nach St. Jakob im Walde (evtl. mit einer MB-Schleife über die Arzberger Hütte).
Abfahrt von der Bühlhofer Höh (schlechte Asphaltstraße!) nach Filzmoos. Auf der Bundesstraße Anstieg durch Rettenegg – Gh. Eseltränke – Pfaffengraben – über 4 km Anstieg auf den Pfaffensattel – 10 km Abfahrt (anfangs bis 14%) nach Steinhaus am Semmering – auf der Bundesstraße durch Spital am Semmering zum Bf.. Mürzzuschlag.

Anfahrt: Mit ÖBB- und Landesbahnzügen nach Weiz. VTZ 407.

Rückfahrt: Mit ÖBB-Zügen von Mürzzuschlag.

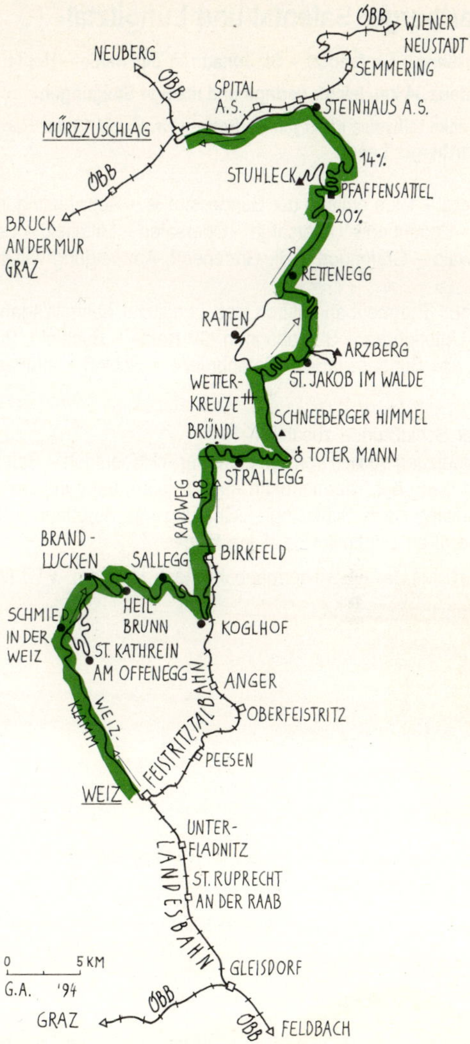
ÖBB
WIENER NEUSTADT
NEUBERG
SEMMERING
ÖBB
SPITAL A.S.
STEINHAUS A.S.
MÜRZZUSCHLAG
14%
STUHLECK
PFAFFENSATTEL
ÖBB
20%
BRUCK AN DER MUR GRAZ
RETTENEGG
RATTEN
ARZBERG
ST. JAKOB IM WALDE
WETTER-KREUZE
SCHNEEBERGER HIMMEL
BRÜNDL
TOTER MANN
STRALLEGG
RADWEG R8
BRAND-LUCKEN
SALLEGG
BIRKFELD
HEIL-BRUNN
SCHMIED IN DER WEIZ
KOGLHOF
ST. KATHREIN AM OFFENEGG
ANGER
OBERFEISTRITZ
WEIZ-KLAMM
FEISTRITZTALBAHN
PEESEN
WEIZ
UNTER-FLADNITZ
LANDESBAHN
ST. RUPRECHT AN DER RAAB
0
5 KM
G.A. '94
GLEISDORF
ÖBB
GRAZ
ÖBB
FELDBACH

93 Hartberger Safental und Lungitztal

Hartberg – Grafendorf – St. Johann in der Haide – Hopfau – Hartberg

Distanz 34 km, leicht; geringe und mäßige Steigungen.

Strecke teilweise ident mit Radtouren Nr. 6 und 19 der Radkarte „Hartberger Land".

Bf. Hartberg – 1 km entlang der Bundesstraße – Abzweigung ins Hartberger Safental – Eggendorf – Untersafen – Obersafen – Mittelfeld – Seibersdorf am Hammerwald – Grafendorf – Bf. Grafendorf, Abzweigung vor der Bahnübersetzung:
Entlang der Thermenbahn durch das Lungitztal nach Wagendorf – Oberlungitz – Unterlungitz – St. Johann in der Haide – Buchfeld, Pipeline-Pumpstation – alte Bundesstraße – Safenbrücke – Schloß Klaffenau – Hartberg; 21 km.

Mit kleiner Schlußrunde zusätzlich 14 km:
Bahnübersetzung südlich vom Bf. Hartberg – Habersdorf – Safenau – Grundäcker – entlang der Thermenbahn nach Hopfau, Querung der Südautobahn A 2 – Anstieg nach Schölbing – Querung der Autobahn – Habersdorf – Bf. Hartberg; ab Stadtmitte ca. 1 km länger.

Anfahrt: Mit der ÖBB-Thermenbahn nach Hartberg. VTZ 801.

Rückfahrt: wie Anfahrt.

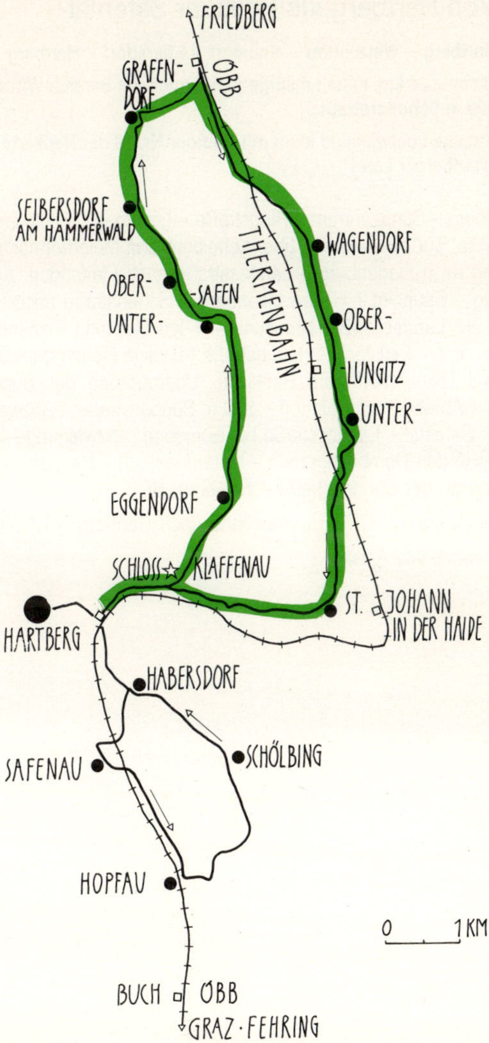
FRIEDBERG
GRAFEN-
DORF
ÖBB
SEIBERSDORF
AM HAMMERWALD
THERMENBAHN
WAGENDORF
OBER-
-SAFEN
UNTER-
OBER-
-LUNGITZ
UNTER-
EGGENDORF
SCHLOSS
KLAFFENAU
HARTBERG
ST.
JOHANN
IN DER HAIDE
HABERSDORF
SCHÖLBING
SAFENAU
HOPFAU
0
1 KM
BUCH
ÖBB
GRAZ · FEHRING

94 Von Hartberg ins Pöllauer Safental

Hartberg – Winzendorf – Kaindorf – Ebersdorf – Hartberg

Distanz 38 km, mittel; mäßige Steigungen. Im Bereich Winzendorf 600 m Schotterstraße.

Strecke überwiegend ident mit Radtour Nr. 10 der Radkarte „Hartberger Land".

Bf. Hartberg – Stadtzentrum – Ringstraße – Löffelbach; Abstecher zur „Römischen Villa" 500 m – Anstieg über Löffelberg und Meierhöf nach Häckerberg – Abfahrt nach Flattenberg – Landesstraße nach Flattendorf, Abzweigung – Wartberg – Saupoint – Hinterwinzenberg – Höhenstraße nach Winzendorf – Abfahrt zur Landesstraße, Kreuzung – 1 km Richtung Flattendorf, Abzweigung bei einem Bildstock – Höhenstraße (einstige Römerstraße) über Haselberg und Dienersdorf zum Banklwirt, Überquerung der Bundesstraße – Kopfing – Abfahrt nach Kaindorf – 500 m Bundesstraße – Abzweigung in das Pöllauer Safental – Landesstraße bis Ebersdorf, Abzweigung – Anstieg über Eichberg in den Dombachgraben – Unterdombach – Neusafenau – Lebing – Kreuzung an der Bundesstraße – Hartberg, Bf.

Anfahrt: Mit der ÖBB-Thermenbahn nach Hartberg. VTZ 801.

Rückfahrt: wie Anfahrt.

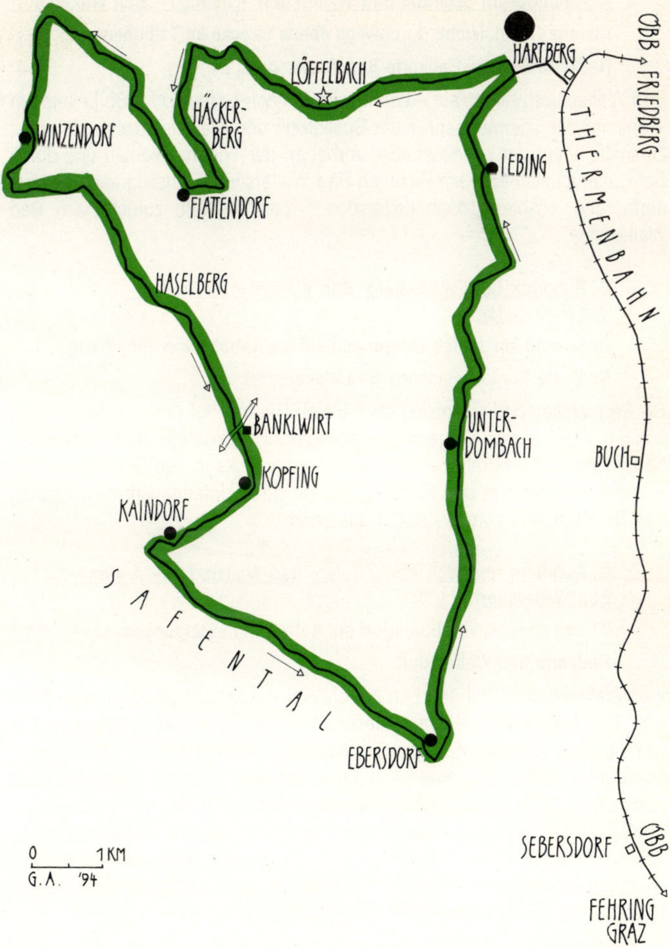

ÖBB FRIEDBERG
HARTBERG
LÖFFELBACH
HÄCKER-
BERG
WINZENDORF
IEBING
FLATTENDORF
THERMENBAHN
HASELBERG
BANKLWIRT
UNTER-
DOMBACH
BUCH
KOPFING
KAINDORF
SAFENTAL
EBERSDORF
0
1 KM
G.A. '94
SEBERSDORF
ÖBB
FEHRING
GRAZ

95 Bad Waltersdorfer Runden

A. Rundtour im Safental: Bad Waltersdorf – Blumau – Bad Waltersdorf

Distanz 18 km, leicht; durchwegs ebene Strecke im Talboden.

Radkarte Burgau, Radkarte Bad Waltersdorf.

Bad Waltersdorf, Kirchplatz – Landesstraße nach Leitersdorf – Bf. Leitersdorf – entlang der Thermenbahn nach Speilbrunn und Kleinsteinbach – Blumau, Ortsmitte – auf der Landesstraße, vorbei an der Therme Blumau und durch Schwarzmannshofen 4 km Richtung Bad Waltersdorf – Anstieg nach Leitersdorfbergen – Abfahrt nach Leitersdorf – Landesstraße zurück nach Bad Waltersdorf.

B. Rundtour über Wagerberg: Bad Waltersdorf – Haller – Bad Waltersdorf

Distanz 10 km, mittel; Steigungen auf die Anhöhe von Wagerberg.

Radkarte Burgau, Radkarte Bad Waltersdorf.

Bf. Bad Waltersdorf – Anstieg zum Hotel Thermenhof und zweiter Anstieg von der Therme nach Wagerberg. Entlang der Höhenstraße über Wagerbergbergen zur Landesstraße – kurz rechts – dann links in den Dornhalter Wald – Haller – Abfahrt in den Rohrbachgraben nach Untermayerhofen. Entlang der Thermenbahn zum Bf. Bad Waltersdorf.

C. Rundtour über den Harter Teich: Bad Waltersdorf – Auffen – Bad Waltersdorf

27 km; schwer; von Ebersdorf bis Auffen 7 km Steigungen.

Radkarte Bad Waltersdorf.

Bad Waltersdorf, Schuhgeschäft Hirschbeck – Autobahnunterführung – Neustift bei Sebersdorf – am Safenbach nach Ebersdorf, Abzweigung – Safenbrücke (Sägewerk Ziegner) – Nörning – Hörzerkreuz – Auffenberg – Großhart – Auffen, Lindenwirt – Abfahrt Richtung Neusiedl – noch im Wald Abzweigung zum Harter Teich – Flurweg Richtung Großhart – Verbindungsstraße zur Landesstraße – auf dieser 1 km Richtung Bad Waltersdorf bis zu einem kleinen Teich, Abzweigung – Flurstraße nach Hohenbrugg – Autobahnunterführung – durch den Hofwald und Großwald Abfahrt nach Buchgraben – Bad Waltersdorf, Fa. Hirschbeck.

Anfahrt: Mit der ÖBB-Thermenbahn nach Bad Waltersdorf. VTZ 702.

Rückfahrt: wie Anfahrt.

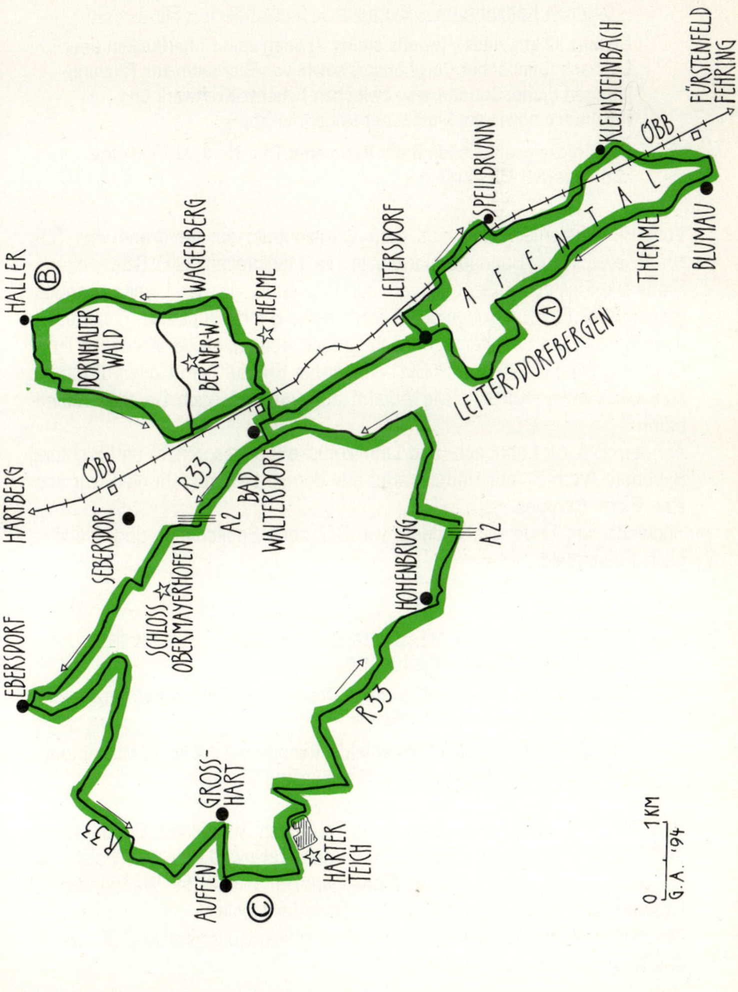

HALLER
B
WAGERBERG
DORNHAUER WALD
BERNER-W.
THERME
LEITERSDORF
SPEILBRUNN
KLEINSTEINBACH
FÜRSTENFELD
FEHRING
ÖBB
SAFENTAL
THERME
BLUMAU
A
LEITERSDORFBERGEN
HARTBERG
ÖBB
R33
SEBERSDORF
A2
BAD WALTERSDORF
SCHLOSS OBERMAYERHOFEN
HOHENBRUGG
A2
EBERSDORF
R33
GROSS-HART
HARTER TEICH
AUFFEN
C
R33
0 1 KM
G.A. '94

96 Fürstenfeld und Umgebung

A. Panoramatour zur Tausendjährigen Eiche: Fürstenfeld – Rudersdorf – Deutsch Kaltenbrunn – Bierbaum – Speltenbach – Fürstenfeld

Distanz 32 km, mittel; jeweils steiler Anstieg zum Höhenrücken über Limbach (Limbacher Berghäuser) sowie von Bierbaum zur Tausendjährigen Eiche. Schotterweg zwischen Feistritz-Kraftwerk und Fritzmühle sowie am Limbacher Höhenrücken.

Radstrecke großteils ident mit Panorama-Tour Nr. 9 der Radkarte „Erlebniswelt Fürstenfeld".

Vom Bf. Fürstenfeld bzw. aus dem Stadtzentrum auf der Panorama-Tour Nr. 9 jeweils zur Bahnüberführung in die Mühlbreiten, Gh. Schweinzer – Kraftwerk Feistritz – Schotterweg zur Fritzmühle an der Lafnitz, Landesgrenze Stmk./Bgld. – Rudersdorf – Radstrecke B 4 bis zur Linde. Geradeaus, dann Anstieg am Schulterriegel nach Limbachbergen; an der Kreuzung links, Güterweg Limbach – nach Pußta. Wieder mit B 4 auf dem Höhenrücken bis zum Gh. Himler. Kurze, steile Abfahrt auf dem B 5 nach Deutsch Kaltenbrunn.
Auf dem B 5 zur Lahnbach- und Lafnitzbrücke (Landesgrenze) und Richtung Bierbaum. Vom Bf. zur Hauptstraße; aus dem Ort 2 km (sehr steil) zur ältesten Eiche Europas.
Südwärts, am Ende des Waldes, wie B 7 nach Speltenbach und südwärts nach Fürstenfeld.

B. Kleine Mühlentour mit Stadtwald: Fürstenfeld – Rudersdorf – Dobersdorfer Mühle – Fürstenfeld

Distanz 15 km mit Abstecher nach Dobersdorf, leicht; durchwegs eben. Großteils Schotter- und Feldwege.

Radkarte „Erlebniswelt Fürstenfeld", Panorama-Tour Nr. 9, Mühlentour Nr. 8; Radkarte „Loipersdorf – Thermenland".

Von Fürstenfeld wie bei der Panorama-Tour nach Rudersdorf. Bei der Lahnbachbrücke („Naturraum Lahnbach") auf dem Teichweg durch die Feistritzau zu einem Teich, dann zu einer Flurwegkreuzung: Wie der Wanderweg „C Güssing" zur Wehranlage bei der Dobersdorfer Mühle.
Durch den Stadtwald geradewegs zur Bahnübersetzung und zum Bf. bzw. in das Stadtzentrum von Fürstenfeld.

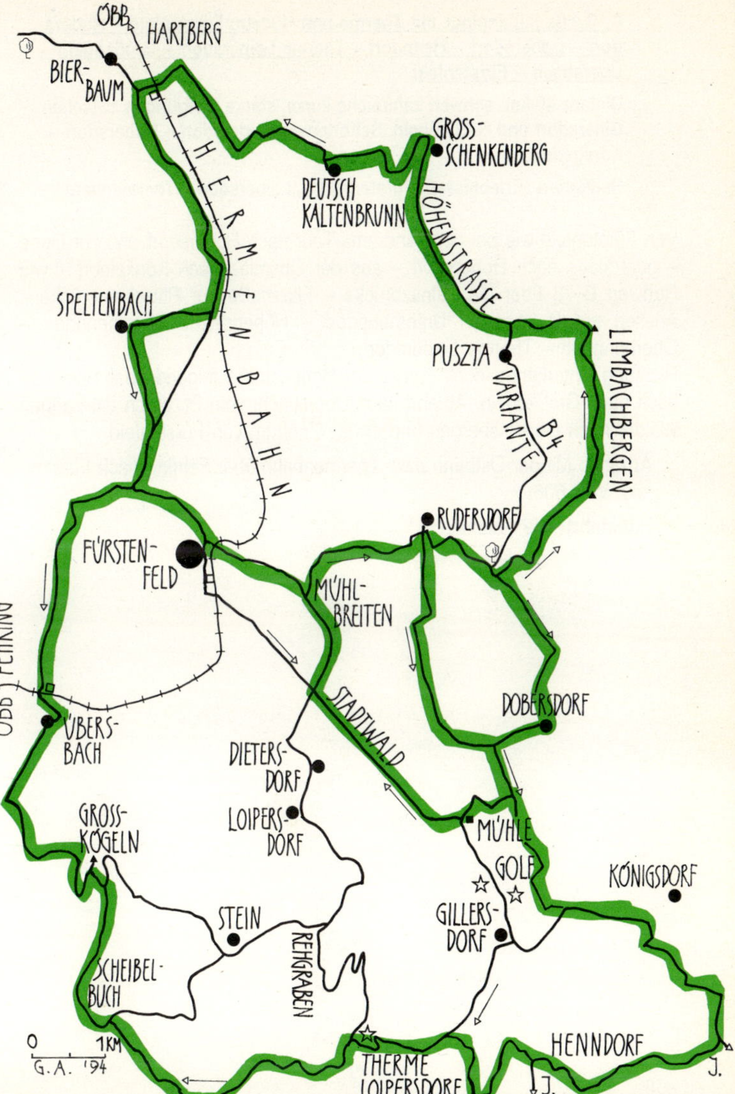

ÖBB
HARTBERG
BIERBAUM
THERMENBAHN
GROSS-SCHENKENBERG
DEUTSCH KALTENBRUNN
HÖHENSTRASSE
SPELTENBACH
PUSZTA
VARIANTE
B4
LIMBACHBERGEN
RUDERSDORF
FÜRSTENFELD
MÜHLBREITEN
ÖBB FEHRING
ÜBERSBACH
STADTWALD
DOBERSDORF
DIETERSDORF
LOIPERSDORF
GROSS-KÖGELN
MÜHLE
GOLF
KÖNIGSDORF
GILLERSDORF
STEIN
REHGRABEN
SCHEIBELBUCH
0
1 KM
G.A. '94
THERME LOIPERSDORF
HENNDORF
J.
J.

C. Große Mühlentour mit Therme und Hügeln: Fürstenfeld – Rudersdorf – Dobersdorf – Henndorf – Therme Loipersdorf – Großkögeln – Übersbach – Fürstenfeld

Distanz 40 km, schwer; zahlreiche kurze, starke Steigungen zwischen Gillersdorf und Großkögeln. Schotterweg Rudersdorf – Dobersdorf – Königsdorf.

Radkarten „Erlebniswelt Fürstenfeld", „Loipersdorf – Thermenland".

Von Fürstenfeld wie bei der Panorama-Tour nach Rudersdorf und zur Linde – geradeaus nach Dobersdorf – aus der Ortsmitte nach Königsdorf – wie Radweg B 72 über die Lafnitzbrücke – Flurstraße zur Rittscheinbrücke – Anstieg auf B 71 nach Unterhenndorf – Höhenstraße Mitterhenndorf – Oberhenndorf – Therme Loipersdorf.
Richtung Unterlamm, doch immer der Höhenstraße folgend über Scheibelbuch nach Großkögeln. Abfahrt nach Übersbach; vom Bf. durch die Langen Wälder nach Gerichtsbergen und in das Zentrum von Fürstenfeld.

Anfahrt: Mit der Ostbahn bzw. Thermenbahn über Fehring nach Fürstenfeld. VTZ 606.

Rückfahrt: wie Anfahrt.

97 Feldbacher Rundtouren

A. Über die Riegersburg: Feldbach – Riegersburg – Hatzendorf – Fehring – Feldbach

Distanz 40 km, schwer; im Streckenteil Wetzelsdorf – Riegersburg – Schrammelberg zahlreiche starke Steigungen.

Radkarten „Region Feldbach", „Erlebniswelt Fürstenfeld".

Bf. Feldbach – Lagerhaus – Bahnüberführung – Richtung Schloß Kornberg – Meierhof – Wetzelsdorf – Rohrbach – Aufstieg zum Klafterberg – Abfahrt durch Statzenbach nach Riegersburg.
Wie die Radtour FB 4 nach Lembachegg (Ghf. Schreiner) – über Loiberg – Schrammelberg – Abfahrt nach Obertiefenbach – Untertiefenbach – Hatzendorf, Ghf. Malerwinkel – am Grazbach nach Brunn zum Bf. Fehring – entlang der Ostbahn über Johnsdorf – Schloß Hantberg – Lödersdorf – Raabau nach Feldbach.
Verkürzte leichte Variante: Von Riegersburg auf der Radroute FB 4 über Oberstang – Unterstang, ab hier FB 7 Hügeltour oder FB 13 Aussichtstour nach Hatzendorf und Fehring.

B. Zu den Gleichenberger Kogeln: Feldbach – Bad Gleichenberg – Pertlstein – Feldbach

Distanz 36 km, schwer; mehrere kurze, starke Steigungen im Bereich Neubergen, Klausen und Lambuch.

Radkarte „Region Feldbach".

Bf. Feldbach – Stadtzentrum – 2 km auf der Bundesstraße Richtung Fehring – Abzweigung nach Mühldorf – Petersdorf – Anstieg nach Neubergen zu Wanderweg Nr. 780 – Abfahrt nach Klausen – auf der Hauptstraße nach Bad Gleichenberg; Rundfahrt durch den Kurpark.
Vom Bf. 4 km auf der Hauptstraße zurück nach Feldbach; in Klausen wie Wanderweg Nr. 71 und 11 über den Kulmberg nach Gossendorf. Am Schwengenbach talaus – Aufstieg nach Lambuch zum Schloß Bertholdstein – Abfahrt nach Pertlstein – Raabbrücke (Pertlsteinmühle) – Johnsdorf – Lödersdorf – Raabau – Bf. Feldbach.
Mehrere Varianten: Von Gossendorf über Stellberg (sehr starke Steigung, Schotterstraße) – Leitersdorf – Schloß Hainfeld – nach Feldbach.

Anfahrt: Mit der Ostbahn nach Feldbach. VTZ 509.

Rückfahrt: wie Anfahrt.

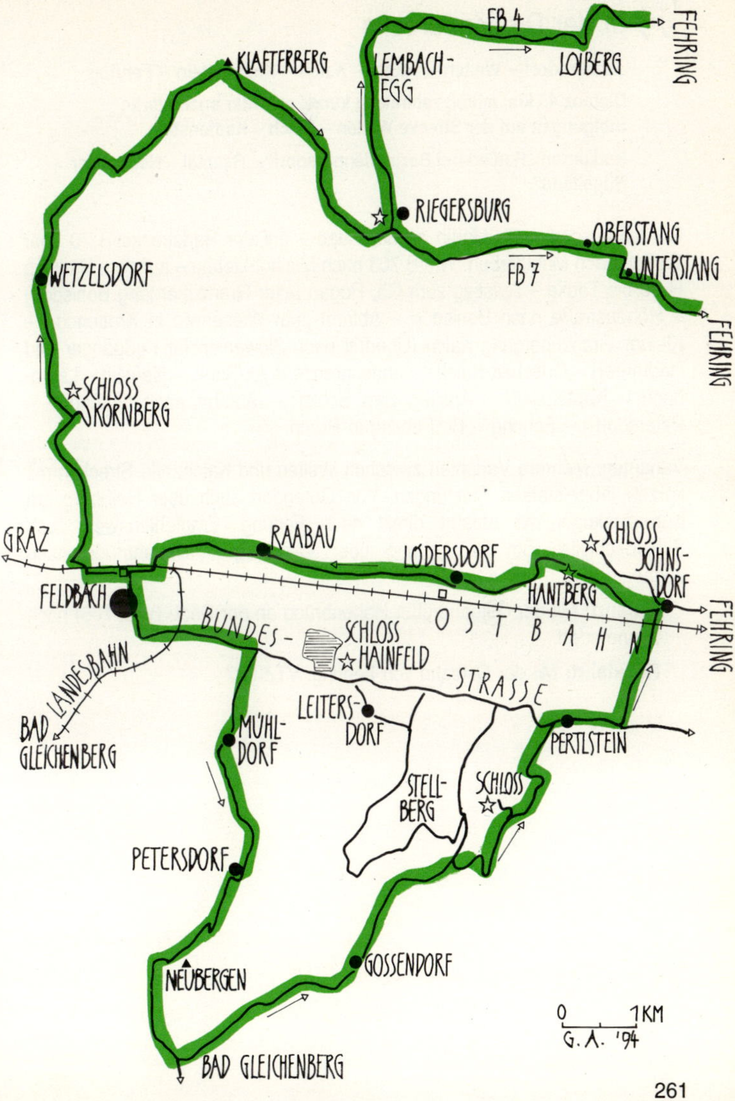
FB 4
FEHRING
LOIBERG
KLAFTERBERG
LEMBACH-
EGG
RIEGERSBURG
OBERSTANG
UNTERSTANG
FB 7
FEHRING
WETZELSDORF
SCHLOSS
KORNBERG
GRAZ
RAABAU
LÖDERSDORF
SCHLOSS
JOHNS-
DORF
HANTBERG
FELDBACH
FEHRING
OSTBAHN
BUNDES-
SCHLOSS
HAINFELD
-STRASSE
LANDESBAHN
BAD
GLEICHENBERG
LEITERS-
DORF
MÜHL-
DORF
PERTLSTEIN
STELL-
BERG
SCHLOSS
PETERSDORF
NEUBERGEN
GOSSENDORF
0
1KM
G. A. '94
BAD GLEICHENBERG

98 In der Dreiländerecke

Jennersdorf – Welten – Tauka – Kalch – Kapfenstein – Fehring

Distanz 45 km, mittel; zahlreiche kurze, mitunter auch starke Steigungen auf der Strecke Welten – Kalch – Kapfenstein.

Radkarten „Radlerland Bezirk Jennersdorf", „Raabtal – Neuhauser Hügelland".

Bf. Jennersdorf – St. Martin an der Raab – auf der Radstrecke B 70 über Welten nach Mühlgraben. Wie B 703 nach Minihof-Liebau – auf dem Radweg R 50 bis Tauka – Aufstieg zum Gh. Rogan (alter Grenzübergang Bonisdorf) – Höhenstraße nach Bonisdorf – Abfahrt zum Wiesenwirt in Krottendorf – Kleiner Grenzübergang Kalch (Übertritt nach Slowenien für Fußgänger und Radfahrer) – Ortschaft Kalch – Landesgrenze Bgld./Stmk. – Neustift – Lahmbach – Kapfenstein – Anstieg zum Schloß – Abfahrt nach Gutendorf – Petersdorf I – Fehring – Bf. Fehring in Brunn.

Varianten: Mehrere Varianten zwischen Welten und Kalch; alle Strecken mit kurzen, aber starken Steigungen. Von Gutendorf auch über Heißberg am Kuruzzenkogel mit Abfahrt direkt nach Fehring. Empfehlenswert auch Schlußschleife vom Bf. Fehring über Weinburg – Hohenbrugg nach Jennersdorf.

Anfahrt: Mit der Ostbahn über Hohenbrugg an der Raab (VTZ 705) nach Jennersdorf.

Rückfahrt: Mit der Ostbahn von Fehring. VTZ 607.

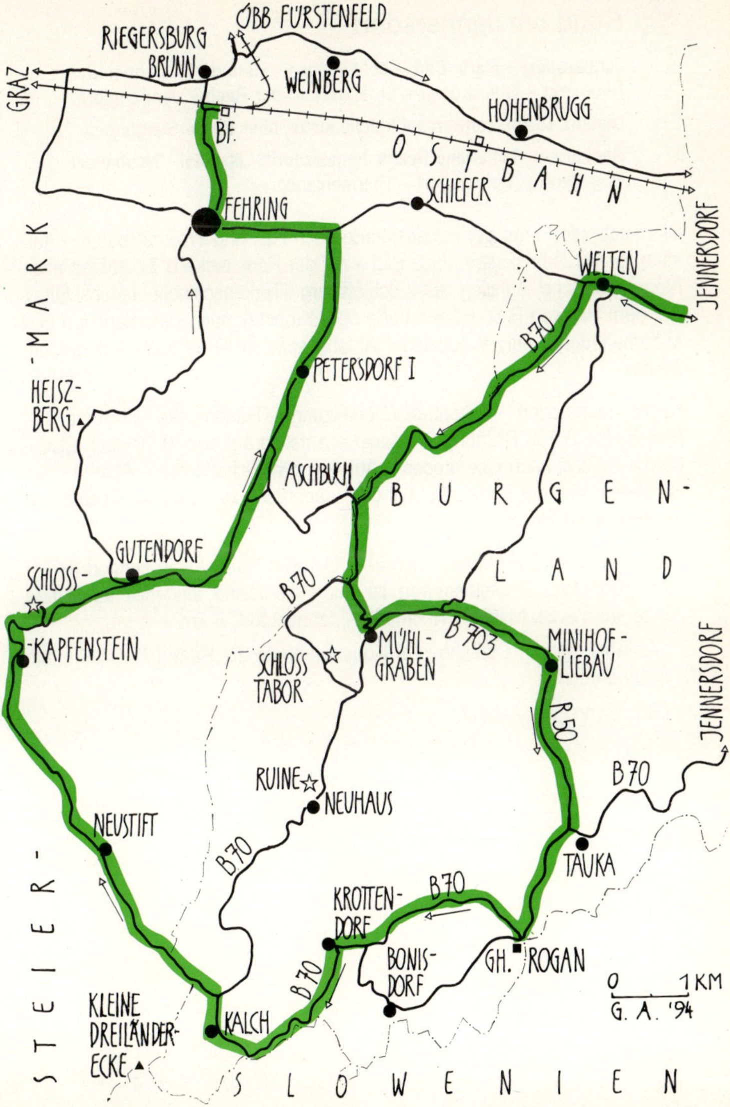

ÖBB FÜRSTENFELD
RIEGERSBURG
BRUNN
WEINBERG
GRAZ
HOHENBRUGG
BF.
O S T B A H N
SCHIEFER
FEHRING
JENNERSDORF
WELTEN
B70
S T E I E R - M A R K
PETERSDORF I
HEISZ-
BERG
ASCHBUCH
B U R G E N -
L A N D
GUTENDORF
SCHLOSS-
-KAPFENSTEIN
B70
MÜHL-
GRABEN
B 703
MINIHOF-
LIEBAU
SCHLOSS
TABOR
B50
JENNERSDORF
RUINE
NEUHAUS
NEUSTIFT
TAUKA
KROTTEN-
DORF
BONIS-
DORF
GH. ROGAN
KLEINE
DREILÄNDER-
ECKE
KALCH
0 1 KM
G. A. '94
S L O W E N I E N

99 Rund um Jennersdorf

Jennersdorf – Maria Bild – Schlößlberg – Henndorf – Jennersdorf – Neumarkt – Oberdrosen – St. Martin an der Raab – Jennersdorf

Distanz 43 km, schwer; zahlreiche kurze, aber starke Steigungen.

Radkarten „Radlerland Bezirk Jennersdorf", „Raabtal – Neuhauser Hügelland", „Loipersdorf – Thermenland".

Bf. Jennersdorf – an der Bundesstraße nach Rax und Weichselbaum – Aufstieg zur Wallfahrtskirche Maria Bild – auf der Radstrecke B 71 Abfahrt nach Mogersdorf und Aufstieg zum Schlößlberg (Türkenschlacht-Gedenkstätte). Auf dem Radweg R 50 Höhenstraße über Krobotek nach Unterhenndorf und Mitterhenndorf – kurzer Aufstieg – Abfahrt auf dem R 50 nach Jennersdorf; 25 km.

Kirche Jennersdorf – Eisenbahnübersetzung – Raabbrücke – Neumarkt – Radstrecke B 706 Richtung St. Martin – Aufstieg auf dem B 70 nach Eisenberg – Abfahrt nach Oberdrosen – Aufstieg zum Schaffereck – Abfahrt nach St. Martin. Von der Kreuzung über die Raabbrücke zum Bf. Jennersdorf; von der Kirche 18 km.

Varianten: Vom Schlößlberg auch über Deutsch Minihof – Rosendorf (B 71) nach Krobotek. Empfehlenswert ist auch die kleine kinderleichte Runde Jennersdorf – St. Martin – Neumarkt – Jennersdorf; 8 km.

Anfahrt: Mit der Ostbahn über Hohenbrunn an der Raab (VTZ 705) nach Jennersdorf.

Rückfahrt: wie Anfahrt.

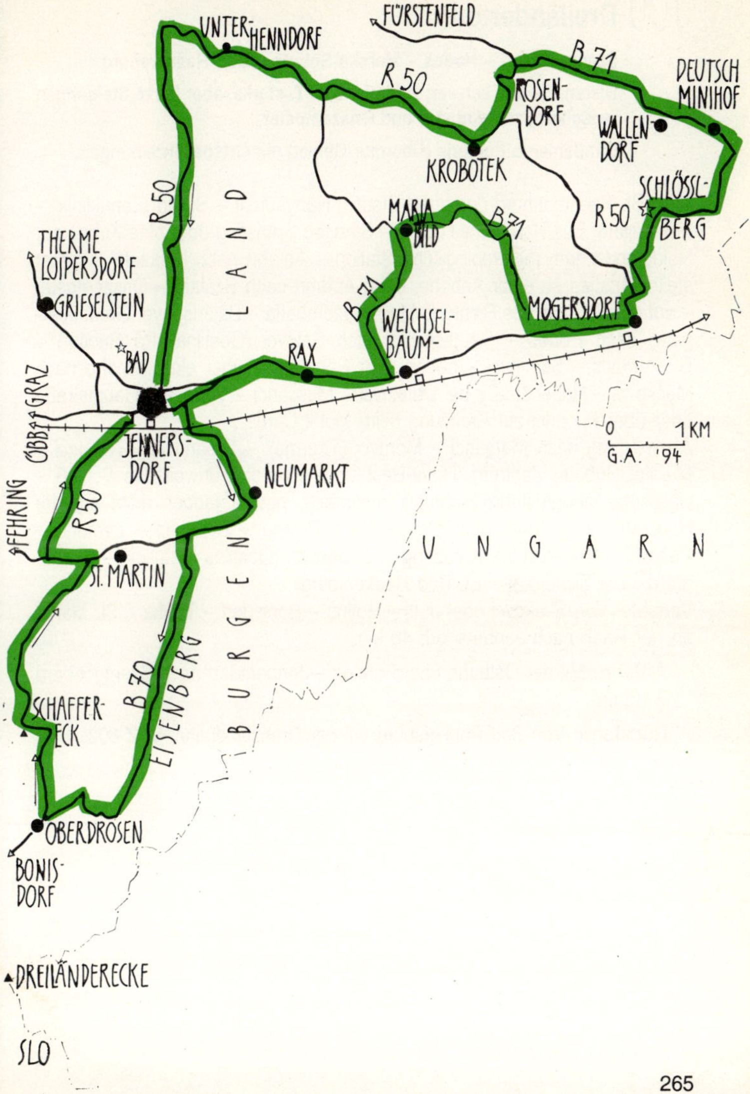
FÜRSTENFELD
UNTER-HENNDORF
R 50
B 71
ROSEN-DORF
DEUTSCH MINIHOF
WALLEN-DORF
KROBOTEK
SCHLÖSSL-BERG
R 50
MARIA BILD
B 71
R 50
L A N D
THERME LOIPERSDORF
GRIESELSTEIN
B 71
MOGERSDORF
WEICHSEL-BAUM-
BAD
RAX
GRAZ
ÖBB
JENNERS-DORF
0 1 KM
G.A. '94
NEUMARKT
FEHRING
R 50
U N G A R N
ST. MARTIN
B U R G E N
EISENBERG
B 70
SCHAFFER-ECK
OBERDROSEN
BONIS-DORF
DREILÄNDERECKE
SLO

100 Dreiländertour

Szentgotthárd – Hodoš – Murska Sobota – Bad Radkersburg

Distanz 92 km, schwer; zahlreiche, z. T. starke, aber kurze Steigungen zwischen Szentgotthárd und Öriszentpéter.

Straßenkarte Pomurje (Übermur-Gebiet) mit Ortsbeschreibungen.

Vom Bf. Szentgotthárd durch die Stadt – Hunyadi Ut – Schild „Zahnklinik" – Máriaújfalu, Bus-Hst., Schild „See" – Stausee – Anstieg über eine Kuppe zur Heidelandschaft; metereologische Station – Abfahrt nach Farkasfa – kurzer steiler Anstieg zu einer Anhöhe, dann Abfahrt nach Szalafő – Öriszentpéter – auf der Hauptstraße Richtung Magyárszombatfa – Bajánsenye, Grenzübergang nach Hodoš – Hauptstraße nach Šalovci (Gostilna „Pri Rudiju") – G. Petrovci – Stanjevci – neben alter Bahntrasse über eine Anhöhe nach Mačkovci – Nebenstraße bei Dankovci – Moščanci – Vaneča – Hauptstraße oder über Puconci zur Kreuzung beim Motel Carda.
Abzweigung nach Martjanci – Moravci (Therme) – Tešanovci – Noršinci – Murska Sobota, Zentrum (Hotel-Restaurant Zvezda); unweit das Schloß – westliche Stadtausfahrt Richtung Österreich, besser jedoch nicht auf der Hauptstraße, sondern über Černelavci – Polana – Brezovci – Lemerje – Puževci – Skakovci zur Kreuzung in Gederovci (Gostilna Metuljek) – Staatsgrenze bei Sicheldorf – Bf. Bad Radkersburg.
Variante: Von Skakovci über Jurij – Sotina – Bonisdorf – Tauka – St. Martin an der Raab nach Jennersdorf; 40 km.

Anfahrt: Mit der Ostbahn über Fehring – Jennersdorf nach Szentgotthárd (Ungarn).

Rückfahrt: Von Bad Radkersburg mit der Grenzlandbahn. VTZ 802.

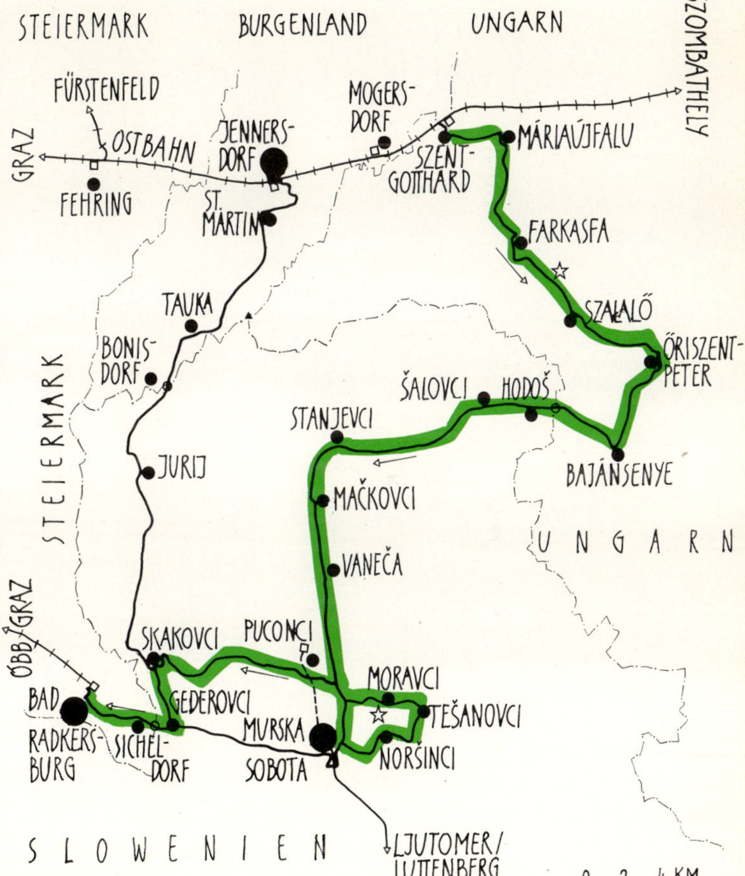
STEIERMARK
BURGENLAND
UNGARN
SZOMBATHELY
FÜRSTENFELD
MOGERS-DORF
GRAZ
OSTBAHN
JENNERS-DORF
SZENT-GOTTHARD
MÁRIAÚJFALU
FEHRING
ST. MARTIN
FARKASFA
TAUKA
SZALALŐ
BONIS-DORF
ŐRISZENT-PETER
ŠALOVCI
HODOŠ
STANJEVCI
BAJÁNSENYE
JURIJ
MAČKOVCI
STEIERMARK
UNGARN
VANEČA
ÖBB/GRAZ
SKAKOVCI
PUCONCI
MORAVCI
BAD RADKERSBURG
GEDEROVCI
TEŠANOVCI
MURSKA SOBOTA
SICHELDORF
NORŠINCI
SLOWENIEN
LJUTOMER/LUTTENBERG
0 2 4 KM
G.A. '94

Anhang

NÜTZLICHE TELEFONNUMMERN

STICHWORTVERZEICHNIS

Ein paar wichtige Info-Adressen und Rufnummern

Alpenverein, OeAV
www.alpenverein.at

Alpenverein, Sektion Graz
Tel. 0316/82 22 66
Graz, Sackstraße 16
Mail: graz@sektion.alpenverein.at

Alpenverein, Sektionenverband Steiermark
Tel. 0 31 6/83 48 41
Graz, Schörgelgasse 28a

Alpin-Notruf

Bundesweit ohne Vorwahl	140

ARBÖ

Pannendienst	123-1
Technischer Dienst	123-2
Kundendienst	123-3

Euro-Notrufnummer 112
Grenzenlos Hilfe!
Empfangsstellen: Polizei- oder Gendarmerieposten
Im gesamten Alpenraum kann diese Nummer auch ohne Münzeinwurf bzw. mit GSM-Handys auch ohne SIM-Karte angewählt werden.

Flugwetterdienst Graz
Persönliche Beratung; kostenpflichtig
Tel. 0900/97 17 032

Graz-Köflacher Eisenbahn (GKE)
www.gke.at
Fahrdienstleitung Graz
Tel. 0 31 6/59 87-272

Grazer Verkehrsbetriebe (GVB)
Auskünfte Bus, Tram, Schöckel-Seilbahn
Tel. 0 31 6/887-463, 468

Mobil Zentral Graz
www.mobilzentral.at
Mail: service@mobilzentral.at
Graz, Schönaugasse 6
Telefondienst 0 31 6/82 06 06
Montag bis Freitag 7–19 Uhr,
an Samstagen 9–13 Uhr

Naturfreunde Steiermark
Graz, Südtirolerplatz 13
Tel. 0 31 6/77 37 14

ÖAMTC Steiermark

Abschleppdienst, Notruf, Pannendienst
Tel. 120

Auskünfte und Touristik-Beratung
Tel. 504-82 38

Straßenzustand und Verkehrslage
Tel. 504-82 48

Österreichische Bundesbahnen (ÖBB)
www.oebb.at
Zug und Bahnbus; Auskünfte zum Ortstarif

Inland	05-1717-1
Ausland	05-1717-2
Reisebuchung	05-1717-3

Reisebüro, Graz-Hbf
Tel. 0316/93 000-515

Postbus Auskunft Graz
Montag bis Freitag 7–18 Uhr
Tel. 0 31 6/81 18 18

Steiermärkische Landesbahnen (STLB)
www.stlb.co.at
Direktion: Graz, Radetzkystraße 31
Tel. 0 31 6/81 25 81-0

Steirische Tourismusgesellschaft (STG)
Graz, St.-Peter-Hauptstraße 243
Tel. 0 31 6/40 03

Steirische Verkehrsverbund-gesellschaft
Tel. 0 3 16/81 21 38
www.verbundlinie.at
Mail: office@verbundlinie.at

Tourismus-Regionalverbände

Graz-Tourismus, Landhausgasse 16
Tel. 0 31 6/80 75-11, 12, 13, 14

Steirisches Thermenland, Fehring
Tel. 0 31 55/42 04

Südsteirisches Weinland, Leibnitz
Tel. 0 34 52/76 7 11

Waldheimat-Mürztal, Mürzzuschlag
Tel. 0 38 52/47 70

Weststeiermark, Stainz
Tel. 0 34 63/49 50

Zentralanstalt für Meteorologie und Geodynamik
www.zamg.ac.at
Mail: zamg-steiermark@zamg.ac.at
Alle Informationen kostenpflichtig:
Steiermark-Wetter
Tonband 0900 91/15 66-07

5-Tage-Prognose Österreich
Tonband 0900 91/1566-10

Alpinwetter
Tonband 0900 91/1566-12

Regionalwetter Steiermark sowie
Berg- und Wanderwetter
Fax 0900 555/566-27

Stichwortverzeichnis

Die Suchbegriffe beziehen sich nicht auf Seitenangaben, sondern auf die jeweilige Ausflugsnummer.

Wander-Ausflüge Nr. 1–60

Radtouren Nr. 61–100

Notizen

Notizen

Notizen

Notizen